Reinhard Schulz
Waltraud Roth-Schulz

W0047491

MIT DEM WOHNMOBIL NACH NORD-NORWEGEN

_____

Die Anleitung für einen Erlebnisurlaub

DER WOHNMOBIL-VERLAG
D-98634 Mittelsdorf/Rhön

Bibliografische Information der Deutschen Bibliothek

Die Deutsche Bibliothek verzeichnet diese Publikation in der Deutschen Nationalbibliografie.
Detaillierte bibliografische Daten sind im Internet über <http://dnb.ddb.de> abrufbar.

Titelbild:
Übernachtungsplatz am Rombaksbotn

Fotos: S. 181 (2), 211, 213 von Anja Schuberth, alle anderen von den Autoren

6. Auflage 2016

Druck:
www.schreckhase.de

Vertrieb:
GeoCenter, 70565 Stuttgart

Herausgeber:
WOMO-Verlag, 98634 Mittelsdorf/Rhön
Position: N 50° 36' 38.2" E 10° 07' 55.6"
Fon: 0049 (0) 36946-20691
Fax: 0049 (0) 36946-20692
eMail: verlag@womo.de
Internet: www.womo.de

Autoren-eMail: Schulz@womo.de

ISBN 978-3-86903-216-0

EINLADUNG

„Ultima Thule" – die Region am nördlichen Ende der Welt, so nannten die alten Römer respektvoll das Land am Weg in den hohen Norden – Norwegen. Es endet erst, wenn auch Europa endet, am Knivskjelodden nordwestlich des Nordkaps auf der Insel Magerøya. Fröstelnd denkt man an Kälte, Schnee, ja Eisberge....
Aber dieses Land hat eine sanfte, warme Hand, die es das ganze Jahr streichelt – den Golfstrom. Staunend fährt man an Erdbeerfeldern und Kirschbaumplantagen vorbei und wenn man nicht aufpasst, schmerzt ein Sonnenbrand im Norden genauso lange wie an der Riviera!
Zum Sonnenbaden kommen jedoch die wenigsten ins Land der Superlative: Die größten Gletscher, die höchsten Wasserfälle, die tiefsten Fjorde, die unwegsamsten Gebirge, die längsten Wandertouren, die ältesten Felszeichnungen, die fotogensten Holzkirchen Europas findet man bereits in Süd-Norwegen – reicht das? Nein??

Dann müssen Sie uns in den hohen Norden folgen! Aber verstehen Sie uns nicht falsch, wir wollen nicht mit Ihnen zum Nordkap rasen. Gressåmoen-Nationalpark, Mo i Rana, Svartisen-Gletscher, Grønli-Marmorhöhle, Polarkreis, Junkertal, Bodø, die traumhaften Lofoten, Walsafari auf den Vesterålen, Narvik, Tromsø, Hammerfest (die nördlichste Stadt der Welt), Wanderung zum Knivskjelodden (dem nördlichsten Punkt Europas), alternatives WOMO-Nordkap bei Gamvik, Vardø, Kirkenes, russische Grenze – wird man bei diesen paar Namen nicht schon süchtig?

Wir haben für Sie die schönsten Strecken Nord-Norwegens durchfahren und durchwandert, die besten Fleckchen für geruhsame Aufenthalte, kleine Spaziergänge und große Wanderungen ausfindig gemacht. Wir zeigen Ihnen auch ruhige Campingplätze – aber vor allem so viele idyllische Übernachtungsmöglichkeiten in freier Natur, dass Sie mehrmals wiederkommen müssen, um alle zu benutzen – aber Sie werden gerne wiederkommen!

Ihre

Waltraud Roth - Schulz

N.B.
In den letzten Jahren hat die Zahl der WOMO-Urlauber in Skandinavien stark zugenommen. Es reicht nicht mehr, wenn wir uns auf das „Allemansrätten" als ein Jedermannsrecht an der Natur berufen – es nimmt uns immer stärker in die Pflicht, diese herrliche Natur aktiv bewahren zu helfen. Für uns Wohnmobilurlauber bedeutet dies in erster Linie, dass wir uns um absolute Sauberkeit bemühen, keinesfalls mit dem WOMO die zugelassenen Straßen verlassen und Wohnmobilansammlungen von mehr als drei Fahrzeugen meiden. Zumal für einen längeren Aufenthalt bietet Norwegen herrliche, naturbelassene Campingplätze.

Sehr geehrter Leser, lieber WOMO-Freund!

Reiseführer sind für einen gelungenen Urlaub unverzichtbar – das beweisen Sie mit dem Kauf dieses Buches. Aber aktuelle Informationen altern schnell, und ein veralteter Reiseführer macht wenig Freude.

Sie können helfen, Aktualität und Qualität dieses Buches zu verbessern, indem Sie uns nach Ihrer Reise mitteilen, welchen unserer Empfehlungen Sie gefolgt sind (freie Stellplätze, Campingplätze, Wanderungen, Gaststätten usw.) und uns darüber berichten (auch wenn sich gegenüber unseren Beschreibungen nichts geändert hat).

Bitte füllen Sie schon während Ihrer Reise das Info-Blatt am Buchende aus und senden Sie es uns **unmittelbar** nach Ihrer Rückkehr zu (gerne auch formlos als eMail).

Dafür gewähren wir Ihnen auch bei späteren Buchbestellungen direkt beim Verlag ein Info-Honorar von 10%.

Aktuelle Korrekturen finden Sie unter: forum.womoverlag.de

Um die freien Übernachtungs- und Campingplätze auf einen Blick erfassen zu können, haben wir diese im Text in einem Kasten nochmals farbig hervorgehoben und, wie auf den Karten, fortlaufend durchnummeriert. Wir nennen dabei wichtige Ausstattungsmerkmale und geben Ihnen eine kurze Zufahrtsbeschreibung. "Max. WOMOs" soll dabei andeuten, wie viele WOMOs dieser Platz maximal verträgt und nicht, wie viele auf ihn passen würden (schließlich gibt es auch Einwohner und andere Urlauber)!

Übernachtungsplätze mit **B**ademöglichkeit sind mit hellblauer Farbe unterlegt. **W**anderparkplätze sind grün gekennzeichnet. **P**icknickplätze erkennen sie an der violetten Farbe. Auf Schlafplätzen, denen die gerade genannten Merkmale fehlen – also auf einfache **S**tellplätze – weist die Farbe Gelb hin.
Empfehlenswerte **C**ampingplätze haben olivgrüne Kästchen. Wanderungen, die wir Ihnen besonders ans Herz legen möchten, haben wir hellgrün unterlegt.

Und hier kommt das Kleingedruckte:

Jede Tour und jeder Stellplatz sind von uns bereits mehrfach überprüft worden, wir können jedoch inhaltliche Fehler nie ganz ausschließen. Bitte achten Sie selbst auf Hochwasser, Brandgefahr, Steinschlag und Erdrutsch!
Verlag und Autoren übernehmen keine Verantwortung für die Legalität der veröffentlichten Stellplätze und aller anderen Angaben. Unsere Haftung ist, soweit ein Schaden nicht an Leben, Körper oder Gesundheit eingetreten ist, ausgeschlossen, es sei denn, unsere Verantwortung beruht auf Vorsatz oder grober Fahrlässigkeit.

INHALT

Zeichenerklärungen für die Tourenkarten

Touren / abseits der Touren

Autobahn

4-spurige Straße

Hauptstraße

Nebenstraße

Schotterstraße

Wanderweg

Badeplatz (ohne/mit freier Übernachtung)

(S) (11) Stellplatz (ohne/mit freier Übernachtung)

(W)(P)(B) Wander-, Picknick-, Badeplatz

(12)(13)(14) geeignet für freie Übernachtungen

Alle Übernachtungsplätze sind im Text und auf
den Tourenkarten fortlaufend durchnummeriert.

? Problemstrecke (s. Text)

♦ ♦ ♪ Kirche, Kloster, Schloss

13.5.-31.7. Mitternachtssonnenblick

••• Ausgrabung/Felsritzung

✹✹✹ Sehenswürdigkeiten

♪ ⌂ Trinkwasser/Dusche

Straße mit Mautstelle

△ @ Campingplatz/Internet

⬦ Entsorgung/Toilette

N 50° 36′ 38.2″ E 10° 07′ 56.0″ GPS-Daten

Wir starten Richtung Norwegen!

Ein Blick auf den Atlas belehrt uns, dass ein Vogel, der in München startet, runde 2500 km fliegen müsste, bis er sich auf dem Nordkapfelsen, dem nördlichsten Punkt Norwegens (und ganz Europas) ausruhen könnte.

Falls Sie mit dem WOMO starten, zeigt das Hinweisschild am südlichsten Punkt Norwegens, am Leuchtturm von Lindesnes, immer noch über 2500 Straßenkilometer bis zum nördlichen Ende des Landes an!

Wer kann schon solche Entfernungen im Urlaub bewältigen!? Sollen Sie gar nicht!

Wir werden Ihnen zeigen, dass Norwegen näher ist, als Sie glauben – und um seine überwältigenden Schönheiten zu bestaunen, brauchen Sie auch nicht zum Kilometerfresser zu werden!

Wie weit ist's nach Norwegen?

0 (Null) Kilometer – falls Sie zufällig einer der über 300.000 Einwohner von Kiel sind, denn vom größten deutschen Ostseehafen haben Sie mit der COLOR LINE Direktverbindung nach OSLO. Sonstige Deutsche, Österreicher und Schweizer müssen nur die "paar" Kilometer bis zu den "Kieler Sprotten" auf bequemen deutschen Autobahnen zurücklegen. Staus werden Sie dabei nicht kennenlernen, denn die Urlaubsströme wälzen sich gen Süden. Folglich können Sie für die Anfahrtsstrecke mit einen Schnitt von 70-80 km/h (incl. Pausen) rechnen.

Das schaffen Sie nicht an einem Tag?

In Deutschland gilt noch immer: Das Übernachten zum Zwecke der Fahrtunterbrechung (insbesondere bei Übermüdung) ist an Straßen und auf allen Parkplätzen gestattet.

Aber nehmen Sie bitte nicht den ersten besten, lärmenden Autobahnparkplatz. Auch außerhalb von Campingplätzen finden Sie lauschige Plätzchen in malerischer Umgebung. Ich denke da z. B. an einen gemütlichen Heidegasthof, wo Sie bei einem genüsslichen Vesper den ersten Tag ausklingen lassen können – und wir haben noch keinen Wirt getroffen, der nicht einen besonders ruhigen Übernachtungsplatz für uns gewusst hätte. Natürlich könnte ich Ihnen an dieser Stelle auch unser **Allgemeines Wohnmobil Handbuch** empfehlen, schließlich haben wir dort über 3200 freie Übernachtungsplätze beschrieben. Aber wer wird denn Eigenwerbung machen!?

Fast 20 Stunden Fähre sind Ihnen zu lang – dann lesen Sie im nächsten Kapitel weiter!

Fähr- und sonstige (!) Verbindungen nach Norge

Fähre fahren nach Norwegen ist nicht teuer (verglichen mit den Mittelmeerfähren)! Schon für knapp 150 Euro kann man sich (in der **Hoch**saison, Wohnmobil bis 6 m Länge incl. 5 Personen) direkt vors Rathaus von Oslo schippern lassen!

Aber Norwegen ist bekanntlich nicht das südlichste Land in Skandinavien. Wer seinen Norwegenurlaub mit ein paar sonnigen Tagen in Dänemark oder Schweden würzen möchte, für den gibt's eine ganze Reihe noch viel preiswerterer Kurzfährstrecken und reizvoller Fährkombinationen. Insgesamt kommen wir – falls wir uns nicht verzählt haben – auf 10 Abfahrtshäfen mit 18 verschiedenen Fährstrecken:

Saßnitz und Rostock kamen wegen der Straßenverbindungen in erster Linie für Ostdeutsche in Frage. Nachdem aber die Ostseeautobahn Lübeck – Rostock fertiggestellt ist, sausen auch Westdeutsche schnell zu den kürzesten deutschen Fährverbindungen.

Travemünde, Puttgarden und Kiel sind die traditionellen Fährhäfen der Westdeutschen. **Aufpassen:** Die Vogelfluglinie ab Puttgarden besteht nur aus zwei kurzen Fährabschnitten, das lange "Mittelstück" durch Dänemark muss man selber fahren. Preiswert und kurz sind auch die Verbindungen von Grenå oder Frederikshavn nach Schweden. Von der Nordspitze Dänemarks (Frederikshavn, Hirtshals oder Hanstholm) aus wird man bereits in 4-9 Std. direkt nach Norwegen übergesetzt.

Folgende Fährlinien buhlen um Ihre Gunst (und Ihren Geldbeutel):

>> **Color Line,** Kiel - Oslo, 20 Stunden.

>> **Color Line,** Hirtshals - Kristiansand, 3 1/4 Stunden.

>> **Color Line,** Hirtshals - Larvik, 3 3/4 Stunden.

>> **DFDS-Seaways,** Kopenhagen - Oslo, 16 Stunden.
Ü2: Kopenhagen/Mitchellsgade [N55° 40' 11.0" E12° 34' 18.0"]

>> **Finnlines,** Travemünde - Malmö, 8-9 Stunden.

>> **Fjord Line,** Hirtshals - Stavanger - Bergen 16 Stunden.

>> **Fjord Line,** Hirtshals - Kristiansand, 2 1/4 Stunden.
Ü1: Hirtshals Leuchtturm/Bunkermuseum [N57° 35' 3.2" E9° 56' 30.0"]

>> **Scandlines,** Puttgarden - Rødby + Helsingør - Helsingborg, 45 Minuten + 20 Minuten.

>> **Scandlines,** Rostock - Gedser + Helsingør - Helsingborg, 1 Stunde 45 Minuten + 20 Minuten.

>> **Scandlines,** Rostock - Trelleborg, tags: 5 Stunden 45 Minuten, nachts: 7 1/2 Stunden (LKW-Ruhezeit).

>> **Scandlines,** Sassnitz/Mukran - Trelleborg, 3 3/4 Stunden.

>> **Stena-Line,** Grenå - Varberg, 4 1/2 Stunden.

Anreisewege nach Norwegen

E6

OSLO

N

Larvik

20 h

4 h

Kristiansand

9 h

9 h

S

Uddevalla

E6

nach
Stavanger/
Bergen

2-3 h

16 h

3 h

Göteborg

Hirtshals

Ü1

14 h

Varberg

Frederikshavn

20 h

Ü3

4 h

Hanstholm

Halmstad

16 h

E6

Grenå

Aalborg

DK

Helsingør

Helsingborg

0,5 h

Tunnel + Brücke mautpflichtig

KOPENHAGEN

Ü3

Brücke mautpflichtig

Malmö

Trelleborg

Ystad

9 h

7 h

4 h

Sassnitz/
Neu Mukran

Rødby

Gedser

Rügen

Puttgarden

1 h

5 h

2 h

Kiel

7 h

Rostock

Travemünde

Swinemünde
Stettin/Szczecin

Lübeck

Hamburg

nach **BERLIN**

>> **Stena-Line**, Kiel - Göteborg, 14 Stunden.
>> **Stena-Line,** Frederikshavn - Göteborg, 3 1/2 Stunden.
>> **Stena-Line,** Frederikshavn - Oslo, 8 1/2 bzw. 13 Stunden.
Ü3: Hanstholm vor dem Leuchtturm [N57° 06' 37.4" E8° 36' 26.6"]
>> **TT-Line,** Rostock - Trelleborg, 5 Stunden.
>> **TT-Line,** Travemünde - Trelleborg, 7 Stunden.
>> **Polferries**, Swinemünde - Ystad, 7 Stunden.

Sie sehen, da kommen doch einige Zeitunterschiede zusammen. Beachten Sie aber bei Ihrer Wahl, dass man auf der Vogelfluglinie (Scandlines) fast die ganze Strecke (durch Dänemark und Schweden) selber fahren muss, während Sie z. B. bei der Oslo-Fähre der Color Line 20 Std. lang faulenzen und sich bedienen lassen können.

Unser Tipp:

Neueste Fährprospekte anfordern (geht auch telefonisch, per Fax oder eMail), vergleichen, buchen. Hier die Adressen, wo Sie (außer bei Ihrem Reisebüro) die Fährprospekte erhalten und buchen können:

Color Line: Norwegenkai, 24103 Kiel, www.colorline.com
Tel. 0431-7300-0, Fax 0431-7300-400
DFDS: Högerdamm 41, 20097 Hamburg
post@dfdsseaways.de
www.dfdsseaways.de, Tel. 01805-304350
Finnlines: Einsiedelstr. 43-45, 23554 Lübeck
www.finnlines.com, Tel. 0451-1507-443
Fjord Line: Nizzestr. 28, 18311 Ribnitz-Damgarten
Tel. 03821-7097210, Buchung@Fjordline.de
Scandlines: z.B. Puttgarden Fährhafen, 23769 Fehmarn
Tel. 01805-116688, Fax: 04371-505179
buchung@scandlines.de
Internet: www.scandlines.de
Stena-Line: Schwedenkai 1, 24103 Kiel
Tel. 0431-9099, Fax: 0431-909200
eMail: info.de@stenaline.com
Internet: www.stenaline.de
TT-Line: Zum Hafenplatz 1, 23570 Lübeck-Travemünde
Tel. 04502-801-81, Fax 04502-801-407
Internet: www.ttline.de, eMail: info@ttline.com

Polferries: www.polferries.de, online@polferries.pl

Brücken- und Tunnel-Infos:
Großer Belt: Storebælt, Storebæltsvej 70, DK-4220 Korsor
Tel.: 0045-7015-1015, Fax: 0045-5830-3080
www.storebaelt.dk,eMail: kundeservice@sbf.dk
Öresund: Öresundskonsortiet,
Box 4132, S-20312 Malmö
Tel.: 0045-70239040, Fax: 0045-33416580
de.oresundsbron.com
eMail: kundeservice@oeresundsbron.com

Ein eifriges Studium der Fährprospekte bleibt Ihnen auch aus einem zweiten Grund nicht erspart, denn die meisten Fährlinien haben "billige" und "teure" Tage oder Abfahrtstermine:
Bei der TT-Line sind die Sparer Mo-Do unterwegs, bei der Scandlines von So-Do. Die Stena-Line fährt mit "Camper-Mini-Paket" bzw. "Camper-Spezial" nur von Sonntag bis Mittwoch am billigsten (es sei denn, man nimmt die Nachtfähre) und bei der Color Line muss man die Sonderangebote im "Wohnmobilpaket" (bis 5 m Länge) bzw. im "Wohnwagenpaket" (bis 10 m Länge) finden (nicht am Wochenende!).
Bei der Fjordline last not least muss man nach dem "Sparangebot" bzw. dem "Sparangebot spezial" suchen, das meist Di/Do/Sa angeboten wird.
Einem WOMO-Fahrer dürfte es nicht schwer werden, sich die Niedrigpreis-Rosine herauszupicken, denn das eigene Hotel braucht nicht wochenweise gebucht zu werden!
Sie mögen keine Fähren?
Da kann Ihnen auch geholfen werden! Sowohl der Große Belt als auch der Öresund sind mit gewaltigen Brückenbauwerken überspannt worden. Aber auch die Anreise über Polen, das Baltikum und Finnland wäre eine reizvolle Variante!?

Tourenplanung

„Wir haben nur zwei Wochen Urlaub, reicht das für Norwegen?" Oder: „Wie lange braucht ‚man' bis zum Nordkap?"
Eine gewagte Sache, solche Fragen zu beantworten, denn jeder Mensch hat andere Urlaubsbedürfnisse und -wünsche. Probieren wir's trotzdem!
Von Oslo zum Nordkap und zurück sind es auf der »E 6« genau 4240 km – und zwar ohne den kleinsten Abstecher! Dem 14-Tage-Urlauber müssen wir folglich unbedingt raten, sich "nur" den Süden Norwegens vorzunehmen (WOMO-Band 15). Bereits hier sind viele der herrlichsten Gegenden Norwegens auf relativ engem Raum versammelt. Außer dem Nordkap vermisst der Urlauber sicher nichts!

Der 3-Wochen-Urlauber kann uns bis Mo i Rana folgen, dann muss er Richtung Schweden abspringen und die Rückreise antreten (Oslo - Mo i Rana - Umeå - Stockholm - Helsingborg); mit 2800 km eine erlebnisreiche Rundreise.
Auch die herrlichen Lofoten sind bei 3 Wochen "drin"; dann sollte man aber den gleichen Rückweg nehmen. Die Strecke Oslo - Å - Oslo ist knapp 3000 km lang.

Ab 4 Wochen können Sie das Nordkap einplanen. Mit einem kleinen Umweg über die Lofoten kommen Sie (Olso - Å - Nordkap - Oslo) auf rund 4700 km.
Auch der Nordosten Norwegens steht dem 4-Wochen-Urlauber offen, die reine Fahrtstrecke (Oslo - Kirkenes - Oslo) liegt noch knapp unter 5000 km, beim Rückweg über Finnland und Schweden (Olso - Kirkenes - Stockholm - Helsingborg) sind es sogar nur 4700 km.

Bei all diesen Kilometerangaben sollten Sie aber folgendes bedenken:
Norwegen ist ein herrliches Land voller unglaublicher Naturwunder. Sie werden während unserer Touren unentwegt zu Stopps und Abstechern verführt; Besichtigungen, Spaziergänge und Wanderungen brauchen einfach Zeit. Zwar sind die Straßen durchwegs in ausgezeichnetem Zustand und die Verkehrsdichte ist gering, trotzdem kann man selten schneller als 60-70 km/Stunde fahren. Für die tägliche Fahrstrecke sollten Sie folglich im Schnitt höchstens 300 km ansetzen (wir notierten von Olso bis Kirkenes und zurück nach Trelleborg rund 12.000 km Fahrstrecke und brauchten dafür zwei Monate; gibt einen Schnitt von 200 km/Tag!).

Resümee?
Ihre Zeit reicht nicht – soll sie auch gar nicht! Nehmen Sie sich nicht zu viel vor, genießen Sie – denn nach Norwegen kommen Sie ohnehin wieder! Versprochen!!

TT-Line, Heimreise mit der Nils Holgersson

KARTE TOUR 1

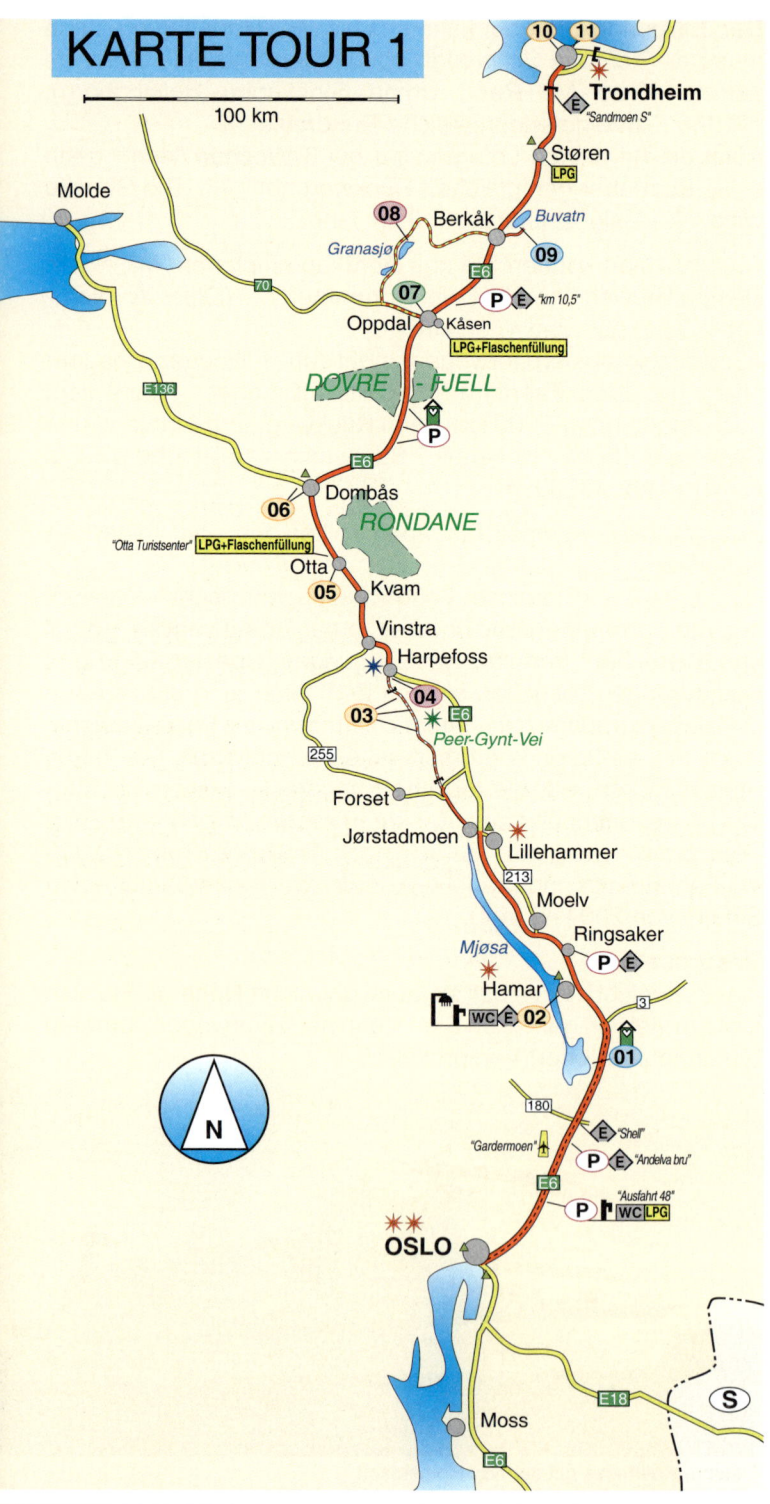

100 km

10 11 **Trondheim**
"Sandmoen S"

Støren
LPG

08 Berkåk *Buvatn*
Granasjø 09

E6

07 P "km 10,5"

Oppdal Kåsen
LPG+Flaschenfüllung

Molde

70

DOVRE - FJELL

P

E6

E136

06 Dombås
RONDANE

"Otta Turistsenter" LPG+Flaschenfüllung

Otta
05 Kvam

Vinstra
Harpefoss

04

03 E6
Peer-Gynt-Vei

255

Forset

Jørstadmoen Lillehammer

213

Moelv

Ringsaker
P

Mjøsa

3

WC Hamar
02

01

180

E "Shell"

"Gardermoen" P E "Andelva bru"

E6 "Ausfahrt 48"
P WC LPG

OSLO

Moss

E18

E6

N

S

TOUR 1 (ca. 550 km / 1-3 Tage)

Oslo – Hamar – Lillehammer – Peer-Gynt-Vei – Otta –Dombås – Oppdal – Berkåk – Trondheim

Freie Übernachtung:	u.a. Peer-Gynt-Vei, Dombås, Oppdal, Berkåk, Trondheim.
Ver-/Entsorgung:	Abzweig E6/180, Ringsaker, hinter Oppdal, vor Trondheim.
Campingplätze:	Oslo, Hamar, Lillehammer, Dombås, Oppdal, Støren.
Baden:	Berkåk, Oppdal, Trondheim.
Besichtigungen:	Oslo, Peer-Gynt-Vei, Rondane, Dovre-Fjell, Trondheim.
Wandern:	Rondane, Dovre-Fjell.

Falls Sie vorhaben, jetzt mal schnell ans **Nordkap** zu düsen, dann werden wir über 200 Seiten lang versuchen, Ihnen das so schwer wie möglich zu machen!

Unser Südnorwegenbuch kennen Sie schon!? Wenn ja, dann wissen Sie ja, wie wir das machen...

Falls nein, dann wundern wir uns um so mehr, dass Sie es so eilig haben, denn allein Süd-Norwegen ist nicht nur eine Reise wert!

Eigentlich wollen wir unsere Reise ja in TRONDHEIM beginnen, und wir wählen den schnellsten Weg – die »E 6« von OSLO nach TRONDHEIM. Aber bereits hier möchten wir Ihnen nicht nur den direkten Weg und ein paar praktische Übernachtungsplätze zeigen, sondern Sie auch auf ein paar Highlights hinweisen.

Für unsere Anreise hatten wir die Fährstrecke KOPENHAGEN – OSLO gewählt, bei der man viele Straßenkilometer spart und stattdessen in einer bequemen Kabine schläft. Sie hat auch

Ankunft im Hafen von Oslo

ihren optischen Reiz, denn am Schluss der Fahrt windet sich der komfortable Fährkoloss der **DFDS Seaways**, nachdem er das **Skagerrak** durchquert hat, durch den immer enger werdenden **Oslofjord**, vorbei an Schären und malerischen Küstenstreifen, direkt auf das Rathaus von OSLO zu.

Im Hafen von OSLO erweist sich der freundliche Zöllner als landeskundige Auskunftei: „Wenden Sie sich beim Verlassen des Hafens nach rechts und folgen Sie den Wegweisern »E 6« Richtung TRONDHEIM!"

Durch keine einzige Ampel werden wir belästigt, denn in Norwegen werden viele Kreuzungen durch einen Kreisverkehr entschärft. Wir passieren das neue, futuristische Opernhaus, durchbrausen "Ekeberg-Tunnelen" und "Vålereng-Tunnelen" Richtung Nordosten, bereits nach 7 - 8 km wird die Bebauung lichter und nach 15 km sind wir schon allein mit der Natur – 538 km auf der »E 6« bis TRONDHEIM liegen vor uns.

Unseren ersten Stopp legen wir nach 34 km bei der Abfahrt 48 ein: Neben einer Shell-Tankstelle (mit Autogas) findet man WC, Wasserhähne und natürlich Tisch & Bank [N 60° 4' 47.2" E 11° 9' 11.5"].

Nach 44 km, bei der Abfahrt 50, zweigt die Straße zum Flughafen "Gardermoen" von OSLO ab und kurz darauf kommt die erste (automatische) Mautstation. Sie brauchen nichts zu unternehmen, die Rechnung kommt an Ihre Adresse nach Deutschland. Nach 60 km Picknickplatz mit V/E hinter der **Andelva bru** [N60° 17' 21.3" E11° 08' 02.5"].

Abkühlung gefällig?

Bei der Ausfahrt 59 geht es rechts zum Badeplatz Ørbekk mit Baumschatten, Trockenklo, Liegewiese und Tisch-Bank-Kombi am Geröllstrand des Mjøsa-Sees!

(01) WOMO-Badeplatz: Ørbekk

GPS: N60° 25' 27.3" E11° 14' 16.6"   max. WOMOs: 2-3

Ausstattung/Lage: Bademöglichkeit (?), Picknicktisch, Trockenklo, wegen Straße und Bahnlinie recht unruhig/außerorts.

Zufahrt: Bei Ausf. 59 von der E6 abzweigen (Veränderung durch Straßenbau möglich).

HAMAR, 120 km nördlich OSLO, wäre der nächste Abstecher, zu dem wir Sie gerne verführen würden: **Mittelalterlicher Dom**, **Eisenbahnmuseum**, **Hedmarkmuseum** – und am Jachthafen ein praktischer **Übernachtungsplatz** – wäre das etwas?

(02) WOMO-Stellplatz:
Hamar/
Jachthafen Tjuvholmen
GPS: N60° 47' 16.7" E11° 04' 10.1"
max. WOMOs: >5.
Ausstattung/Lage: Entsorgung, Toiletten, Duschen, Wasserhähne/Ortsrand.

Nein, nicht romantisch genug?
Dann brauchen Sie uns nur noch weitere 80 km nach Norden zu folgen! Unterwegs bei RINGSAKER **Picknickplatz** mit **Entsorgung** [N60° 51' 56.7" E10° 57' 05.4"]. Dann überqueren wir den breiten **Lågen-Fluss** (dahinter rechts der Straße wieder schöner **Picknickplatz** [N 60° 56' 1.8"; E 10° 39' 10.3"] mit Kinderspielplatz, Toilette, Tisch & Bank und Blick auf den "See"). 24 km später, westlich von LILLEHAMMER mit seinen Skischanzen, verlassen wir die »E 6« und fahren auf der »253« bis JØRSTADMOEN. Dort, nach 7 km, biegen wir an einem großen Kreisverkehr links Richtung GAUSDAL auf die »255/254«. Durch das breit-behäbige **Gausdal** führt unser Weg über SEGALSTAD BRU bis SVINGVOLD. Dort verlassen wir die Hauptstraße nach links Richtung SKEI/**Peer-Gynt-Veien**. Schlagartig wird die Landschaft malerisch, ja gar märchenhaft: ein Bächlein plätschert über Steine, auf einem Felsklotz wächst ein Baum, als wäre er dorthingezaubert, von den Fichtenzweigen hängen lange Flechtenbärte.

Übernachtung am Peer-Gynt-Vei

8 km später hört der Teerbelag auf, und für den weiteren Eintritt in die Märchenlandschaft wird Bom (Straßenmaut) kassiert. Wir zahlen 80 NOK und sind im Land Peer Gynts! Die Dämmerung senkt sich, Nebel schweben über kleinen Seen, zwischen Hügeln kurven wir dahin, Weiden-, Wacholderbüsche, kleine Birkengruppen, Flechten bedecken die Felsen, gelbe, grüne und graue...
Hinweis: Die Strecke kann noch bis Anfang Juni wegen Schneeverwehungen gesperrt sein!

(03) WOMO-Stellplatz: Peer-Gynt-Vei

Position: N 61° 24' 46.1"; E 9° 57' 01.7"; 1008m.   **WOMO-Zahl:** 2-3.
Ausstattung/Lage: Wanderweg/außerorts.
Zufahrt/Lage: E6 nach Norden bis Jørstadmoen. Links Richtung Gausdal auf der 255/254 bis Svingvold. Dort links auf den Peer-Gynt-Vei mit vier Picknickplätzen nach 2 , 7 , 11,5 und 17 km Schotterstraße. Unser Platz nach 12 km rechts mit Wanderweg 400 m östlich/außerorts.

Am nächsten Morgen (die Nacht im Land der Trolle war ungestört) erleben wir eine strahlend helle, freundliche, norwegische Frühstückslandschaft und erreichen nach 28 km (gepflegtem) Erdweg bei GÅLÅ wieder die Kultur, sprich: die Teerstraße und rollen hinab nach HARPEFOSS (sehenswerte Schlucht), wo wir nach links erneut in die »E 6« einmünden oder zu den Plätzchen am P2 "Brudalen" oder am Fluss hinabkurven.

(04) WOMO-Picknickplatz: Harpefoss
(Friluftsområde Klokkarstranda)

GPS: N 61° 34' 12.0" E 9° 51' 35.9"   **max. WOMOs:** je 3-4.
Ausstattung/Lage: Mülleimer, Tisch & Bank, Bolzplatz, Wanderweg/außerorts, 2011 Verwüstung durch Hochwasser.

Über KVAM kommen wir nach OTTA. Hier könnten wir Ihnen einen Abstecher in den **Rondane Nationalpark** empfehlen. Aber Sie haben ja noch nicht einmal den Peer-Gynt-Weg verkraftet. Folglich zeigen wir Ihnen unseren abgelegenen Übernachtungsplatz am Ortsrand.

(05) WOMO-Stellplatz: Otta (Ottahallen)

GPS: N61° 46' 35.2" E9° 32' 21.2"; Skansen. **max. WOMOs:** > 5.
Ausstattung/Lage: keine/Ortsrand.
Zufahrt: Über die Lågenbrücke, dahinter am Kreisverkehr rechts noch 500 m.

2 km nördlich von OTTA liegt direkt an der E6 beim Otta-Turistsenter eine **LPG-Tankstelle**, die auch alle Sorten von Gasflaschen füllt [N61° 47' 39.2" E9° 33' 07.8"]. Wir machen ein Erinnerungsfoto und rollen weiter nach DOMBÅS.
Aufpassen, rechts abzweigen; links führt die breitere »E136« nach ÅLESUND.
Aber Sie können in DOMBAS auch Ihr Haupt betten! **Nicht** neben der Kirche, aber beim Sportplatz gibt es ruhige Plätzchen.

(06) WOMO-Stellplatz: Dombås/Sportplatz

GPS: N62° 04' 37.3" E9° 07' 14.5" **max. WOMOs:** 3-4.
Ausstattung/Lage: keine/im Ort. **Hinweis:** Der Idrettsplass = Sportplatz (Wegweiser), ist auch nach 400 m auf der »E136« zu erreichen.

Wir sind noch nicht müde und kurven bis hinauf zum **Dovre-Fjell**. Hier in KONGSVOLL parken wir rechts der Straße, ein schmaler Pfad führt uns durch den "**Fjellhage**", einen botanischen Garten des norwegischen Fjells. Dann düsen wir durchs **Drivdal** nach OPPDAL (**LPG + Flaschenfüllung** im Ortsteil Kåsen rechts der E6 [N62° 35' 13.0" E9° 41' 24.9"]).
In OPPDAL könnte man auch ohne Mühen einen Berg bezwingen, denn eine Gondelbahn führt auf den 1125 m hohen Hovden. Neben der Talstation wartet ein großer Stellplatz auch auf nächtliche Gäste.

(07) WOMO-Wanderparkplatz: Oppdal/Hovden-Gondelbahn

GPS: N62° 36' 04.4" E9° 41' 06.9" **max. WOMOs:** >5.
Ausstattung/Lage: Tisch & Bank, Gondelbahn zum Hovden/Ortsrand.
Hinweis: Am südlichen Ortsrand schönes Schwimmbad [N 62° 35' 22.7" E 9° 40' 37.0"].

Langsam geht uns die E6 auf die Nerven. Wir wollen mal wieder etwas Abwechslung in ursprünglicher Natur. Kurzerhand schlagen wir in OPPDAL einen Haken nach links auf die 70 Richtung SUNDALSØRA und nach 6,5 km rechts auf die Bergstraße Richtung Nerskogen/Grindal/Skarvatnet. Hier sind wir richtig! Weiden, Schafe, Berge, zwei Seen (auf denen im Juni noch Eisschollen schwimmen); wir sind auf knapp 900 m Höhe. Eine ganze Reihe von Parkplätzen warten in unberührter Natur. Schön kann man Station machen am Ende des zweiten Sees.

(08) WOMO-Picknickplatz: Granasjø

GPS: N62° 49' 36.5" E9° 42' 15.3" **max. WOMOs:** 2-3.
Ausstattung/Lage: Badeplatz, Picknicktische, Toilette 200 m.
Zufahrt: In Oppdal links auf die 70, nach 6,5 km rechts Richtung Nerskogen, dann nach 29 km vor der Staumauer rechts zum See.

Dann turnen wir wieder hinab ins Tal, sausen zum Ufer des Orkla und treffen in BERKÅK wieder auf die E6, wo man im Buvatn sogar baden könnte - was für ein Kontrastprogramm.

(09) WOMO-Picknick- und Badeplatz: Berkåk

GPS: N62° 50' 21.0" E10° 01' 08.6"   **max. WOMOs:** 2-3.
Ausstattung/Lage: Badeplatz, Picknicktische, Toilette 200 m.
Zufahrt: Am Ortsende von BERKÅK hinter der zweiten Statoil-Tankstelle rechts, vor der "Sande-Hytter-Fabrikk" links, nach 400 m rechts, nach 200 m wieder links und dann noch 600 m bis zum Waldparkplatz. Von dort sind es noch 200 m zu Fuß bis zum Badeplatz.

Erfrischt rollen wir die letzten Kilometer bis nach TRONDHEIM. Die 1000-jährige Königsmetropole begrüßt Sie mit einer automatischen **Bomstasjon**. Unmittelbar dahinter können Sie rechts auf der »E 6« nach NARVIK einbiegen, die Stadt mühelos umgehen (und nochmals Maut zahlen). Sie würden dabei folgende Sehenswürdigkeiten links liegen lassen: **Nidaros-Dom**,

Trondheim, alte Stadtbrücke beim Nidaros-Dom

Erzbischofspalast, **Liebfrauenkirche**, **botanischer Garten**, **Musikhistorisches Museum**, **Kristiansten-Festung** – und unsere Küstenstraßenalternative mit Badeplatz bei RANHEIM. Überzeugt? Dann wollen wir Ihnen auch noch zwei praktische Trondheim-Übernachtungsplätze verraten:

(10) WOMO-Stellplatz: Trondheim (Sportplatz)

GPS: N63° 25' 34.0" E10° 22' 56.4"; Klostergata.   **max. WOMOs:** > 10.
Ausstattung/Lage: Fußgängerbrücke ins Zentrum, Liegewiese, keine Gebühr/im Ort.
Zufahrt: Direkt vor der Nidelva-Brücke links (Wegweiser: Spektrum) und die Klostergate entlang bis zum Sportplatz, davor rechts.

(11) WOMO-Stellplatz: Trondheim (bot. Garten)

GPS: N63° 26' 42.8" E10° 27' 17.1"; Zufahrt: Haakon VIIs Gate. **max. WOMOs:** > 5.
Ausstattung: keine, Busverbindung ins Zentrum.
Zufahrt: Ab Zentrum Richtung E6/Narvik. 100 m nach dem Nidelva-Fluss links in den Mellomvei (Wegweiser Ringve)/Jarlevei/Lade Alle. Der riesige, öde Platz liegt direkt gegenüber dem Ringve-Museum rechts vom botanischen Garten.

TOUR 2 (ca. 260 km / 2-3 Tage)

Trondheim – Ranheim – Hommelvik – Stjørdal – Værnes – Hegra – Steinvikholm – Munkeby – Stiklestad – Leksdalsvatn – Steinkjer – Snåsavatn

Freie Übernachtung:	Hommelvik, Steinvikholm, Hegra Festning, Leirfall Helleristning, Leksdalsvatn, Henningvatn, Snåsavatn, Bergsåsen.
Ver-/Entsorgung:	Hell-Stjørdal, Steinkjer.
Campingplätze:	u. a. westl. Trondheim, Steinkjer, Snåsavatn.
Baden:	Leksdalsvatn, Steinkjer (3 x), Henningvatn, Snåsavatn.
Besichtigungen:	Hell, Værnes, Hegra Festning, Leirfall, Steinvikholm, Munkeby, Stiklestad, Bardal, Bölaristning.

KARTE TOUR 2

50 km

N

Grong

Bergsåsen

Snåsa

27

Snåsavatn

26

Bölaristning

763

LPG+Flaschenfüllung

Bardal Helleristning

WC 23-25:Kalvøya

Steinkjer

Henningvatn

21

22

Sparbu

Leksdalsvatn

20

Verdalsøra

Stiklestad Nat. Kulturhaus

Levanger

Munkeby

Alstadhaug

18

19

Skogn

Hammervatn

Åsen

16   Leirfall Helleristning

17

Steinvikholm

17a

Stjørdal   Hegra

Meråker

10   11

Ran-
heim

15   Hegra Festning

TROND-
HEIM

14   Værnes

Hell

Hommelvik   Helleristning

E14

Wir verlassen TRONDHEIM nach Osten Richtung E6/NARVIK. 2,6 km nach dem **Nidelva**, hinter dem Supermarkt KWS,

Trondheim, Nidaros-Dom

schwenken wir links nach RANHEIM, das Sträßchen folgt dem Küstenverlauf und in RANHEIM kann man nach links dem Schwimmersymbol zum **Badeplatz Hansbakkfjæra** mit Sandstrand und Toiletten hinabrollen.

(12) WOMO-Badeplatz: Ranheim (Hansbakkfjæra)

GPS: N63° 25' 51.5" E10° 32' 13.5"; Ingrid Kiaers Veg.   **max. WOMOs:** 1-2.

Ausstattung/Lage: Liegewiese, Trockenklo, Camping verboten/Ortsrand.

Zufahrt: Von Trondheim nach Osten am Meer bis Ranheim, dort links zum Strand.

Hinweis: 100 m vorher unterhalb des Friedhofs Stellplatz am Strand ohne Verbotsschild.

An der Küste entlang passieren wir MALVIK, dann kommt HOMMELVIK. Am Ortsende biegen wir rechts zur "Havneområ-de", unterqueren unsere Straße und die Bahnlinie, schwenken am Wasser links und haben nach 300 m links der Stichstraße einen Parkplatz, rechts der Straße Picknickplatz mit Sandstrand.

(13) WOMO-Badeplatz: Hommelvik (Havneområde)

GPS: N63° 24' 46.0" E10° 47' 48.9"; Havnevegen.   **max. WOMOs:** 2-3.
Ausstattung/Lage: Rechts der Straße Picknickplatz/Sandstrand/außerorts.
Zufahrt: Von Trondheim nach Osten am Meer entlang bis Hommelvik, dort rechts Richtung "Havneområde".

Jetzt passieren wir MURUVIK, dann kommt HELL, und "Helle" bedeutet auf norwegisch "Steinplatte". Folglich biegen wir 100 m nach dem winzigen Ortsschild von HELL rechts und entdecken erst anschließend den Wegweiser "**Helleristninger**". 200 m fahren wir zwischen schmucken Holzhäuschen einen Asphaltweg bergan. Dann parken wir dort, wo der "Helleristninger"-Wegweiser nach links im Wald verschwindet [N63° 26' 37.4"

Felsritzungen von Hell

E10° 54' 27.8"] und folgen ihm 180 Schritte durch schattigen Tann, schließlich steil bergauf. Sage und schreibe 13 Rentiere haben sich dort versammelt – 3 alte und 10 junge, fast schon eine kleine Herde! Vor 5000 Jahren hat sie ein steinzeitlicher Künstler in den Fels gekratzt und ihre Leiber mit Mustern verziert, als sollten sie im Zirkus auftreten.

Ab STJØRDAL, die »E 6« ist erreicht, machen wir nach rechts einen Abstecher in die »E 14« Richtung PRESTMOEN/ MERÅKER. Wir folgen dem Wegweiser "**Kirche von Værnes**" und landen auf einem großen, leeren Parkplatz neben der weißen Kirche mit dem wuchtigen, quadratischen Kirchturm und dem grünen Kupferdach.

(14) WOMO-Stellplatz: Kirche von Værnes

GPS: N63° 27' 17.4" E10° 57' 17.3"; Prestmovegen.
max. WOMOs: 1-2.
Ausstattung/Lage: keine/ Ortsrand.
Zufahrt: Von Trondheim nach Osten am Meer bis Stjørdal, dort rechts auf der E14 noch 1000 m, dann rechts.

Als ruhigen Übernachtungsplatz können wir diesen Parkplatz nur bedingt empfehlen, denn ab und an landet ein Düsenjet – der Flugplatz von TRONDHEIM ist nur wenige Meter entfernt. Die Kirche von VÆRNES (geöffnet: nur in der Hauptsaison Di-Sa 11 - 15, So 12 - 15 Uhr) ist eine der ältesten Norwegens und datiert zurück ins Jahr 1085, also in die romanische Bauepoche. Das merkt man schon am schweren grundständigen Charakter; die Wände sind 2 m dick. Falls Sie das Glück haben sollten,

die Kirche betreten zu können, werden Sie begeistert sein von der Eleganz des hölzernen **Tonnengewölbes**. Auch wenn die Kirche verschlossen sein sollte, können Sie sich doch ergötzen an den beiden Seitenportalen, die jeweils figurengeschmückt sind. Eines zeigt im Hochrelief einen **Löwen**. Meiner Meinung nach verzehrt der Herrscher der Wüste gerade einen Menschen, nur ein einziges Bein schaut noch aus dem gierigen Maul.

Die Kirche liegt inmitten eines weiträumigen Friedhofes auf dem, wie es sich gehört, eine ganze Reihe von **Wasserhähnen** verteilt ist. Fährt man an Kirche und Friedhof vorbei, so landet man 100 m weiter am **Stjørdal-Museum**, (täglich 12 - 17 Uhr geöffnet). Rechts des Gebäudes kann man durch ein offenes Tor den Park betreten und entdeckt an ihm einen **Wasserhahn** mit einem riesenlangen Wasserschlauch.

Im schattigen Park stehen zwischen uralten Lärchenbäumen norwegische Holzhäuser, die man vor dem Verfall gerettet, restauriert und hier wieder aufgebaut hat. Wohnhäuser, Ställe, eine Schmiede, eine Almhütte, eine Waldarbeiterhütte, deren Wohnkomfort Sie einmal mit dem Ihres Wohnmobils vergleichen sollten – es ist ein schöner und lehrreicher Spaziergang durch den lauschigen Park.

Wir kehren auf dem gleichen Weg wieder zur »E 14« zurück und biegen nach rechts Richtung MERÅKER ein. Rechterhand begleitet uns noch eine Weile der wuchtige Kirchturm von VÆRNES und das Starten und Landen der Düsenflugzeuge. Nach 9,6 km kommen wir zum Ortsschild von HEGRA und 100 m später biegen wir rechts ab Richtung "**Hegra-Festning**". Es ist ein schmales Sträßchen, das uns steil und immer steiler durch einen wilden, urbelassenen Wald ins Gebirge führt. Er endet nach genau 4 km an einem geschotterten, großen **Parkplatz**, umgeben von schattigen Bäumen; ruhig, ja einsam gelegen – hier stört Sie nachts sicher niemand.

(15) WOMO-Picknickplatz: Hegra-Festning

GPS: N63° 27' 01.3" E11° 09' 49.2"; 202 m.   **max. WOMOs:** 3-4.
Ausstg./Lage: Tisch & Bank, Grillstelle, Cafeteria, WC, Duschen; Camping verboten.
Zufahrt: Von Trondheim auf »E6« nach Nordosten, in Stjørdal rechts, auf der »E14« ca. 10 km bis Hegra, dort rechts (Wegweiser: Hegra-Festning), noch 4 km durch den Wald.

Die Festung Hegra wurde bereits 1910 erbaut, um den Durchmarsch durch das **Stjørdal** zu sperren. Sie wurde weitestgehend

in den massiven Fels hinein-gesprengt, nur wenige Teile sind offene Schützengräben oder durch künstliche Beton-decken geschützte Bereiche. Batterien von 7,5 cm und 10,5 cm Kanonen konnten das gesamte Tal überstrei-chen.

Berühmt wurde das Fes-tungsbauwerk, als es im Jah-re 1940 genau 27 Tage der Belagerung der Deutschen widerstand.

Wir durchstreifen die unter-irdischen Kasematten, Bun-ker und Gänge, steigen in Geschütztürme, inspizieren

Kanonen und atmen sprichwörtlich auf, als wir aus den feuch-ten und kalten Unterständen wieder in die trockne und warme norwegische Sommerluft hinaustreten können. Am Rande des Parkplatzes warten ein kleines **Festungsmuseum** (offen: 11 - 18 Uhr) und ein bescheidenes **Restaurant**, wo Sie sich mit Würstchen oder Pizza stärken können.

Wir rollen wieder hinab gen HEGRA und biegen auf der »E 14« rechts Richtung MERÅKER. Bereits nach 2700 m schickt uns ein Hinweisschild "**Helleristninger**" links in einen geschotterten Feldweg, der 400 m später mit einem Parkrund am Waldrand vor den Felsritzungen endet.

(16) WOMO-Picknickplatz: Leirfall (Felsritzungen)
GPS: N63° 28' 06.2" E11° 09' 53.5"; 202 m.   **max. WOMOs:** 3-4.
Ausstattung./Lage: Tisch & Bank/außerorts.
Zufahrt: Auf der »E14« noch 2,7 km nach Osten, dann links 400 m.

Die **Felsritzungen von Leirfall** gehören zu den weitläufigsten in ganz Norwegen. Wir stapfen zur ersten Felsplatte hinauf, neben ihr schießt der schmale **Leirfall** wie ein Sturzbach über die schrägen Felsplatten. Es sind fast nur Fußumrisse, die hier eingeritzt wurden, sozusagen ein Stein gewordenes Meeting. Wir steigen weiter den Hang hinauf, wo eine wesentlich größere Felsplatte mit den verschiedensten Figuren aufwartet: nicht nur Fußabdrücke, sondern ganze Beine, Sonnensymbole, konzentrische Ringe, Spiralen, Näpfchen, leere und bemannte Schiffe und schließlich auch noch zwei kleine Reiterfiguren. Die Kunstwerke wurden nicht alle zur gleichen Zeit geschaffen. Von der jüngeren Steinzeit (2000 v. Chr.) bis in die Bronzezeit (500 v. Chr.) war man bildhauerisch tätig und huldigte damit einem geheimnisvollen Fruchtbarkeitskult.

Mit den Felsritzungen von Leirfall haben wir unseren Abstecher beendet und düsen auf der »E 14« genau 13,3 km zurück bis STJØRDAL, wo wir nach rechts in die »E 6« einmünden.

Bereits 8500 m später verlassen wir sie wieder nach links, rollen

auf einem Fahrweg, uns links haltend, Richtung FLØAN/ STEINVIKHOLM hinab zum Meer. Nach 3600 m gabelt sich der Weg am Ufer des **Åsenfjords** und wir haben die Qual der Wahl: Nach links führt der Weg nur noch 50 m weiter und bietet neben einer Fischerhütte einen ruhigen **Rasenplatz [17a:** N63° 32'

Steinvikholm, Rasenplatz

23.9" E10° 47' 30.1"] oberhalb des Kies-/Geröllstrandes mit Blick über den Fjord und hinüber zur **Burgruine Steinvikholm**. Der Weg nach rechts endet 1200 m später mit einem großen Parkplatz. Von ihm aus führt eine Fußgängerbrücke zu dem kleinen Inselchen mit der Burgruine. Von 1525 bis 1532 wurde sie vom letzten Erzbischof Norwegens erbaut. Ihre 5 m dicken Mauern konnten auch den neuen Feuerwaffen trotzen, die Burg schien so sicher, dass man sogar die Gebeine des Heiligen Olav hier aufbewahrte.

Burgruine Steinvikholm

Doch weder die dicken Mauern noch die Fürsprache des Heiligen halfen! Norwegen unterlag den protestantischen Dänen und wurde für lange Zeit zu einer Provinz Dänemarks degradiert. So viel Historie kann man natürlich nicht kostenlos genießen, ein geschäftstüchtiger Norweger kassiert für seine Parkplatzwiese. Dafür hat man einen Panoramablick auf das kriegerische Gemäuer und kann es auf schmalem Pfad in 5 min. gemütlich umwandern. Die Zufahrt zum Parkplatz (mit Klo und Wasserhahn), etwas versteckt vorher rechts, ist mit einem großen Betonklotz versperrt.
Ein Schelm, wer Böses dabei denkt.

(17) WOMO-Stellplätze: Steinvikholm
GPS: N63° 32' 28.0" E10° 48' 51.5"   max. **WOMOs:** > 5.
Ausstattung/Lage: Klo, Kiosk, Mülleimer, Liegewiese/außerorts; Privatplatz tags 30 NOK, nachts 100 NOK Parkgebühr.
Zufahrt: Auf der »E6« nach Norden, dann nach links (ausgeschildert).

Wir kehren auf dem gleichen Weg zur »E 6« zurück, fahren weiter nach Norden. Auch die »E 6« führt hinab zum **Åsenfjord** und turnt an seinem Ufer entlang. Kaum eine Ausbuchtung an der Straße bietet Möglichkeiten zum Halten und Schauen. Dann schneidet die »E 6« eine Landzunge ab und landet erst bei ÅSEN wieder am Wasser – dem Hammervatn.

An den Wegrändern begleitet uns eine wohlkomponierte Mischung aus violetten Weidenröschen und elfenbeinfarbenem Mädesüß. Diese Pflanzen setzen die beherrschenden Farbtupfer in das Grün von Bäumen, Büschen und Moosen.

Der **Åsenfjord** gibt an seinem nördlichsten Zipfel nur noch ein kurzes Gastspiel, dann schleifen wir hinauf und wieder hinab zum **Trondheimsfjord**. Jetzt, Ende Juli, ist in Norwegen Erdbeerzeit und alle paar Kilometer steht das auffordernde Schild "Jordbær" am Straßenrand. Am nächsten Picknickplatz können Sie dann ein Schälchen mit den leckeren roten Früchten erwerben. Der Fjord begrüßt uns mit den dampfenden Schloten einer Papierfabrik, aber kurz darauf kehrt die ländliche Idylle zurück, als wäre nichts gewesen.

Wir passieren SKOGN und entdecken wenig später den Wegweiser nach links zur **Alstadhaug-Kirke** (am Kreisel V/E bei der Tankstelle). Durch eine schattige Birkenallee halten wir auf die spitze Nadel des Kirchturmes zu, parken nach 800 m rechts.

(18) WOMO-Stellplatz: Alstadhaug-Kirche
GPS: N63° 43' 27.8" E11° 13' 35.9"   **max. WOMOs:** 1-2.
Ausstattung/Lage: keine/Ortsrand.
Zufahrt: Auf der »E6« nach Norden, hinter Skogn nach links (ausgeschildert).

Die Alstadhaug-Kirche ist eine Mischung verschiedener Bauepochen und macht doch einen einheitlichen Eindruck auf uns. Begonnen wurde das Bauwerk um 1150 im normannischen Stil, die achteckige Apsis des Chores ist frühe Gotik, Sakristei und westlicher Anbau wurden erst im 15. Jahrhundert fertiggestellt. Beachtenswert sind vor allem die mittelalterlichen Fresken im Gewölbe zwischen Chor und Oktagon (geöffnet: Mo - Fr 9 -

15.30 Uhr, Sa 10 - 13 Uhr).
Rings um die Kirche stehen
Grabsteine, nicht anders als
bei uns in Deutschland. Wer
aber war würdig genug, um
unter dem Grabhügel mit
55 m Durchmesser und 6 m
Höhe bestattet zu werden,
der neben dem Friedhof wie
ein Berg aufragt?
Die Sage berichtet, hier sei
der Fürst Olve begraben und
so stammt auch der Name
Alstadhaug von "Olves Hü-

gel". Grabungen brachten kein eindeutiges Ergebnis, denn
Grabräuber waren wie üblich schneller gewesen. Rechts des
Friedhofes (mit Wasserhähnen) steht eines des ältesten Gebäude der Gegend, die **Ammenstube** aus dem Jahre 1747. In
ihr konnten Kirchenbesucherinnen ihre kreischenden Lieblinge
zur Betreuung abliefern oder bei Bedarf stillen.

Auf halbem Wege zwischen »E 6« und Kirche führt ein Schotterweg 500 m hinab zum Meer und endet auf einem **Wiesenplätzchen** [N 63° 43' 13.7" E 11° 12' 50.0"], wo man fein stehen
kann; das Meer allerdings ladet nicht zum Bade.

Vor LEVANGER sichten wir einen Supermarkt namens "Mag-
neten" sein Dieselpreis lohnt nicht den Umweg. 2 km später
folgen wir nach rechts den Wegweisern OKKENHAUG/**Klos-
terruiner**. Lassen Sie sich nicht verwirren, wenn die Hinweisschilder plötzlich "**Kirkeruiner**" lauten, Sie sind trotzdem richtig.
Nach genau 4 km kreuz und quer über Berg und Tal kommen

Klosterruine Munkeby

wir zu der idyllisch in einem Birkenhain gelegenen Ruine einer Klosterkirche mit einem großen Parkplatz mit **Toiletten**, Grillstelle, Mülleimer, Tischen und Bänken.

(19) WOMO-Picknickplatz: Munkeby-Klosterruine

GPS: N63° 43' 46.4" E11° 23' 03.0"   max. **WOMOs:** 2-3.
Ausstattung/Lage: Trockenklo, Mülleimer, Grillstelle, Tisch & Bank, Liegewiese.
Zufahrt: Von Trondheim auf E6 nach Nordosten, vor Levanger rechts Richtung Okkenhaug/Klosterruiner 4 km.

Hier finden Sie nicht nur geistige Erbauung, sondern auch ruhigen Schlaf. Die Gebäudereste gehen zurück auf eine Klostergründung der Zisterzienser im Jahre 1180. Im 16. Jahrhundert verfiel die Kirche und wurde als Steinbruch benutzt. Von den restlichen Klostergebäuden, nur aus Holz errichtet, fehlt jede Spur; Rekonstruktionen sind im Gange.

Wir kehren auf dem gleichen Weg zur »E 6« zurück, folgen ihr 9,0 km Richtung STEINKJER. Die Wegweiser nach STIKLESTAD kann man nicht übersehen. Wie wir bald merken, muss jeder Norweger einmal diesen Ort besichtigt haben, an dem die norwegische Geschichte einen wesentlichen Wendepunkt nahm. Im Jahre 1030 starb hier **König Olav Haraldsson** in einer großen Schlacht. Er versuchte, den störrischen Teil seines Volkes zum Christentum zu bekehren – und unterlag.

Die folgende Geschichte der Christianisierung Norwegens ist eine Mischung aus Sage, Wunderglaube und Wunschdenken, jedenfalls wurde Olav Haraldsson bereits kurze Zeit nach seinem Tode heilig gesprochen. Seither ist St. Olav eine zentrale Figur der norwegischen Kirche.

Wir nähern uns STIKLESTAD auf der »757« in einer Autoschlange. Die Parkplätze von der Größe mehrerer Fußballfelder sind bereits belegt.

Stiklestad, großes Theater

Menschenmassen strömen auf das **Nationale Kulturhaus** zu, in dem die Zeit Olavs anhand von Funden und Rekonstruktionen dargestellt wird. Nebenan liegen das umfangreiche, bestens ausgestattete **Freilichtmuseum** mit dem **kleinen Theater** und das große **Freilichttheater**, in dem seit 40 Jahren anlässlich seines Todestages das "Spiel vom Heiligen Olav" aufgeführt wird. Wir flüchten nach links in die »759« Richtung STEINKJER (sicher erwischen Sie einen ruhigeren Tag und können mit Muße STIKLESTAD besichtigen).

1800 m später verlassen wir die »759« nach links Richtung VISTVIK/**Hallensmarka** (Schotterstraßenverweigerer fahren weiter auf der »759« am rechten Seeufer Richtung STEINKJER und treffen uns am Nordrand des Sees wieder).

Die Schotterstraße führt uns zunächst nach 400 m zu einem Parkplatz [N 63° 48' 36.4" E 11° 34' 13.4"], von dort führt ein Fußweg 170 Schritte hinauf zu einem riesigen **Gräberfeld** – alles in allem wurden rund 80 Grabhügel gezählt. Die größten Hügel haben einen Durchmesser von über 30 m und sind bis zu 6 m hoch, ihr Alter wird auf ca. 2000 Jahre geschätzt (Eisenzeit).

Hinweis: Die Anlage war bei unserem letzten Besuch mit einem Elektrozaun umgeben und verwahrlost, die Info-Tafeln teilweise zerstört; wir bitten um Auskunft bei (positiven) Veränderungen.

Wir umrunden die Anlage, kehren zum WOMO zurück und holpern weiter bis zum Westufer des **Leksdalsvatn**. An der Straßengabelung biegen wir rechts und fahren am Westufer des Sees genau 13 km nach Norden, sichten dabei eine ganze Reihe von lauschigen **Rastplätzen**, nur ein ordentlicher Badeplatz fehlt uns noch.

Am Ende des Sees biegen wir wieder nach rechts (Wegweiser: LYSHEIM) und entdecken am Nordufer des Sees gleich zwei **Ba-**

deplätze, der erste mit **Toiletten**, der zweite wegen Straßenkante kaum anfahrbar. Beide Badeplätze liegen im Vogelschutzgebiet, und wenn Sie Glück haben, können Sie Taucher, Wildenten oder Singschwäne aus nächster Nähe beobachten.

(21) WOMO-Badeplätze: Leksdalsvatn (Semslandet)
GPS: N63° 55' 02.1" E11° 34' 11.4"   **max. WOMOs:** 2.
Ausstattung/Lage: Trockenklo/außerorts.
Zufahrt: Von Stiklestad am Westufer des Leksdalsvatn entlang, weiter siehe Text.

Wir treffen wieder auf die »759«, in die wir links Richtung STEINKJER einschwenken.
Die Gegend ist Ihnen nicht urtümlich genug?
Dann folgen Sie uns nach 2600 m auf der »759« nach rechts Richtung HENNINGVOLA. Nach 1500 m zahlen wir 50 NOK per SMS und schrauben uns hinauf ins **Henningfjell**. Dort haben Sie die Wildnis, die Sie suchen, und nicht nur das! Ruhe, Natur, Wanderwege und den **Henningvatn**, einen Badesee mit **Toiletten** und Umkleidekabinen. Auf den Sumpfwiesen leuchten die violetten Blütenstände der Knabenkraut- Orchideen.

(22) WOMO-Badeplatz: Henningvatn
GPS: N63° 55' 48.5" E11° 41' 42.8"   **max. WOMOs:** > 5.
Ausstattung/Lage: Trockenklo/außerorts.
Zufahrt: Von Stiklestad am Ost- oder Westufer des Leksdalsvatn entlang, weiter s. Text.

Noch 12 km sind es auf der »759« bis STEINKJER. Am Ortsbeginn schwenken wir zunächst am Kreisel links zur Shell-Tankstelle. Eine **Entsorgungsstation** findet man abgelegen 200 m hinter ihr [N64° 00' 09.2" E11° 29' 53.9"].
Wir biegen nach rechts in die »E 6« ein, durchqueren den Måsørtunnel. Wer seine Gasflasche füllen lassen möchte, biegt am Kreisel dahinter links in die Fjordgata, nach 300 m

wieder links in die Sjøfartsgata und nach weiteren 100 m bei NAF zur LPG-Station (Mo-Fr 8.30-16/10-14 Uhr).

800 m weiter auf der E6 überqueren wir den breiten **Steinkjers-elva**. Dahinter biegen wir links Richtung SØR-BEITSTAD – drei herrliche Badeplätze warten auf uns!

Den ersten, die **Paradisbukta** erreichen wir nach 3,5 km. Zwar muss man 25 NOK Parkgebühr entrichten, dafür werden aber auch herrliche Liegewiesen, **Toiletten** und wahlweise feiner Sandstrand oder glattgeschliffene Schärenfelsen zum Sonnen geboten.

(23) WOMO-Badeplatz: Paradisbukta

GPS: N64° 00' 56.1" E11° 26' 55.1"; Bogavegen.   **max. WOMOs:** >5.

Ausstattung/Lage: Sandstrand, WC, Duschen, Umkleidekabinen, Liegewiese, Tische & Bänke, Kinderspielplatz, Parkplatz schräg/außerorts.

Zufahrt: In Steinkjer über den Steinkjerselva, dahinter links Richtung Sør-Beitstad noch 3,5 km. 25 NOK Parkgebühr.

5 km weiter im Westen wartet der **Badeplatz** HOØYA.
Nach 1600 m Stichstraße stehen wir direkt an der Schärenküste.
Für 25 NOK Parkgebühr bekommen wir einen Kinderspielplatz,
Duschen, **Wasserhahn**, Sprungturm und sogar eine Badeinsel
geboten.

(24) WOMO-Badeplatz: Hoøya

GPS: N64° 01' 14.9" E11° 22' 14.5"   max. WOMOs: >5.

Ausstattung/Lage: Sandstrand, Sprungturm, WC, Duschen, Wasserhahn, Umkleidekabinen, Liegewiese, Tische & Bänke/außerorts.

Zufahrt: In Steinkjer über den Steinkjerselva, am zweiten Kreisverkehr dahinter links
Richtung Sør-Beitstad nach 8,5 km links. 25 NOK Parkgebühr.

Der dritte im Bunde ist KALVØYA. Bereits 200 m westlich auf
der Teerstraße beginnt die Stichstraße zum letzten **Badeplatz**.
Über einen künstlichen Damm führt sie auf ein kleines Inselchen und endet nach 1300 m mit einem großen Parkplatz mit
Sitzbänken und Feuerstelle 200 Schritte vor dem Badeplatz mit
Liegewiesen und Schärenfelsen. Was fehlt, sind die Parkgebühr und Menschen. Wir sind die einzigen in diesem Paradies.

(25) WOMO-Badeplatz: Kalvøya

GPS: N64° 01' 39.5" E11° 21' 12.0"   max. WOMOs: >5.

Ausstattung/Lage: Schärenfelsen, Liegewiese, Tisch + Bank 150 m, Klo 40 m/außerorts.
Zufahrt: In Steinkjer über den Steinkjerselva, am zweiten Kreisverkehr dahinter links Richtung Sør-Beitstad nach 8,8 km links.

Nach so viel Natur ist wieder Kultur ange-sagt! Nur 900 m weiter westlich auf der Teer-straße weist uns ein Hinweisschild zu den **Felsritzungen** von BARDAL [N64° 02' 40.6" E11° 23' 28.7"]. Was gibt es dort nicht alles zu sehen: Hunde, Schiffe, Rentiere, Fußabdrücke, Reiter, Spiralen, Schlitten, Rindviecher und quer über all diese Winzlinge einen riesigen Wal, weitere Zeichen sind unvollständig oder unerklärlich.

BARDAL ist der Endpunkt unseres Abstechers, und wir kehren zurück nach STEINKJER. Am ersten Kreisverkehr führt uns ein Wegweiser nach links zur »763« Richtung SNÅSA.

Zunächst begleitet uns rechts der **Reinsvatn**, dann links der **Fossemvatn**, dann kommt eine Passage mit Feldern, Wiesen und Wäldern, bis wir von einem Hügelrücken auf den langgestreckten **Snåsavatn** hinabblicken können. An seinem Südufer rollen wir zum berühmtesten Rentier der Welt.

Die **Felsritzung "Bølarein"** kann man nicht verfehlen, sie wird mehrfach angekündigt. Links der Straße liegt ein schöner, großer Picknickplatz mit Kiosk, Picknicktischen, Toiletten, Mülleimer und Kinderspielplatz (Gebühr tags 30 NOK, nachts 50 NOK).

(26) WOMO-Wanderparkplatz: Bølarein
GPS: N64° 08' 47.8" E11° 56' 45.4"   **max. WOMOs:** 2-3.
Ausstattung/Lage: Tisch & Bank, Kiosk, Trockenklo, Kinderspielplatz/außerorts.
Zufahrt: Von Steinkjer auf der »763« Richtung Snåsa, mehrfach ausgeschildert.

Dann marschieren wir 300 m auf einem breiten, bequemen Schotterweg (30 NOK für die Erhaltung des Weges) hinab zum Fluss, wo das Rentier schon wartet. Es ist in Lebensgröße in den senkrechten Fels geritzt.

Seit hunderten von Jahren schleicht sich ein hungriger Bär an. Entdecken Sie ihn an der gewölbten Felsplatte rechts des tosenden Wasserfalls? Oder ist die Wassermenge so groß, dass er überflutet ist? Dann drehen Sie der Wasserwand den Rücken zu und suchen nach dem Vogel und dem Skiläufer. Hat dieser nicht eine herrliche Körperhaltung?

Felsritzung "Bølarein"

Nun brauchen wir nur noch einen schönen Badeplatz am **Snåsa-vatn**. Wir fahren weiter auf SNÅSA zu und biegen ca. 15 km später nach links (Wegweiser: Grønøra-Badeplatz/Oldernæs Gård). Die Bahnunterführung bietet nur Platz für 2,80 m hohe Wohnmobile, aber 500 m weiter rechts kann man auch über die Schienen fahren.

Nach 1600 m landen wir an einem großen Parkplatz im Hochwald, von dort führt ein wohlgeschotterter Fußweg über einen blühenden Sumpfstreifen zum endlosen **Sandstrand** mit Grillstelle – ein herrliches Plätzchen. Falls Sie allerdings in den feuchten Fluten des **Snåsavatn** Ihr Leben beenden wollen, müssen Sie weit laufen. Das Wasser ist auf viele, viele Meter nur knöchel- bis wadentief – also ideal als Badefütze für kleine Kinder.

(27) WOMO-Badeplatz: Snåsavatn/Grønøra

GPS: N64° 11' 32.9" E12° 09' 58.8"   max. **WOMOs:** 2-3.

Ausstattung am Parkplatz: Klo, Umkleidekabine, **am See:** Sandstrand, Grillstellen.
Zufahrt: In Steinkjer rechts auf der »763« Richtung Snåsa. Nach der Bølaristning rechts des Snåsavatn noch 15 km zum Grønøra-Badeplatz (Camping verboten).

KARTE TOUR 3

50 km

Korgen

S

N

E6

P

Fustvatn

Shell E

54 · 55

53 Mosjøen

Øyfjellgrotte

51

52 50 Laksfoss

Grane

Trofors

E6

73

49

48

Svenningsvatn

Nationalpark Børgefjell

47

P

Sørsamenkapelle

Tomasvatn

Majavatn Majavatn

Mellingsvatn

46

E6

P 45

44

Bjørhusdal Namsskogan

Fossmofoss Brekkvaselv

43

Familiepark

Liming

Trones

42

41 40 764

Skorovatn

Tunnsjø

Harran

C E

38 37 39

Grongstadfossen 36

Høylandet Fiskumfoss/Lachsmuseum

Hammerbru Möklevatn

35

Grong Tømmeråsfoss

760 28 29 B

33 34 30

32 Formofoss

17 E6 Nationalpark Gressåmoen

W

Namsos 31

Bergsåsen (Orchideen)

27 Snåsa

E6 763 Snåsavatn

TOUR 3 (ca. 360 km / 3-4 Tage)

Snåsa – Gressåmoen-Nationalpark – Grong – Möklevatn – Fiskumfoss – Trones – Namsskogan – Mellingsvatn – Majavatn – Tomasvatn – Børgefjell-Nationalpark – Svenningsvatn – Laksfoss – Mosjøen

Freie Übernachtung:	Snåsavatn, Rtg. Gressåmoen-NP, Grong, Möklevatn, Høylandet, Tonnsjøelva, Trones, Brekkvaselv, Bjørhusdal, Mellingsvatn, Svenningsvatn, Mosjøen.
Ver-/Entsorgung:	Harran, nördl. Mosjøen.
Campingplätze:	u. a. Harran, Trones, Majavatn, Mosjøen.
Baden:	Snåsavatn, Rtg. NP Gressåmoen, Grong, Möklevatn, Mellingsvatn, Svenningsvatn.
Besichtigungen:	Bergsåsen (Orchideen), Gressåmoen-NP, Formofoss, Tømmeråsfoss, Fiskumfoss (Lachsaquarium), Namsskogan Familiepark, Laksfoss, Mosjøen, Øyfjellgrotte.
Wandern:	Bergåsen, Gressåmoen-NP, Børgefjell-NP, Øyfjellgrotte.

Noch 13 km sind es am nächsten Morgen bis SNÅSA (großer, ruhiger Parkplatz am Sportplatz). In der Ortsmitte links liegt der Bahnhof, und auf seiner Höhe zweigt nach rechts eine Seitenstraße Richtung AGLE/GRESSÅMOEN ab. Dem **Nationalpark Gressåmoen**, einer weiten Moor- und Waldlandschaft mit urwaldartigem Fichtenbestand, wollen wir wenigstens einen kurzen Besuch abstatten – und biegen rechts ab. Wenn schon Natur, sagen wir uns, dann dürfen wir auch den **"Natursti Bergsåsen"** von SNÅSA nicht auslassen. Man macht es uns bequem: Genau 3700 m nach der Abzweigung können wir links der Straße parken [N64° 15' 11.6" E12° 26' 44.9"] und den gut markierten **Orchideenwanderweg** in Angriff nehmen.

Frauenschuh *(Cypripedium calceolus)*

Die Natur hält mehr, als die Werbung verspricht. Während einer halben Stunde, die wir den Berg hinaufsteigen, bekommen wir hunderte von Orchideen zu sehen, unter anderem Geflecktes Knabenkraut *(Orchis maculata)* und Fliegenorchis *(Orphys insectifera)*, auch die versprochene Königin der europäischen Orchideen, den Frauenschuh *(Cypripedium calceolus)* sichten wir in einigen Exemplaren, die allerdings längst verblüht sind (bei unserer zweiten Tour kamen wir im Juni zur rechten Zeit!).

Jetzt kann der Urwald kommen!

Wir fahren weiter Richtung AGLE, halten uns dort links. Kurz hinter dem Ort endet der Teerbelag und nach 14 km stoppen wir an der Mautstation, zahlen 70 NOK und stellen den Tages-kilometerzähler auf 0.

Zunächst führt die ordentliche Schotter-/Erdpiste an der Bahnlinie entlang nach Norden (Wohnmobile bis ca. 3,30 m Höhe brauchen nicht den Umweg für Busse zu nehmen), schwenkt dann nach Osten ab. Die Landschaft ist anfangs sumpfig/moorig und meine aufmerksame Beifahrerin entdeckt ganze Felder unreifer Moltebeeren (Foto) längs des Weges. Dann nähern wir uns von rechts dem **Luru-Fluss** und kurz darauf, 9,0 km seit der Mautstation, sichten wir einen ersten, großen, ebenen

Hier fällt der Biber

Picknickplatz an seinem Ufer [**28:** N 64° 21' 18.8" E 12° 35' 40.1"]. Vier weitere Attraktionen hat die landschaftlich schöne Strecke noch zu bieten: einen zweiten **Picknickplatz** (km 13,0), der besonders idyllisch liegt [**29:** N 64° 21' 27.9" E 12° 40' 18.0"] und nur Platz

Badeplatz am Luru-Fluss

für ein Wohnmobil bietet; einen **Badeplatz** (km 18,7) mit roten Granitfelsen im angestauten Fluss [N 64° 21' 45.8" E 12° 46' 20.7"], wo man wunderbar schwimmen kann; eine schmale Brücke über den **Luru**, dort, wo sie eine schmale Schlucht überspannt, durch die der **Luru** zornig über die ihn einengenden Felsen dröhnt und schäumt; viertens und letztens den Wanderparkplatz am Ende der Straße (km 34,3), wo wir uns für unsere Urwaldwanderung ausrüsten.

(30) WOMO-Wanderparkplatz: Gressåmoen
GPS: N64° 18' 23.0" E13° 00' 29.8"   **WOMO-Zahl:** 3-4.
Ausst./Lage: Tisch & Bank (überdacht), Toilette, Feuerstelle, Mülleimer, Wanderweg.
Zufahrt: Am Bahnhof von Snåsa rechts Rtg. Agle/Gressåmoen. Ab Agle noch 14 km bis zur Mautstation, dann 9,0 km, 13,0 km, 18,7 km bzw. 34,3 km bis zu den Plätzen.

Im Gressåmoen Nationalpark

Wir empfehlen Ihnen dringend lange Hosen, langärmlige Hemden – und Gummistiefel (die Hosen und Hemden wegen der Mücken, die Gummistiefel wegen der knöcheltiefen Sumpfpassagen).

Kurz hinter dem Parkplatz überqueren wir den Fluss und erreichen auf breitem Schotterweg nach 10 min. die Gressåmoen - Alm (wo man Vesper und Getränke verkauft und ein Nachtlager anbietet). Wir biegen hinter den ersten beiden kleinen Hütten nach links und folgen einem schmalen Trampelpfad nach Osten. Nach weiteren 10 min. haben wir die Grenze des Nationalparks erreicht und folgen dem rechten Ufer eines kleinen Bächleins. Noch ein halbes Stündchen wandern wir weiter in die Wildnis, sind umgeben von immer älter werdendem Fichtenbestand; tote Bäume, aufrecht stehend oder kreuz und quer herumliegend zeigen an, dass keine menschliche Hand das natürliche Werden und Vergehen beeinflusst.

Wir kehren zum Wohnmobil zurück und lassen es bis zum **Badeplatz** rollen, wo wir bei ausgiebigem Bade den Wander-schweiß abspülen. Dann stauben wir nach SNÅSA zurück und biegen nach rechts in die »763« ein.

Nach 300 m kann man nochmals rechts der Straße parken [N 64° 14' 57.8" E 12° 22' 55.2"] und zum anderen Ende des Orchi-deenwanderweges hinaufstapfen. 1200 m später ist man zum **Snåsavatn** hinuntergekurvt. Dort liegt links VIOSEN, der älteste Teil von SNÅSA mit **uralten Holzhäusern** noch aus der Zeit, als SNÅSA nur durch den Bootsverkehr mit der Zivilisation verbunden war. Wenden Sie Ihren Blick zum See, so erblicken Sie einen idyllischen **Badeplatz**. Das WOMO parkt man links der Straße.

(31) WOMO-Badeplatz: Snåsa (Viosen)
GPS: N64° 15' 05.0" E12° 22' 04.3"   **WOMO-Zahl:** 1-2.
Ausstattung/Lage: Kleiner Sandstrand, Liegewiese, Tisch & Bank, Toilette, Dusche, Camping verboten/Ortsrand.
Zufahrt: siehe Text.
Weiterer, ruhig gelegener Parkplatz beim Sportplatz [N64° 15' 00.9" E12° 22' 11.6"].

Wir fahren weiter Richtung »E 6«, stoßen nach 4 km wieder auf den **Snåsavatn** und haben nach 7,5 km die »E 6« erreicht, in die wir rechts Richtung NARVIK/GRONG einbiegen.

Flott kommen wir nun voran, übersehen jedoch nach 10 km nicht einen schönen **Picknickplatz** links der Straße, oberhalb eines kleinen Sees. Nach weiteren 6 km biegen wir rechts zum gewaltigen **Formofoss**, zunächst Richtung EIDE auf der »74«, nach der Brücke über den **Sanddøla** links, nochmals links über Bahnlinie und Fluss, dahinter rechts zur Parkmöglichkeit.

(32) WOMO-Wanderparkplatz: Formofoss
GPS: N64° 23' 56.9" E12° 20' 23.3"   **WOMO-Zahl:** 1-2.
Ausstattung/Lage: Spazierweg zum Wasserfall/außerorts.
Zufahrt: siehe Text.

Nun geht es "per pedes" ein paar Schritte bis zu einem Aussichtsplateau (sehen Sie den Indianerkopf?). 30 m stürzen die brüllenden und staubenden Wogen hinab und formen doch einen zarten Regenbogen (ca. 15 Uhr). Noch 9 km sind es auf der »E 6« nach GRONG (kürzer ist es, wenn man sich hinter dem Namsen und der Bahnlinie gleich links hält!). Kurz vor dem Ort passieren wir die Langnesbrücke sowie die Grongbrücke und verlassen 700 m später die »E 6« Richtung GRONG-Sentrum. Gleich hinter der Brücke kann man rechts zu einem einem schönen Picknickplatz (ausgeschildert) am Namsen-Fluss abbiegen.

(33) WOMO-Picknickplatz: Grong (Namsen)
GPS: N64° 27' 53.5" E12° 18' 28.0"   **WOMO-Zahl:** 2-3.
Ausstattung/Lage: Toilette, Tisch & Bank (überdacht), Mülleimer/außerorts.
Zufahrt: Am Ortsbeginn von Grong rechts (ausgeschildert).

Aber jetzt weiter geradeaus – ein **Badeparadies** ganz besonderer Art wartet auf uns!
Wir rollen durch den Ort, passieren zwei Tankstellen und unterqueren 1200 m später die Bahnlinie.
100 m hinter dem Tunnel verlassen wir die Hauptstraße nach rechts, fahren wieder unter der Bahnlinie hindurch und landen nach 700 m am **Tømmeråshøla-Badeplatz** im Sanddøla-Fluss. Für das Wohnmobil finden wir einen schönen Rasenplatz (Camping verboten) oberhalb des zum See erweiterten Flusses, wo Kleinkinder sicher baden und im Sand spielen können.

(34) WOMO-Badeplatz: Grong (Tømmeråshøla)
GPS: N64° 27' 18.0" E12° 19' 38.3"   **WOMO-Zahl:** 2-3.
Ausstattung/Lage: Toilette mit Waschbecken, Wasserhahn, Liegewiese, Naturrutsche.
Hinweis: Die Wassermenge im Sanddøla schwankt stark jahreszeitlich bedingt.
Zufahrt: Durch Grong hindurch. Hinter dem Tunnel nach rechts noch 700 m.

Naturrutschbahn im Badeparadies Tømmeråsfoss bei Grong

Für die großen (oder ganz mutigen) hat der Fluss eine natürliche Wasserrutsche geformt, auf der man sich von den schießenden Wassermassen hinuntertreiben lassen kann. Diese Fluten sind nur ein kleiner Teil des **Tømmeråsfoss**, der brausend und tosend den akustischen Hintergrund zu diesem optischen Naturschauspiel liefert.

Am nächsten Morgen kehren wir zur »E 6« zurück, biegen rechts ein. Die »E 6« zieht links am breit dahinströmenden **Namsen** entlang. Eine schmale Eisenbahnbrücke überquert ihn mit einem weiten Metallgitterbogen und führt auch über die Straße hinweg. Nur 9 km nutzen wir den bequemen Asphalt, dann biegen wir rechts ab Richtung ROSSETNES, eine Spannbetonbrücke bringt uns nach 1000 m auf die rechte Seite des **Namsen**. 200 m hinter der Brücke verlassen wir die Teerstraße nach rechts (kein Wegweiser!) und folgen einer Schotterstraße bergan.

Aufpassen: Bereits nach 150 m gabelt sich die Straße, wir müssen jetzt links abbiegen!

Nach 2,2 km überqueren wir den **Elstadelva** und zahlen an der Bomstation 50 NOK. Der Fluss neben uns ist ein Bild ungebärdiger Natur. Schießende Stromschnellen wechseln ab mit seenartigen Verbreiterungen, in denen das Wasser still zu stehen scheint, um dann wieder lustig über Steine zu hüpfen. Bei km 10,0 wechseln wir wieder die Flussseite, bei km 12,6 überqueren wir ihn zum dritten Mal und nach genau 14,0 km rollen wir am linken Ufer des **Møklevatn** dahin.

Die Straße endet mit einer Wendestelle bei km 15,3. So weit brauchen Sie aber nicht zu fahren, denn bereits bei km 14,9 haben Sie Ihren Traumplatz gefunden: Er bietet zwar an touristischen Einrichtungen nur eine Sitzbank und eine Feuerstelle

– aber Platz für zwei Wohnmobile, einen herrlichen Blick über den stillen See (mit Sandstrand) – und man ist umgeben von einer geradezu unwirklichen Ruhe, hier kann man ausspannen.

(35) WOMO-Badeplatz: Møklevatn

GPS: N64° 29' 57.8" E12° 37' 48.7" **WOMO-Zahl:** 2.

Ausstattung/Lage: Sandstrand, Feuerstelle/außerorts.

Zufahrt: Von Grong 9 km weiter auf der »E6«, dann rechts Rtg. Rossetnes, 200 m nach der Brücke rechts, 150 m später links, dann noch 15 km bis zum Badesee.

Hat man genügend ausgeruht, kann man in der Umgebung mit Rucksack und Kompass Wildnistouren unternehmen (die Info-stelle in GRONG hält für Sie das nötige Kartenmaterial bereit). Wir kehren entlang des **Elstadelva** zur »E 6« zurück.
Sie hätten lieber einen Abstecher nach links (ohne Schotter und

Geheimes Plätzchen am Brynntjønna

Bom)? Dann biegen Sie mit uns 250 m später auf die »775« nach HØYLANDET ab.

Kein menschliches Wesen begegnet uns, nur Schafe queren unbekümmert die einsame Bahn, die flankiert ist von Wald und steilen Felsen.

Nach genau 10 km rechts ein schwarz glänzender See, der Brynntjønna. 200 m nach seinem Ende führt ein Schleichweg zu ihm zurück: Ein Traumplätzchen für nicht zu breite WOMOs.

(36) WOMO-Badeplatz: Brynntjønna
GPS: N64° 36' 22.8" E12° 21' 58.3" **WOMO-Zahl:** 2.
Ausstattung/Lage: Bademöglichkeit/außerorts.
Zufahrt: Von Grong 9 km weiter auf der »E6«, dann links Rtg. Høylandet. Nach genau 10 km rechts recht schmal zurück zum See.
Hinweis: 400 m später links der »775« ein offizieller Picknickplatz mit Klo.

4,5 km weiter treffen wir auf die »17« und biegen links ins "Zentrum" von HØYLANDET ab. Gleich hinter der Tankstelle findet man linkerhand einen gepflegten Asphaltplatz mit einem traumhaften Picknickpavillon.

(37) WOMO-Picknickplatz: Høylandet
GPS: N64° 37' 28.4" E12° 17' 51.6" **WOMO-Zahl:** 2-3.
Ausstattung/Lage: Bademöglichkeit/außerorts.
Zufahrt: Von Grong 9 km weiter auf der »E6«, dann links nach Høylandet. Dort links.

350 m weiter führt nach rechts ein Sträßchen steil bergauf (Wegweiser: Grongstadfossen). Nach 1400 m findet man einen kleinen Waldparkplatz, an dem man bereits das Brausen des Wasserfalls hören kann.

(38) WOMO-Wanderparkplatz: Grongstadfossen
GPS: N64° 37' 42.1" E12° 16' 03.7" **WOMO-Zahl:** 2.
Ausstattung/Lage: Wanderweg/außerorts.
Zufahrt: In Høylandet 1400 m bergwärts (ausgeschildert).

Der 75 m hohe Grongstadfoss

Aber eigentlich sind wir nach HØYLANDET wegen einer zumindest für Norwegen einmaligen Attraktion gekommen! Zurück auf der »17« schwenken wir rechts, verlassen den Ort und biegen links nach HAMMER. Schon nach 300 m sieht man rechts der Straße die **Hammerbru**, die einzige überdachte Holzbrücke Norwegens und mit 30 m eine der längsten der Welt (ohne zusätzliche Stützen im Fluss). 1891 erbaut, wurde sie 1927 und 1990 erneuert und präsentiert sich dem Besucher mit Tisch und Bank zum bequemen Begucken. Leider ist der Parkplatz nur winzig. Da haben wir doch glatt etwas Besseres, um nicht zu sagen Idyllisches für Sie! Wir rollen zurück durch HØYLANDET, passieren die Einmündung der »775« und folgen der »17«

Die 30 m lange Hammerbru ist die einzige überdachte Holzbrücke Norwegens

weitere 900 m, folgen dann dem Wegweiser nach rechts zum **Fiskeplass** am leise rauschenden Lachsfluss. In den Uferwald hat man Ausbuchtungen für Ihr WOMO geschnitten.

(39) WOMO-Stellplatz: Høylandet (Fiskeplass)

GPS: N64° 38' 00.2" E12° 19' 06.2"
WOMO-Zahl: 2-3.
Ausstattung/Lage: Tisch & Bank, Grillstelle/außerorts.
Zufahrt: Wenn man vor Høylandet auf die »17« stößt, dieser nach rechts 900 m folgen.

Nach diesem ereignisreichen Abstecher kehren wir auf dem gleichen Weg zur »E6« zurück, biegen links ein.

Möchten Sie einmal Lachse springen sehen?

Dann folgen Sie nach 3200 m den Wegweisern "**Lakse-Akvarium**" am **Fiskumfoss** [N 64° 32' 36.8" E 12° 27' 15.7"]. Dort kann man allerhand unternehmen. Nachdem wir (natürlich) Eintritt bezahlt haben, überqueren wir auf einem Damm den Wasserfall und schauen an der Lachstreppe den zu ihrem Laichplatz strebenden Fischen beim Springen zu. Besonders große Exemplare sieht man im Lachsaquarium. Verspeisen kann man sie im Restaurant; wie wär's mit geräuchertem Lachsfilet oder einem kompletten Lachsbuffet?

Selber fangen ist angesagt !? Pro Stunde angeln zahlen Sie (incl. Leihangel) 300 NOK – und was Sie fangen, gehört Ihnen! Auch ein **Lachsmuseum** kann besichtigt werden. Hier erfährt der Laie allerlei Erstaunliches über das Leben dieser schmackhaften Tiere und die Art und Weise, wie der Profi sie vom Wasser in den Kochtopf befördert.

Wir düsen weiter nach Norden.

2000 m später, beim **Campingplatz** von HARRAN, können Sie Ihr Wohnmobil **entsorgen**. Wir wechseln die Flussseite nach rechts und ziehen durch eine hügelige Waldlandschaft weiter nach Norden. Die »E 6« ist in diesem Abschnitt neu trassiert und herrlich zu befahren. Dann begleitet wieder der breite **Namsen** unseren Weg; seine Oberfläche ist so still wie ein See. Wir brauchen sie nicht aufzuzählen, die schönen **Picknickplätzchen**, die regelmäßig am Flussufer oder an kleinen Seen angelegt worden sind.

Jetzt zweigt die »764« nach SKOROVATN ab, 3,2 km später überquert die »E6« den **Tunnsjøelva**, hinter der Brücke liegt rechterhand ein **Picknickplatz**, hier bietet sich auch eine sehr schöne **Badegelegenheit**.

Biegt man unmittelbar **vor** der Brücke rechts in ein schmales Teersträßchen (keine Beschilderung), so findet man nach 550 m links einen ruhigeren **Übernachtungsplatz** oberhalb des Flusses (weiterer, riesiger Platz nach 1600 m).

(40) WOMO-Stellplatz: Tunnsjøelva (vor der Brücke)
GPS: N64° 42' 45.5" E12° 48' 18.4"   **WOMO-Zahl:** 2.
Ausstattung/Lage: keine/außerorts.
Zufahrt: 3,2 km nach der Abzweigung der »764« nach Skorovatn von der »E6« vor der Brücke über den Fluss (s. Text).

Direkt hinter der Brücke liegt rechterhand ein schöner Picknickplatz. Regelmäßig übernachten dort viele Wohnmobilisten. Wir bevorzugen ruhigere und sicherere Plätze.

(41) WOMO-Picknickplatz:
Tunnsjøelva
(hinter der Brücke)
GPS: N64° 42' 49.1" E12° 47' 53.9"
WOMO-Zahl: 2-3.
Ausstattung/Lage: Tisch & Bank (überdacht), Klo, Mülleimer/außerorts.
Zufahrt: 3,2 km nach der Abzweigung der »764« nach Skorovatn von der »E6« hinter der Brücke über den Fluss rechts.

Wenige Kilometer weiter im Norden liegt TRONES. Seine Hauptattraktion ist der **"Namsskogan Familiepark"** [N 64° 44' 34.1" E 12° 50' 47.6"]. Von 10 - 17 (18) Uhr (Eintritt 240 NOK, Kinder 220 NOK) können Sie dort täglich die nordische Tierwelt kennenlernen, Gold waschen, Go-Kart-fahren, eine 44 m hohe Sommerrodelbahn heruntersausen, Crashboot fahren, Mitgebrachtes grillen oder am Kiosk frische Waffeln kaufen; natürlich finden Sie auch einen schönen **Badeplatz**. "Namsskogan Familiepark" ist mit Sicherheit ein Gelände, wo Sie Ihre Kinder so bald nicht wieder sehen werden. Falls Sie unter den ersten Besuchern sein möchten, bietet sich als ruhige Übernachtungsstelle der Parkplatz neben der Kirche von TRONES an (400 m südlich) mit **Wasserhahn** auf dem Friedhof.

(42) WOMO-Stellplatz: Trones (Kirche)
GPS: N64° 44' 23.6" E12° 50' 42.9"   **WOMO-Zahl:** 2.
Ausstattung/Lage: keine/außerorts. Weitere große Plätze 100 m vor der Kirche links.
Zufahrt: 400 m südlich des Eingangs zum Namskogan Familiepark.

15 km weiter nördlich liegt BREKKVASSELV. Wir biegen jedoch nicht rechts zum Ortszentrum, sondern überqueren nach links den **Namsen** Richtung NESSAN. Unter der Brücke schäumt der **Fossmofoss**. 300/1600/2900 m nach der Abzweigung findet man links der Straße bescheidene Rast- und Übernachtungsmöglichkeiten.

(43) WOMO-Stellplatz: Fossmofoss
GPS: N64° 50' 43.9" E13° 00' 03.2"   **WOMO-Zahl:** je 1.
Ausstattung/Lage: keine/außerorts.
Zufahrt: Auf »E6« bis Brekkvasselv, nach links über den Namsen, dann noch 1600 m.

9 km nördlich von BREKKVASSELV biegen wir links zur Kirche von BJØRHUSDAL ab. Nach 500 m, wir haben auf einer schmalen Brücke den **Namsen** überquert, landen wir auf einem fußballfeldgroßen Parkplatz vor der Kirche von BJØRHUSDAL, wo man ungestört vom Lärm der »E 6« nächtigen kann. Direkt am Rand des Friedhofes oberhalb des Parkplatzes wartet ein **Wasserhahn** auf Sie.

(44) WOMO-Stellplatz: Bjørhusdal
GPS: N64° 55' 07.7" E13° 04' 47.3"   **WOMO-Zahl:** 2-3.
Ausstattung/Lage: Wasserhahn/bei Einzelgebäuden.
Zufahrt: Auf »E6« bis Brekkvasselv, nach weiteren 9 km auf der »E6« links zur Kirche.

Weiter geht's auf der »E 6« nach Norden. Aber bereits 3 km nach der Abzweigung zur Kirche von BJØRHUSDAL hat die Gemeinde NAMSSKOGAN einen Picknickplatz mit Badegelegenheit am **Namsen** angelegt, und von dort aus führen Spazierwege zwischen »E 6« und Fluss, der malerisch über Stromschnellen dahinschießt, bis zum Ortskern. Auch dieser Platz ist ungeeignet für die Nacht. Besser steht man in NAMSSKOGAN bei der Schule.

(45) WOMO-Picknickplatz: Namsskogan (Scole)
GPS: N64° 55' 33.1" E13° 09' 46.6"   **WOMO-Zahl:** 1-2.
Ausstattung/Lage: Tisch & Bank/im Ort.
Zufahrt: Am Ortsbeginn von Namsskogan rechts (Wegweiser: Scole).

Wir überqueren den **Namsen** nach links und ziehen weiter nach Norden. Inselchen in der Flussmitte vermitteln um so mehr den Eindruck, als gehöre das stillstehende Wasser zu einem riesigen, langgestreckten See.
18 km nördlich von NAMSSKOGAN biegen wir links zum **Mellingsvatn**, versuchen, am Mauthäuschen 60 NOK per SMS zu überweisen. Nach 1200 m entlang dem schäumenden **Mellingselva** stehen wir an einer Informationstafel am Beginn des Sees. Dort biegen wir rechts ab und erreichen nach weiteren 2000 m einen herrlichen, großen **Picknickplatz** am Ufer mit **Toilette**, überdachter Sitzgelegenheit, Grillstelle und natürlich Badegelegenheit; ein ruhiges, ja idyllisches Plätzchen.

(46) WOMO-Badeplatz: Mellingsvatn
GPS: N65° 05' 44.9" E13° 16' 40.0"   **WOMO-Zahl:** 3-4.
Ausstattung/Lage: Toilette, Grillstelle, Tisch & Bank/außerorts.
Zufahrt: Von Trondheim auf E6 nach Nordosten bis Namsskogan, dann noch 19 km auf der »E6« bis zur Abzweigung nach links.

Nord-Norge begrüßt uns

2900 m nördlich der Abzweigung zum **Mellingsee** ist **Nord-Trøndelag** zu Ende – und **Nordland** begrüßt uns mit einem riesigen Triumphbogen. Hier finden Sie rechts der Straße ein Informationsbüro sowie einen Picknickplatz, Mülleimer und ein WC mit Waschbecken.

Wohl informiert düsen wir nach **Nordland** hinein und erreichen nach 4 km den **Store Majavatn**.

Wie wär's mit einem kurzen Badestopp am **Majavatn**?

An ihm entlang führt die alte »E 6« (Wegweiser: Kapellet) später unter der Bahnlinie hindurch. Direkt **vor** der Unterführung biegen wir links in einen Schotterweg (Wegweiser: Sølvsmie) und erreichen nach weiteren 700 m "**Sørsamekapellet**", die Süd-lappenkapelle [N 65° 10' 3.2" E 13° 21' 55.3"]. Sie liegt einsam und verlassen in einer Waldlichtung, umgeben von weiteren Lappengebäuden, nur wenige Meter oberhalb des Sees.

Wir kehren zur »E 6« zurück, zweigen 200 m nach dem Bahnhof von MAJAVATN nach rechts Richtung TOMASVATN ab, schwenken dann nach rechts. Der Abstecher endet für unser Wohnmobil nach genau 2900 m links vor einem Brückchen, wo die Wandersleut' ihre Fahrzeuge abstellen, die im **Børgefjell-Nationalpark** herumstreifen wollen (der Parkplatz hinter der Brücke ist kostenpflichtig).

(47) WOMO-Wanderparkplatz: Tomasvatn/Børgefjell

GPS: N65° 10' 47.0" E13° 25' 11.1"; 345 m.   **WOMO-Zahl:** 2-3.
Ausstattung/Lage: Liegewiese, Wanderwege/Ortsrand.
Zufahrt: Auf der »E6« bis Majavatn. 200 m nach dem Bahnhof rechts und noch 2,9 km bis Tomasvatn.

Das **Børgefjell** ist mit über 1100 qkm einer der größten Nationalparks Norwegens. Seine weitläufige Fjell-Landschaft ist ein beliebtes Wandergebiet, obwohl man sich nahezu überall auf Kompass und Karte verlassen muss – markierte Wege gibt es kaum. Die Ausnahme ist der Pfad zum **Jengelvatn**, dessen Beginn wir mit Ihnen gemeinsam erwandern wollen.

Zunächst folgen wir der Fortsetzung der Fahrstraße halbrechts bergauf. Nach einem knappen Viertelstündchen (wir haben noch eine ganze Reihe von hübschen Ferienhäusern passiert, die rings um den **Tomasvatn** im Wald versteckt liegen) schickt uns ein Wegweiser (**Børgefjell/Jengelen**) nach links in die Wildnis.

Eine erste Sumpffläche, in der herrlich der Fieberklee blüht, wird noch auf bequemem Laufsteg überquert. Dann führt der wurzeldurchsetzte Torfbodenpfad – mal federnd trocken, dann wieder quietschend und quatschend feucht bis nass bergan. Zunächst stapfen wir durch einen lichten Fichtenwald, dessen reicher Unterwuchs in voller Blüte steht. An blaublühendem sichten wir Eisenhut, Storchschnabel und Knabenkrautorchideen, gelb leuchten Hahnenfuß, Wachtelweizen und herrliche Trollblumen, ganz nah am Boden kriecht der Schwedische Hartriegel mit seinen weißen Blütensternen.

Im feuchten, warmen Wald leben auch Tiere! 10 bis 12 von ihnen saugen genüsslich an Waltrauds Rücken, während die anderen ungeduldig sirrend eine Warteschleife drehen ....

Mit zunehmender Höhe bleiben jedoch nicht nur die Fichten zurück, sondern wegen der abnehmenden Temperatur auch die Plagegeister; Birken und Vogelbeerbäume haben den Nadelwald abgelöst.

Nach 30 min. erreichen wir eine sumpfige, baumlose Hochfläche, die wir wieder auf einem Laufsteg überqueren. Von seinem Südostrand blitzen die ersten Schneefelder zu uns herüber – unser Wanderziel ist in Sicht! Wir genießen eine Weile die herrliche Aussicht, die Kühle, werfen uns Schneebälle zu und machen eine kleine „Höhlenexpedition" zu dem benachbarten Sturzbach, der das nächste Schneefeld untertunnelt hat. Von hier aus sind es nur noch wenige Schritte bis zur Baumgrenze, aufs offene **Børgefjell**. Wir kehren um und marschieren den gleichen Weg zum WOMO zurück. Jetzt ist unser botanischer Blick geschärft, und so entdecken wir auch noch Vergissmeinnicht und Buschwindröschen, gelbe Veilchen, das Kleine Wintergrün mit seinen süßen, weißen, rosa angehauchten Blütentrauben und schließlich auch noch das insektenfressende Fettkraut mit seinen langgespornten, blauvioletten Einzelblüten.

Wanderung zum Børgefjell-Nationalpark

Nach insgesamt 40 min. sind wir zurück am Wohnmobil und beneiden das junge Pärchen, das gerade Riesenrucksäcke mit Angelausrüstung und Gummistiefeln schultert – müssen die Zeit haben!

Zurück an der »E 6« halten wir wieder nach Norden. Die Landschaft wird jetzt genau so, wie wir uns das nördlichere Norwegen vorstellen: Lichte Fichtenwälder, dazwischen Birkengruppen, aus den Sumpfflächen blicken uns schwarze "Mooraugen" an; umrahmt wird das Bild von kahlen Bergkuppen, an deren Hängen Schneefelder herabblitzen. Immer wieder tauchen am Straßenrand stille, blauschwarz glänzende Seen auf.

15,3 km nach unserem Abstecher, wir hatten gerade die Bahnlinie unterquert, liegt links der Straße ein besonders schöner **Picknickplatz** neben einem wildtosenden Katarakt. Wer es noch bequemer haben möchte, findet nach genau 21,4 km (also 6,1 km später) einen speziell angelegten Wohnwagen- und Wohnmobilparkplatz am **Svenningsvatn**, wo man sich zwischen Buschgruppen, neben Picknicktischen und Grillstellen direkt am Wasser einnischen kann (24 Std. 100 NOK).

(48) WOMO-Badeplatz: Svenningsvatn

GPS: N65° 19' 32.3" E13° 22' 42.2"; 195 m.   **WOMO-Zahl:** > 5.
Ausstattung/Lage: Tische & Bänke, Grillstellen, Klo/außerorts.
Zufahrt: Auf der »E6« bis Majavatn. Dann noch 21 km weiter auf der »E 6«.

Die »E 6« mit ihren Geräuschen ist indes sehr nahe, da wissen wir etwas ruhigeres! Nur 2000 m weiter auf der »E 6« geht es links auf einem Erdweg Richtung HOLMVASSDAL. Nach nur 700 bzw. 800 m entdecken Sie die versprochenen ruhigen Plätzchen vor (und hinter?) einem Brückchen.

(49) WOMO-Picknickplätze: Holmvassdal

GPS: N65° 20' 16.8" E13° 21' 39.6"; 186 m.   **WOMO-Zahl:** 1 (bzw. 3).
Ausstattung/Lage: Tisch & Bank, Grillstelle (am Wasser), Klo/außerorts.
Zufahrt: Auf der »E6« bis Majavatn, noch 23 km weiter auf der »E 6«, dann links.

In TROFORS, wo die »73« nach Schweden abzweigt, überqueren wir den breit dahinströmenden **Vefsna-Fluss**, der unsere »E 6« auf den nächsten 45 km bis MOSJØEN begleiten wird. Nur 6 km sind es bis GRANE mit einer schmucken weißen Holzkirche rechts oberhalb der Straße. Wir parken vor dem Friedhof [N 65° 35' 0.0" E 13° 23' 40.9"], bewundern den schönen Altar und die eigentümliche Kanzel und beehren auch den **Wasserhahn** am Friedhofsrand.

Konfirmation in der Kirche von Grane

Die Wohnmobile sind auf der »E 6« inzwischen dominierend, trotzdem begrüßt man sich jedesmal per Handzeichen, meist jedoch, ohne das Lenkrad loszulassen.

7 km nördlich von GRANE biegen wir links, nur 600 m sind es zum gewaltigen **Laksfors**. Die Aussicht auf den breit hinabgischtenden, 16 m hohen Fall ist herrlich, von drei Stellen aus ist der Blick jedoch besonders schön:

Rechts der Gaststätte führt ein Pfad zum Fuße des Falles hinab, um ihn aus der Perspektive des flussaufwärts ziehenden Lachses betrachten zu können; läuft man auf der Fahrstraße genau 200 Schritte zurück bis zum Scheitel der Linkskurve, so kann man zu seinem oberen Ende hinabsteigen (dort kann ich Ihnen, Mittagszeit und Sonnenschein vorausgesetzt, zusätzlich zum gischtenden Weiß auch noch einen darübergespannten Regenbogen versprechen).

Den schönsten Blick jedoch haben Sie vom Ecktisch in der Gaststätte, bei Rentierfilet oder gekochtem Lachs, oder ....
Unterhalb der Gaststätte endet die Straße (bzw. ist für den Verkehr gesperrt). Dort kann man nicht nur mit tollem Wasserfallblick vespern, sondern auch ungestört übernachten (falls Sie das Rauschen eher einschläfernd als störend empfinden!).

---

(50) WOMO-Picknickplatz: Laksfors

GPS: N65° 37' 31.8" E13° 17' 22.0"   **WOMO-Zahl:** 2-3.
Ausstattung/Lage: Tisch & Bank, Toilette, Gaststätte, Wasserfallblick/außerorts.
Zufahrt: Auf »E6« nach Nordosten bis Grane, 7 km später links zum Laksfors.

Nun sind es noch 32 km bis MOSJØEN, wo der **Vefsna** in den gleichnamigen Fjord mündet. Am Beginn des Ortes führt die »E 6« durch den **Mosås-Tunnel**; biegt man unmittelbar vor dem Tunnel links (Wegweiser: OLDERSKOG), so landet man nach 700 m an einem großen, asphaltierten **Parkplatz**, hier kann man nicht nur ruhig übernachten, sondern auch 2,5 km zum **Mosåsen-Freizeitgebiet** mit Rastplätzen, Feuerstellen und einem Badeplatz am **Mostjønna** wandern.

---

(51) WOMO-Wanderparkplatz: Olderskog

GPS: N65° 49' 26.8" E13° 14' 17.8"; Vefsnvegen.   **WOMO-Zahl:** > 5.
Ausstattung/Lage: Wanderweg/Ortsrand.
Zufahrt: Auf »E6« bis zum Mosås-Tunnel vor Mosjøen. Davor nach links 700 m.

Das ewige Gelatsche geht Ihnen auf den Keks?
Sie wollen endlich was Ordentliches erleben??
Können Sie haben!

Wir rollen auf der »E 6« durch den **Mosås-Tunnel**, passieren einen **Campingplatz** beim Schwimmbad und verlassen die »E 6« am nächsten Kreisverkehr Richtung MOSJØEN-Sentrum. Am folgenden Kreisverkehr muss man rechts fahren, wenn man ins Sentrum mit der berühmten **Sjøgata** möchte. Wir merken uns diese Stelle und fahren zunächst geradeaus über den **Vefsna** (Wegweiser: Flyplass).

Nach genau 2600 m seit diesem Kreisverkehr biegen wir vor einem Schotterwerk rechts ins **Øydal**. Links eines Bächleins scheppern wir bergauf und parken nach 400 m (Fjelltrimmen) bzw. 700 m neben dem lustigen Plätscherbach am Rande einer großen Wiese. Hier kann man ausspannen und ruhig übernachten, vorher jedoch ist "action" angesagt!

(52) WOMO-Wanderparkplätze: Øyfjellgrotte
GPS: N65° 48' 28.7" E13° 11' 23.0" N65° 48' 34.2" E13° 11' 38.4" **WOMO-Zahl:** je 2-3.
Ausstattung/Lage: Liegewiese, Plätscherbach, Wanderweg/außerorts.
Zufahrt: Auf der »E6« nach Nordosten bis Mosjøen. Hinter dem Tunnel links Richtung Sentrum, dann am "Flyplass" vorbei und rechts ins Øydal.

Wir ziehen griffige Wanderschuhe an und stapfen auf der Fortsetzung der Fahrstraße noch 250 Schritte weiter, bis er in einer scharfen Linkskurve bergan zieht. Im Scheitel der Kurve geht's geradeaus weiter auf schmalem Pfad zwischen Farnbüscheln. Schließlich überqueren wir den Bach auf großen Wackersteinen und steigen den steiler und immer steiler werdenden Hang hinauf. Bei guter Kondition schafft man das in 10 min. – falls der Stieg vom Regen nass ist, vermutlich nie. Inzwischen haben wir die roten Markierungen an den Baumstämmen entdeckt, beachten sie besonders gut im oberen Teil des Hanges, denn dort schwenkt der Pfad plötzlich nach rechts, führt eben an der Hangkante entlang und endet nach bereits 100 m an einem Höllentor: Wir haben die Øyfjellgrotte erreicht, stapfen

und rutschen in den Schlund hinab bis zu seiner Sohle, wo Eisplatten den Sommer überdauern und entdecken ein dickes Seil, mit dessen Hilfe man sich in den eigentlichen Höhlenbeginn hineinhangeln kann.

Hier hört das Abenteuer für Laien auf! Einen erfahrenen Führer, der auch die entsprechende Ausrüstung stellt, vermittelt Ihnen das Informationsbüro im Stadtzentrum, zu dem wir das Wohnmobil nach unserer Rückkehr hinlenken. Am Kreisverkehr hinter der Brücke über den **Vefsna** (Sie erinnern sich?) biegen wir links. Nach 400 m entdecken wir links einen schönen Parkplatz am Fluss (Camping verboten) und den Beginn der berühmten **Sjøgata**.

Ähnlich der "**Bryggen**" in BERGEN reihen sich hier wie an einer Perlenkette hölzerne Speicher und Wohnhäuser aneinander. Viele von ihnen sind bestens restauriert, es ist ein Genuss, zwischen ihnen zu spazieren.

Die Touristen-Info findet man an ihrem Ende und 100 m weiter einen WOMO-Stellplatz.

(53) WOMO-Stellplatz: Mosjøen (Strandgata)

GPS: N65° 50' 24.3" E13° 11' 16.8"; Strandgata.
WOMO-Zahl: 1-2.
Ausstattung/Lage: keine/im Ort.

Leibliche Genüsse in gediegener Atmosphäre verspricht Fru Haugans Hotel – vom Wildtopf bis zum Rentierfilet.

Inzwischen hat sich MOSJØEN auch zu einem offiziellen Stellplatz aufgerafft. Er liegt am nördlichen Ende der Strandgata, recht öde am Rande des Industriegebietes, aber immerhin am Fjord!

Zum Schluss noch etwas Kultur!
Wir kehren zum Kreisverkehr an der »E 6« zurück und spuren uns Richtung NARVIK ein, bereits nach 800 m verlassen wir sie wieder nach rechts (Wegweiser: **Dolstad-Kirke/Vefsn-Museum**). Hinter der Kirche und dem benachbarten Museum finden wir eine ganze Reihe von ruhigen **Parkplätzen**.

Wir schlendern zwischen den alten Gebäuden des **Freiluftmuseums** hindurch, hinüber zu der roten **Holzkirche** mit dem außergewöhnlichen achteckigen Grundriss (offen: 8.30 - 15.00 Uhr).

Wenig später verlassen wir MOSJØEN auf der »E 6« nach Norden. Linkerhand liegt das große Elkem Aluminiumwerk, von dem die Dame im Informationsbüro versicherte, es sei äußerst umweltfreundlich. Hier verbreitert sich der **Vefsna** zum **Vefsnfjord**, nur kurz ist uns ein Blick auf ihn vergönnt, denn bereits 1500 m nördlich MOSJØEN schwenken wir mit der »E 6« nach rechts ins Landesinnere.
Genau an dieser Stelle zweigt nach links die »78« nach SANDNESJØEN ab - und an ihrem Beginn liegt linkerhand eine Shell-Tankstelle mit **WOMO-Entsorgung** [N65° 51' 49.2" E13° 11' 40.8"].

KARTE TOUR 4

50 km

"Esso" 80 Fauske

74

73:Løp *Rønvikfjell*

Bodø **W** *Saltstraum*

75 LPG 72 71 70 Skjerstad

"Shell" Rognan

69

17 813 Misvær 812 E6

Beiarn Rusånes

Ljøsenhammer (Ziegenalm)

68 *Junkerdal* 77

W

Lønsdal

67

Glomfjord 66

Polarsirkelsenter

17 **W**

S a l t f j e l l - N a t i o n a l p a r k *Nasa*

P Storvoll

65 Krokstrand

66° 32.850' *Polarsirkel* E6

Grønli-Grotte
Seter-Grotte

64 *Svartisen- Gletscher*

63 *Nevernes-Kirche* P

62 *Rossvoll-Kirche*

Mo i Rana

60 *Bertelberg* E12

61

E6

56 *"Statoil"*

Elsfjord 58 Korgen

Leirskardal

17 57 59 *Okstindbreen (Gletscher)*

Korgfjell (550 m) (Tunnel seit 2005)

Luktvatn

78 **B**

Sandnessjøen *Ømmervatn* P

Fustvatn

"Shell" 55

54 Mosjøen

53

E6

N

TOUR 4 (ca. 490 km / 3-6 Tage)

Korgen – Okstindbreen – Mo i Rana – Grønligrotte – Svartisen-Gletscher – Polarkreis – Junkerdal – Misvær – Saltstraum – Bodø

Freie Übernachtung:	Ømmervatn, Elsfjord, Korgen, (Bertelberg), Grønli-Grotte, Svartisen-Gletscher, Storvoll, Polarsirkelsenter, Lønsdal, Rusånes, Rønvikfjell (Bodø), Løp, Bodø.
Ver-/Entsorgung:	Mosjøen, Korgen, Mo i Rana, Bodø (Løding).
Campingplätze:	u. a. Luktvatn, Krokstrand, Saltstraum, Geitvågen (nördl. Bodø).
Baden:	Ømmervatn.
Besichtigungen:	Korgfjell, Okstindbreen, Mo i Rana, Grønli-Grotte, Svartisen, Junkerdal, Saltstraum, Bodø.
Wandern:	Okstindbreen, Svartisen, Storvoll, Nasa, Lønsdal, Junkerdal, Rusånes.

Als Trost für den kurzen Blick auf den **Vefsnfjord** bekommen wir 7 km später den **Fustvatn** geboten samt einem schönen **Picknickplatz** an seinem Ufer mit Tisch & Bank, Toilette, Basketballfeld und Badestrand. Für die Nachtruhe können wir ihn nicht empfehlen. Vom **Fustvatn** zum **Ømmervatn** sind es genau 8 km auf der »E 6«. Dort findet man links der Straße einen großen **Picknickplatz** mit einem weitläufigen Gelände zum Rasten und Baden; noch 68 km sind es bis MO I RANA. Bereits 10 km weiter zweigt eine Straße zum **Elsfjord** ab –

Picknickplatz am Elsfjord

wollen Sie mal wieder Seeluft schnuppern? Was man nach 7,5 km Kurverei auf schmaler Straße geboten bekommt? Ein paar Holzhäuser, eine rote Holzkirche, viel Ruhe - und einen kleinen Picknickplatz auf einer Rasenfläche direkt im Fjordzipfel.

(56) WOMO-Picknickplatz: Elsfjord

GPS: N66° 06' 12.1" E13° 33' 00.4"   **max. WOMOs:** 2-3.
Ausstattung/Lage: Tisch & Bank/außerorts.
Zufahrt: 10 km nach dem Ømmervatn links 7,5 km nach Elsfjord.

Wir kehren zurück zur »E 6«, passieren an der Einmündung den ausgedehnten **Campingplatz** am **Luktvatn** – und 1,5 km später geht's für uns nach oben aufs **Korgfjell** (nur Bequeme nehmen den Tunnel)!
Von Schleife zu Schleife, die die Straße zieht, wird aus der nordischen Fichten-/Birkenwaldlandschaft ein baumarmes

Fahrt aufs Korgfjell Anfang Juni

Fjell. Wie weiße Finger greifen Nebelfetzen nach uns, hüllen uns schließlich ein, im Nu sinkt die Sicht auf 20 m. Gerade noch können wir den Straßenrand erkennen, ein Seeufer, einen **Picknickplatz**, zu dem ein Sträßchen um einen Felsklotz herumführt (ruhig!).
Nach 7,5 km Bergfahrt haben wir in 550 m Höhe das **Korgfjell** erreicht mit Gaststätte, Riesenparkplatz und einem Berg von Rentiergeweihen, die uns ein freundlich lächelnder Same in Ausgehkostüm verkaufen möchte. Noch 1070 km sind wir vom Nordkap entfernt, 1013 km liegt dieser Platz nördlich von Oslo, wir könnten also Halbzeit feiern!

(57) WOMO-Picknickplatz: Korgfjell

GPS: N66° 03' 15.8" E13° 42' 11.8"; 550 m.   **max. WOMOs:** 2-3.
Ausstattung/Lage: Tisch & Bank, Gaststätte/außerorts bei Einzelgebäude.
Zufahrt: Vor dem Korgfjell-Tunnel die E6 nach links verlassen.

Mit 9 % Gefälle kurven wir hinab auf KORGEN zu. Wie ein U-Boot aus dem Wasser tauchen wir aus der Nebelsuppe auf, die vereinzelten Krüppelbirken rücken zu Wäldern zusammen, Fichten stellen sich wieder ein, haben wir das alles nur geträumt? Ein weites Tal liegt unter uns; die bunten Holzhäuser von KORGEN sind im Nadelwald kaum zu sehen.

Wir nehmen nicht die erste Abzweigung Richtung KORGEN-Sentrum, sondern erst die zweite (hinter dem **Røssaga-Fluss**) bei der Statoil-Tankstelle mit Entsorgungsmöglichkeit (Wegweiser: KORGEN/LEIRSKARDALEN) und vielen Parkplätzen.

---

(58) WOMO-Stellplatz: Korgen (Gjestegard)

GPS: N66° 04' 50.1" E13° 49' 35.7"; Sentrumsveien.   **max. WOMOs:** 2-3.
Ausstattung/Lage: Ver-/Entsorgung, Supermarkt, Gaststätte/im Ort.
Zufahrt: In Korgen an der zweiten Zufahrt die »E6« nach rechts verlassen.

Wohlentsorgt düsen wir nach Osten ins **Leirskardal**. Neben uns schießt der **Leirskarelva** über Felsriffe, sein milchig-bläuliches Wasser sieht nicht nur kalt aus, man hat das Gefühl, es sei erst vor kurzem vom Gletscher getropft:
Wir nähern uns dem **Okstindbre**!

Aus den bewaldeten Hängen blitzen silberweiße Wasserfälle, immer schmaler wird das Tal, die Hänge werden steiler, die Zahl der Wasserfälle nimmt zu. Der **Leirskarelva** hat sich in einen wildschäumenden Katarakt verwandelt, gespeist von zwei letzten gewaltigen Wasserfällen am Talschluss. Hier endet bei km 13,6 die Teerstraße mit einer Wendeplatte!?

Ein gut gepflegter Privatweg führt uns weiter, nach 100 m überqueren wir den schießenden Katarakt (bitte das Viehgatter wieder schließen!). Der Schotterweg führt durch eine Urlandschaft ohnegleichen. Wir durchqueren ein zweites Viehgatter, steigen nun steil empor und erreichen nach 2 km eine ebene Passage mit vielen Parkgelegenheiten am Rande eines ganz eigentümlichen Krüppelbirkenwaldes. Dann steigt der Schotterweg weiter hinauf , wird holperiger, ist aber problemlos zu befahren. Ein Wasserfall schießt unter der Straße hindurch, wir können vom Autofenster aus mit der Hand fast hineinfassen.

Dann sichten wir rechts der Straße den Beginn des Wanderweges (Markierung: **KORGEN/Steinbua**); der Fahrweg endet nach weiteren 300 m (insgesamt 5,3 km Schotterpiste) auf einem Plateau in 646 m Höhe mit

einer einzigen, wie vergessen wirkenden Sitzbank (bis Mitte Juni durch Schnee evtl. unpassierbar). Diese ebene Stellfläche mit herrlichem Ausblick verdanken wir einem Probeschacht für ein Wasserkraftwerk, in dessen verschlossenem Eingang ein riesiger Schneeberg den Sommer überdauert. Am Ende des Parkplatzes schießt ein Wildbach den Hang hinab – Trinkwasserqualität.

Leirskarelva bei Klemethelleren

(59) WOMO-Wanderparkplatz: Okstindbreen

GPS: N66° 00' 59.0" E14° 06' 59.7"
max. WOMOs: > 5.
Ausstattung: Wanderweg.
Zufahrt: In Korgen rechts ins Leirskardal. Am Ende der Teerstraße noch 5,3 km auf guter Schotterpiste bis zum Wanderparkplatz.

Wir statten uns mit Windjacke und Gummistiefeln aus, laufen auf dem Fahrweg 300 m zurück und beginnen nach links unsere Sight-Seeing-Tour zum **Okstind-Gletscher**. Der Pfad ist mit roten "T" markiert, sie können nicht fehlgehen.
Die Natur ist nicht so still wie bei unserer letzten Wanderung im **Børgefjell**, es plätschert und rauscht um uns her, und gar manches Bächlein überqueren wir trocknen Fußes mit unseren gefütterten Gummistiefeln. Nach 15 min. gabelt sich der Wanderweg; wir halten uns links Richtung **Steinbua/ Okstindbreen**, erreichen ein Hochtal, ziehen an seinem linken Rand weiter, überqueren das erste Schneefeld. Am Ende des Tales schwenken wir nach links in ein Seitental, durch das der Gletscherbach hinabtost. Hier ist kaum noch Vegetation – nur glattgeschliffene Felsen und riesiges Geröll; Schneefelder.
Dann haben wir ihn vor, ja über uns, majestätisch erstarrt in diesem unwirklichen, strahlenden Hellblau. In Blöcke zerrissen, krallen sich die letzten Eisfinger des Gletschers in die steile, braunschwarze Felsenflanke. Nach 50 min. Wanderzeit (für 2,3 km) haben wir den Gletschersee erreicht [N 66° 00' 23.8" E 14° 5' 10.4"; 848 m], suchen uns einen bequemen Felsklotz,

genießen still die Pracht. Für den Rückweg brauchen wir nur eine dreiviertel Stunde, so dass man (samt gebührender Gletscherbewunderung) für die Tour noch nicht einmal zwei Stunden ansetzen muss.

Leserinfo (Gudrun Terruhn): Der Gletscher ist inzwischen weit zurückgewichen. Vom See muss man noch mehr als 1 1/2 Std. bis zu ihm marschieren (unterwegs kann man in einer gut ausgestatteten Hütte rasten).

Gletschersee ohne Gletscher (Foto: Gudrun Terruhn)

7 km nördlich KORGEN sind wir wieder am Meer, genauer gesagt, am **Sørfjord**. Hier ist die »E 6« völlig neu trassiert: Tunnel wurden gebohrt, Felsdurchbrüche gesprengt, Sie können sehr komfortabel entlang flitzen, werden dafür vom Wasser nicht mehr viel sehen.

Aber nur ein kleiner Sattel – und schon sind wir am **Ranfjord**, der dank seiner Breite eher nach Meer aussieht; er begleitet uns bis MO I RANA.

In MO gibt's einiges zu erleben! Am Ortsbeginn links kostenlose **WOMO-Entsorgung** [N66° 18' 16.6" E14° 07' 22.3"], ausgeschildert.

Dann rollen wir geradeaus über einen ersten Kreisverkehr, am zweiten können wir nach links (Wegweiser: Mobekkleira) die Bahnlinie überqueren und hinter ihr rechts bis zur Naturhistorischen Abteilung des **Rana-Museums** fahren, wo wir die einheimische Tierwelt kennenlernen und vieles über den Lebensraum Küste und die Geologie des Ranagebietes erfahren (offen: Mo - Fr 9-15/19-22 Uhr, Sa 12-15 Uhr, So 16-18 Uhr). Wenn Sie dort parken [N 66° 18' 44.8" E 14° 7' 50.2"], haben Sie nur wenige Schritte zur Küste bei **Moholmen**, dem

Mo i Rana, Moholmen

ältesten Stadtteil. Dort spazieren Sie zwischen kleinen, sorgfältig restaurierten und liebevoll herausgeputzten Holzhäuschen und fühlen sich wie im 17. Jahrhundert.

Leider geht es beim Museum recht eng zu. Einen bequemen Übernachtungsplatz findet man 250 m weiter, links, noch vor der Polizei, oberhalb des Jachthafens (Picknickplätze mit Wiesenflächen, stellenweise Camping verboten).

(60) WOMO-Picknickplatz: Mo i Rana (Jachthafen)

GPS: N66° 18' 47.9" E14° 07' 38.1"; Midtre Gate.　　　　**max. WOMOs:** 3-4.
Ausstattung/Lage: Tisch & Bank/Ortsrand.
Zufahrt: In Mo i Rana am zweiten Kreisel nach links die Bahnlinie überqueren (Wegweiser: Mobekkleira) und nach 1 km links (vor der Polizei).

Wir fahren zum zweiten Kreisverkehr zurück, biegen links und sind im Nu am dritten Kreisel. Hält man sich hier scharf links, so steht man gleich vor der Touristen-Information, deren Stadtplan die Orientierung viel einfacher macht!

Wendet man sich am dritten Kreisel halb rechts (Sørlandsvei), so kann man nach 400 m rechts einen Blick auf die **Mo-Kirke** werfen, einen schönen, weißen Holzbau mit einem lustigen, bayerisch angehauchten Zwiebelturm (Spazierweg!).

Wendet man sich am dritten Kreisel scharf rechts (Wegweiser: E 6/NARVIK), so hat man bald wieder die »E 6« unter den Rädern und stößt nach einigen weiteren Kreiseln und einer (!) Ampel auf

Mo i Rana, Bertelberg/Mofjell

die Abzweigung der »E 12«; dieser folgen wir genau 3300 m.
Dann verlassen wir sie nach rechts (Wegweiser: **Bertelberget/
Brennåsen/Statkraft**). Nach der Abzweigung geht's gleich
wieder links und nach 400 m rechts hinab. Nach der Talsohle
schwenken wir vor dem Gelände der "Rana Kraftstasjon" nach
links – und landen in der Wildnis!

So, als hätte man Norwegen "en miniatur" nachgebildet, steigt
das Sträßchen durch eine herrliche Landschaft mit Sumpfflächen, kleinen Seen und Wasserfällen zwischen Fichten- und
Birkengruppen zum aussichtsreichen **Bertelberg** empor. Dort
und unterwegs finden Sie eine Unzahl von geschickt angelegten
Stellplätzen, von denen aus Sie spazieren gehen können und
auf denen Sie nachts Ihre Ruhe haben.

(61) WOMO-Stellplatz: Bertelberg/Mo i Rana

GPS: N66° 17' 24.6" E14° 16' 45.5"   **max. WOMOs:** > 5.
Ausstattung/Lage: Wanderwege/außerorts, einsam.
Zufahrt: Nördlich Mo i Rana 3,3 km auf der »E 12«, dann rechts, weiter siehe Text.

Wir kehren zur »E 6« zurück, schwenken rechts Richtung
FAUSKE ein, überqueren nach 300 m den **Ranelva**. Dahinter
knickt die »E 6« nach rechts ab, begleitet den Fluss. Vom Hang
rechts oberhalb des **Ranelva** grüßt **Bertelberg** herab, unser
kleines norwegisches Paradies.

Höhlen und Gletscher kann man auch komfortabler serviert
bekommen, als wir das bisher für Sie taten! 10 km nördlich
von MO I RANA, wir hatten gerade auf einer zweibogigen
Metallgitterbrücke den breiten **Langvassåga** überquert, folgen
wir nach links den Wegweisern **Svartisen/Grotter**, passieren
einen großen **Picknickplatz** mit Informationstafel über Svartisengletscher und Höhlen.

Nach knapp 10 km auf der Stichstraße zum Svartisengletscher
liegen rechterhand die zwei berühmtesten Höhlen Norwegens:
die **Setergrotte** und die **Grønligrotte**. Wir holpern zunächst
1000 m bis zum großen ebenen **Picknickplatz** vor der **Setergrotte**.

(62) WOMO-Picknickplatz: Setergrotte

GPS: N66° 25' 07.4" E14° 15' 09.7"; Gronlia.   **max. WOMOs:** 3-4.
Ausstattung/Lage: Tisch & Bank, Klo/außerorts.
Zufahrt: 10 km nördlich Mo i Rana nach links noch 10 km den Wegweisern folgen.

Diese ist etwas für sportliche Abenteurer: Mit Kopflaternen,
Overall und Stiefeln versorgt können Sie zweimal täglich
(11.30 und 15.00 Uhr) zwei Stunden durch das unterirdische
Marmorlabyrinth krabbeln (20.6. - 12.8.).

Wer bequemer durch die Unterwelt streifen möchte, schnauft
noch 1000 m weiter sehr steil bergan bis zum **Picknickplatz**
beim **Grønli-Kro**. Dort liegt der Eingang zur **Grønligrotte**.

(63) WOMO-Picknickplatz: Grønligrotte
GPS: N66° 24' 51.5" E14° 15' 53.0"; Gronlia.　　　　　　　　**max. WOMOs:** 3-4.
Ausstattung/Lage: Tisch & Bank, Gaststätte/außerorts.
Zufahrt: 10 km nördlich Mo i Rana nach links noch 10 km den Wegweisern folgen.

Sie ist (als einzige in Norwegen) elektrisch beleuchtet; von 10 - 19 Uhr findet (in der Saison) stündlich eine Führung statt. Gummistiefel, warme Jacke und Fotoapparat mit Blitzlicht sind die richtige Ausrüstung, um die unterirdische Pracht genießen zu können. Bereits vor 500 Millionen Jahren wurde der Marmor unter hohem Druck und hohen Temperaturen aus dem ursprünglichen Kalkstein gebildet, darüber liegt wasserunlöslicher Glimmerschiefer. Während sich der Marmor nach und nach durch einsickerndes Wasser auflöste, verblieb der Glimmerschiefer als Höhlendecke; Stalaktiten suchen Sie hier deshalb vergeblich. Um so ausgefallener sind die Formen der ausgewaschenen Höhlen

gänge, am Boden hat der unterirdische Fluss kreisrunde Strudeltöpfe gescheuert. In der "Kapelle" steckt ein großer Granitblock, der nur vom 15 km entfernten Gletscher durch Schmelzwasser und Eis in die Höhle gepresst worden sein kann.

Noch 13,5 km sind es auf dem Teersträßchen bis zum Gletscherparkplatz. An diesem Fahrweg gibt es praktische **Übernachtungsplätze**, z. B. bei »km 5,6«, die schönsten jedoch bei »km 10,0« und »km 11,0«.

Diese erwähne ich so präzise, weil am Ende der Straße bereits auf dem Wanderparkplatz eine Gebühr verlangt wird (auf dem Campingplatz daneben natürlich auch).

(64) WOMO-Wanderparkplatz: Svartisen-Gletscher
GPS: N66° 29' 29.3" E14° 11' 49.3"; Svartisdalveien.　　　　**max. WOMOs:** > 5.
Ausstattung/Lage: Klo, Wasserhahn, Bootsanlegestelle/außerorts bei Einzelgebäuden.
Zufahrt: 10 km nördl. Mo i Rana links (Wegweiser: Svartisen/Grotter). Nach 10 km Picknickplatz bei der Grønligrotte. Ab dieser Abzweigung weitere Parkplätze **vor** dem Endpunkt der Straße beim Wanderparkplatz.
Sonstiges: 50 NOK Gebühr auf dem Wanderparkplatz, 100 NOK auf dem Zeltplatz.

Aber das ist nicht alles: Von hier aus sind es noch ca. 10 km bis zum Gletscher. Wer die Bequemlichkeit liebt, legt die erste Hälfte der Strecke (für 150/50 NOK pro Person/Kind) per Boot auf dem **Svartisvatn** zurück, nur die "ganz Harten" folgen uns:

Wir packen einen Vesperrucksack, ziehen die Gummistiefel über und stapfen am rechten Seeufer auf einem typisch norwegischen "Natursti", mitten durch lockeren Birkenwald, vorbei an kleinen Wasserfällen. Wir überqueren Sumpfwiesen und Bachläufe, klettern über umgefallene Baumstämme oder kriechen unter ihnen hindurch. Am Ende des Sees hört die Vegetation nach und nach auf, man merkt deutlich, dass der eiskalte Hauch des Gletschers hier noch vor wenigen Jahrzehnten jeden Pflanzenwuchs unterband. Auf flachen Gesteinsplatten, geschichtet wie Lasagne, stapfen wir nun trockenen Fußes rechts des tosenden Gletscherflusses hangaufwärts. Aus einem riesigen Felsschlund schießt der Gletscherabfluss heraus; er muss sich einen unterirdischen Weg gebahnt haben. Weiter und weiter steigen wir den vom Gletschereis glatt geriebenen Hang hinauf, erreichen den oberen Gletschersee; auf ihm treiben bläulich-gläsern schimmernde

Eisberge. Eine letzte Felsnase, dann haben wir die blauweiße, bis ins Wasser hineinragende Eismasse vor uns, aber es braucht noch eine weitere Viertelstunde Kraxelei, bis man vom formatfüllenden Gesamteindruck zur Nahaufnahme schreiten kann. Etwas Vorsicht ist schon am Platze, auch wenn während unserer Anwesenheit das Eis bewegungslos blieb – irgendwann müssen die Eisberge ja ins Wasser gekracht sein....

Auch für den Rückweg brauchen wir zwei Stunden. Als wir auf halbem Wege an der Bootsanlegestelle vorbei kommen, stauen sich dort die Wartenden. Wir verkneifen uns ein Grinsen und erleben eine zweite Auflage unseres Wasserfall-Sumpf-Birkenwald-Pfades (bei Nässe kaum begehbar!).

Rossvoll-Kirche

Bei der Gletscherwanderung haben Sie sich ordentlich eingelaufen!? Wir gestatten uns deshalb, Ihnen im Verlaufe der nächsten Kilometer an der »E 6« einige auserlesene Wandervorschläge zu unterbreiten, von denen Sie sich den für Sie verlockendsten auswählen mögen:

An der »E 6« zurück, biegen wir links Richtung FAUSKE und rufen "Aha", als wir den achteckigen Grundriss der **Rossvoll-Kirke** erspähen; hier war wohl der Baumeister aus MOSJØEN tätig.

Auf den nächsten Kilometern hatten die Straßen- und Eisenbahnbauer einen Vorkämpfer. Rechts und links folgten Sie dem Verlauf des **Ranelva**, der für sie Bahn gebrochen hat. Die bewaldete Landschaft ist nahezu menschenleer. Auch die Picknickplätze werden seltener, der nächste kommt erst 15,5 km nach unserem Gletscherabstecher. Oder nehmen Sie auch mit einem

Kirchenpicknickplatz vorlieb? Er liegt 2 km später bei der **Nevernes-Kirke** [N 66° 22' 41.5" E 14° 34' 37.3"]. Der **Wasserhahn** ist am Gebäude beim Parkplatz.

Auch durchs breite **Dunderlandsdal** begleitet uns der **Ranelva**, gern würden wir an seinem Ufer mal rasten, aber entweder hat er sich im dichten Wald versteckt, oder die Straße führt weit oberhalb von ihm dahin. 1000 m vor STORVOLL sieht man das Info-Schild für den **Saltfjell-Nationalpark** (zu dem auch unser Svartisengletscher gehört). Von hier aus kann man (eine schwingende Hängebrücke bringt Sie über den **Ranaelva**-Fluss) in das urtümliche **Stormdal** marschieren (**Wandervorschlag 1**). Dort finden Sie den nördlichsten, zusammenhängenden Fichtenwald der Welt, aber auch üppige Birkenbestände mit einem reichen Vogelleben.

Will man längere Zeit wandern, möchte man das WOMO natürlich nicht an der Straße abstellen! Einen praktischen Wanderparkplatz mit Tisch & Bank, Toilette und supergenauer Wanderkarte finden Sie, wenn Sie 1300 m später nach links von der »E6« abbiegen.

(65) WOMO-Wanderparkplatz: Storvoll

GPS: N66° 30' 16.2" E14° 55' 08.0"; Bjellanesveien.   max.WOMOs:1-2.
Ausstattung/Lage: Tisch & Bank (überdacht), Klo, Wanderkarte/Ortsrand.
Zufahrt: In Storvoll 2x links zum Wanderparkplatz in E6-Nähe.
Hinweis: 150 m weiter und dann rechts wesentlich ruhigerer Parkplatz vor der Brücke am Ranelva [N66° 30' 21.2" E14° 54' 52.9"; Bjellanesveien].

Ihnen ist noch nicht nach wandern?
Dann finden Sie 3,3 km später endlich den gesuchten, idyllischen **Flussuferpicknickplatz** [N66° 30' 12.5" E14° 59' 03.7"; 245 m], versteckt in einem Birkenwäldchen.

Wir verlassen das **Dunderlandsdal**, ziehen in Schleifen bergan. Trotzdem begleitet uns der **Ranelva**; er wandelt sich jedoch, je weiter wir hinauf ins Fjell ziehen, vom breitströmenden, ruhigen Fluss in einen über Klippen und Felsklötze hinabstürzenden, schäumenden und brausenden Katarakt.

7,7 km nach dem Krokstrand-Campingplatz macht uns ein Hinweisschild [N 66° 28' 7.5" E 15° 13' 55.9"] bewusst, wie nahe der Nachbar Schweden ist: "nedl. Nasa Sölvgruver" lesen wir, eine Schotterstraße führt zu einer nur 10 km entfernten, stillgelegten Silbergrube auf dem **Nasafjäll**, bereits kurz hinter der norwegisch/schwedischen Grenze.

Wir folgen dem Wegweiser über den **Ranelva** (Privatweg, befahren auf eigene Gefahr) und 900 m bergauf. Dort kann man rechts der Straße parken, links beginnt der Pfad (Wegweiser: Nasa) durchs Fjell zur 3 Stunden entfernten Silbergrube (**Wandervorschlag 2**). Wir kurven noch 1500 m weiter auf dem Fahrweg bergauf und finden einen schönen, ebenen, aussichtsreichen **Übernachtungsplatz** [N66° 27' 49.1" E15° 16' 02.2"].

Am nächsten Morgen passiert das, was jeder Nordlandfahrer irgendwann zum ersten Mal erlebt: Noch halb verschlafen ziehen wir die Rolläden hoch – und sehen uns umzingelt! Rings um uns, völlig ungeniert, weidet eine Rentierherde. Sie lässt sich auch nicht stören, als wir zum Filmen das Fenster öffnen. Erst als wir das Fahrzeug verlassen, eilen die Tiere mit langen wiegenden Schritten auf sichere Distanz.

Noch ein zweites, großes Ereignis steht uns heute bevor!

Auf der »E 6« sind es noch 6,5 km bis zum nächsten **Picknickplatz**, dort lässt die Straße die letzten Bäume hinter sich, es geht hinauf ins Fjell, der Polarkreis ist nahe! Dass winters hier oben extreme Bedingungen herrschen, sieht man an den hölzernen "Garagen", die über die Gleise gebaut wurden. In ihnen kann man ganze Züge abstellen, wenn Schneestürme die Weiterfahrt unmöglich machen.

Man würde sie einfach überqueren, ohne das Geringste zu bemerken, die Linie, für die die Wissenschaft die Bezeichnung 66° 33' n. Br. hat. In der Nacht vom 21. zum 22. Juni geht hier die Sonne nicht unter, wir sind am **Polarsirkel**!

(66) WOMO-Stellplatz: Polarsirkel

GPS: N66° 33' 06.7" E15° 19' 18.8"   max. **WOMOs:** >10.
Ausstg./Lage: Info-Stelle, Museum, Gaststätte, Laden/außerorts.   **Zufahrt:** s.Text.

Damit das auch jeder merkt, wurde inzwischen ein "**Polarsirkelsenter**" errichtet, ein auffälliges Gebäude mit einer geschwungenen Dachkuppel, wo man nicht nur (kostenlose) Informationen erhält, sondern auch Speisen und Souvenirs kaufen kann. Im Museum erleben Sie ausgestopft die polare

Tierwelt und in einer Multi-Media-Show mit digitaler Quadrophonie bekommen Sie das von Norwegen gezeigt, was Sie mit uns ohnehin erleben.

Aber auch an unsere traurige deutsche Vergangenheit in Norwegen werden wir ermahnt: Zwei Gedenksteine erinnern an die jugoslawischen und russischen Kriegsgefangenen, die sich beim Bau der militärisch wichtigen Nordlandbahn zu Tode schuften mussten.

In der näheren Umgebung des Parkplatzes stellt man eine auffällige Umverteilung der umherliegenden Steine fest: Steinmännchen bauen ist zu einer solchen Manie geworden, dass man ein (sicher nicht all zu ernst gemeintes) Verbotsschild aufgestellt hat. Das Wetter stimmt uns auf den Norden ein: Nebelschwaden hetzen über die öde Fläche, Nieselregen. Wir haben keine Lust, ein Steinmännchen zu den 999 anderen zu stellen, das an unsere Anwesenheit erinnert – und ziehen weiter nach Norden.

Mit 692 m erreichen wir 1700 m nördlich des Polarkreises die höchste Stelle im Fjell, langsam, kaum merklich, senkt es sich zum **Lønsdal**. Wieder überqueren wir die Bahnlinie an einer Stelle, wo sie in einer langgestreckten Bretterschachtel steckt. Ob die Fahrgäste hier in Busse umsteigen sollen, wenn der Zug im Schnee stecken bleibt – oder eher in Rentierschlitten?

Während im Fjell sich nur einzelne Birken in den Senken duckten, begrüßt uns das **Lønsdal** mit zusammenhängendem Birken- und Kiefernbestand. 22 km nördlich des Polarkreises biegen wir links zum Bahnhof LØNSDAL.

Nach 800 m kann man links (Lønsstua) zu einem Parkplatz abzweigen oder wenig später, 100 m vor dem Bahnhof, rechts.

Von dort aus führen (mit rotem "T" markierte) Fjellwanderwege aufs **Saltfjell**. (**Wandervorschlag 3;** Wanderbeginn 150 m vor dem Bahnhof links).

Der **Lønselva** rechts der »E 6« ist ein optischer Genuss: Er macht sich einen Spaß daraus, über Steine zu springen oder zwischen ihnen dahinzuschießen, als wäre er lebendig; ein Fotomotiv löst das andere ab. Besonders bequem können Sie auf Fotojagd gehen, wenn Sie 3,4 km hinter LØNSDAL den Fluss überqueren und rechts dahinter auf dem **Picknickplatz** parken (er ist nicht angekündigt, man sieht ihn erst im letzten Moment). Gut markiert ist die Abzweigung in die »77« nach Schweden/ LULEÅ 5 km später, auch "**Junkerdalen**" steht auf den Wegweisern, und hier sollten Sie auf keinen Fall vorbeirasen!

Der **Junkerdalselva** hat sich auf den letzten 5 km seines Weges in den **Saltdalselva** durch eine schmale, steile Klamm gefressen, die **Junkerdalsura**. Diese ist durch ihre geologische Lage so stark von den kalten nördlichen Winden abgeschirmt, dass hier eine geradezu unglaubliche, fast tropisch anmutende Vegetation wuchert. Wir rollen an der Abzweigung der »77« noch 1400 m vorbei und parken rechts auf dem Gelände des **Saltdal-Touristsenters** (mit SHELL-Tankstelle) [N 66° 48' 50.3" E 15° 24' 4.1"].

Am linken Ende des Geländes finden wir das (unbedingt sehenswerte **Nordland Nasjonalparksenter**, rechts einen Campingplatz mit WOMO-Entsorgung, eine ausführliche Informationstafel über die **Junkerdalsura** und den Beginn eines Spazierweges (**Wandervorschlag 4**).

Er führt zunächst über eine schwingende Hängebrücke (Foto). Da er 1871 als 1,80 m breite Transportstraße angelegt wurde, können Sie auch jetzt noch bequem zu zweit nebeneinander wandern und sogar den Kinderwagen schieben. Nach 30 min. erreicht man neben einem Wasserfall eine **Grillstelle** (gespaltenes Holz liegt parat). Nun führt der Weg nur noch "einspurig" weiter, hier sind wir jedoch von der üppigsten Vegetation umgeben, außer "nördlichen" Pflanzen entdecken wir Einbeere, Seidelbast, Wintergrün, Studentenröschen, Knabenkrautorchideen und, teilweise sogar auf dem Wege wachsend, den seltenen Frauenschuh. Am üppigsten wuchern die Polster des Steinbrechs, die sich in den Farben gelb, orange und rotbraun abwechseln. Wacholder, Erlen, Birken und Weiden stellen den Baumbewuchs. Viele der Weidenstämme sind in 2 m Höhe streifenförmig abgeschält. Nach längerem Grübeln schlussfolgern wir: Elche mögen Weidenrinde!

Nach weiteren 30 min. erreichen wir einen abgerutschten Hang, dessen Steinlawine den gesamten Weg in den Fluss gerissen hat. Diese Passage würden wir mit Kindern unter 10 Jahren nicht überqueren, dahinter wird der Pfad schmal. An einem weiteren Hang werden wir nacheinander von vier Wasserfällen nassgespritzt. Nach 1 1/2 Stunden insgesamt endet der Wanderweg an einer geschotterten Fahrstraße und wir treten den Rückmarsch an.

Falls Sie die gesamte Schlucht nur einmal durchwandern möchten, findet sich vielleicht ein freundlicher Fahrer Ihres WOMO-Teams, der Sie auf der »77«, weit oberhalb der Schlucht, genau 5 km nach Osten fährt. Dort führt eine Schotterstraße (Wegweiser: JUNKERDAL) nach links, nach 500 m überquert sie den Junkerdalselva. Unmittelbar dahinter endet linkerhand der Wanderweg, den Sie nun in entgegengesetzter Richtung genießen können.

Die »E 6« führt uns entlang des **Saltdalselva** weiter hinab ins **Saltdal**. Die schneebedeckten Gipfel links über uns gehören noch immer zum über 1800 qkm großen Nationalpark **Saltfjell**. Unser letzter Wandervorschlag in diesem Gebiet führt an seinen Nordrand, wo zum Beispiel am **Kvitbergvatn** die Vogelbeobachter reiche Beute machen können.

Genau 15 km nördlich **Junkerdalen** biegen wir links nach RUSÅNES, überqueren den **Saltdalselva**, schwenken hinter der Brücke gleich links (Wegweiser: Jordbruhytta) und folgen nach 150 m rechts bergauf der Schotterstraße 2300 m in Schleifen bis zu einem **Wanderparkplatz**.

Dort kann man außer unserem Kvitbergvatn-Vorschlag unter einer ganzen Reihe von Wanderwegen wählen (auch Rundwanderwegen) oder einfach nur picknicken und, natürlich, ruhig übernachten.

(68) WOMO-Wanderparkplatz: Rusånes
GPS: N66° 55' 58.3" E15° 18' 09.2"   max. WOMOs: 3-4.
Ausstattung/Lage: Wanderwege, Tisch & Bank, Grillstelle/außerorts, einsam.
Zufahrt: In Rusånes hinter der Brücke über den Saltdalselva links noch 2,3 km bergauf.

17,6 km nach RUSÅNES verlassen wir die »E 6« für einen längeren Abstecher. Die »812« (Wegweiser: BEIARN/Saltstraumen) führt uns nach Westen, aufs Meer zu. Dort steht uns ein ganz besonderes Naturschauspiel bevor – vorher wollen wir uns jedoch etwas vormeckern lassen!

12 km geht es bergauf. Die Höhe ist so locker mit Birken bewaldet, dass man eher von einer baumbestandenen Wiesen- und Sumpflandschaft sprechen muss. Hier eilen nicht Rentiere im schwingenden Gang vor uns davon, sondern hoppelnde Lämmer, deren Mütter am Straßenrand dösen. Nach genau 13 km geht das „määhhh" in ein „meck-meck-meck"-Stakkato über, denn rechts oberhalb der Straße liegt eine "Geiseter", die **Ljøsenhammer-Ziegenalm** [N 67° 2' 15.6" E 15° 9' 4.9"; 472 m].

Dort können Sie nicht nur picknicken, sondern auch in der Gaststätte vespern (nur saisonal geöffnet), Dusche und WC gibt's auch. Kinder springen natürlich sofort hinüber zu der großen Ziegenherde und den wohlig sich im Schlamm suhlenden Hausschweinen. Keine Frage, dass wir auch die Stallungen und weiteren Räume besichtigen müssen! Nun sinkt die Straße wieder ab, links bricht sich der **Lakselva** zwischen störrischen Felsen Bahn, fließt in den **Kykkelvatn**, dahinter zweigt die »813« nach BEIARN ab. Wir bleiben auf der »812«, entdecken 2 km

hinter dieser Abzweigung linkerhand vor einer Brücke einen Picknickplatz (Wegweiser Kulturveier) mit Tisch & Bank, Klo und Grillstelle (das WOMO parkt hinter der Brücke links).

(69) WOMO-Picknickplatz: Kulturveier
GPS: N67° 03' 59.9" E15° 00' 05.8"   **max. WOMOs:** 2.
Ausstattung/Lage: Tisch & Bank, Klo, Spazierweg/außerorts.
Zufahrt: Links der »812« 2 km nach der Abzweigung der»813«.

Bei MISVÆR erreichen wir das Meer. Am linken Ufer des **Misværfjord** zieht die Straße ins Gebirge, schneidet Landzungen ab, durchquert einen Tunnel, berührt den **Skjerstadfjord**. Schwenkt man hier nach rechts Richtung SKJERSTAD/STRØVSET, so findet man vor der Brücke rechts einen aussichtsreichen Picknickplatz mit solarbetriebener Toilettenentlüftung und "Kystkunst".

(70) WOMO-Picknickplatz: Skjerstadfjord
GPS: N67° 12' 21.5" E14° 57' 24.0"   **max. WOMOs:** 1-2.
Ausstattung/Lage: Tisch & Bank, Solar-Klo/außerorts.
Zufahrt: Vor der »812« nach rechts Richtung Skjerstad, vor der Brücke rechts.

Die »812« zieht wieder ins Gebirge. Die Erdkrume ist nur dünn, an manchen Stellen fehlt sie ganz. Manche Gipfel sind rund wie kahle Köpfe, Wasserfälle rinnen an ihnen herab wie Schweiß von der Stirne.

Die »812« endet, als sie auf die »17« stößt. Wir biegen rechts Richtung SALTSTRAUMEN, ein gewaltiges Naturschauspiel steht uns bevor. Zunächst düsen wir wie auf einer Schanze die **Sunnanbru** hinauf und an ihrem Ende sofort 2x rechts wieder hinab bis zu einem Parkstreifen mit Picknickplatz am Fjord.

(71) WOMO-Picknickplatz: Sunnanbru

GPS: N67° 13' 31.7" E14° 36' 57.3"   **max. WOMOs:** 2-3.
Ausstattung/Lage: Tisch & Bank, Grillstellen, Angelrevier, C. verboten/außerorts.
Zufahrt: Auf der »812« über die Sunnenbru, dahinter sofort 2x rechts hinab zum Fjord.

Dann schwingen wir uns über die elegant gespannte **Saltstraumbru**, unter der sich beim Wechsel der Gezeiten das Meerwasser wild strömend und gewaltige Strudellöcher bildend durch die Meerenge zwängt. Hinter ihr geht es 2x links zum (schrägen) Parkplatz [N 67° 13' 58.6" E 14° 37' 10.2"] unter der Brücke. Von hier aus führt ein gepflegter Spazierweg bis hinab an das strudelnde Salzwasser. Vorsicht ist geboten, denn der Mahlstrom reißt alles in die Tiefe!

Biegt man hinter der Brücke nur einmal links, fährt an dem **Saltstraumen-Camping**

vorbei und dann wieder links zum Saltstraumenhotel, so kann man auf dessen Parkplatz vom Wohnmobilfenster aus das Schauspiel genießen – oder darauf warten, denn nur alle sechs Stunden ist der Strom am stärksten, drei Stunden später steht er fast still (Gezeitentabelle im Hotel, in der Touristinformation oder auf dem Campingplatz).

Noch ganz trunken von den wirbelnden Wasserstrudeln fahren wir auf der »17« weiter nach BODØ, münden östlich LØDING in die »80« (Ver-/Entsorgung bei "Esso" [N67° 17' 57.8" E14° 44' 18.3"]), die von FAUSKE und der »E 6« herkommt.

BODØ ist die Hauptstadt von **Nordland** und mit 38.000 Einwohnern die zweitgrößte Stadt Nordnorwegens (nach Tromsø). Dreispurig führt die »80« ins Zentrum, jeweils zwei Spuren werden elektronisch für den stärkeren Fahrzeugstrom geöffnet. Wir halten uns zunächst Richtung Sentrum, unmittelbar hinter dem Ortsschild informieren wir uns rechterhand auf einem Parkplatz mit Stadtplan (50 m später geht es links zum neuen **Norwegischen Luftfahrtzentrum**; siehe Beginn der Tour 5).

Am nächsten Kreisverkehr, 400 m später, halten wir uns rechts (Wegweiser: KJERRINGØY/»834«, links Shell-Autogas).

Sie sollten auf den nächsten 1000 m die 30 km/h-Begrenzung besonders ernst nehmen, sonst fliegen Sie nicht nur von den Sitzen, sondern auch Ihre Tassen aus dem Schrank. Die künstlichen Bodenwellen haben eine unwahrscheinliche Höhe.

Nach 1100 m, an der ersten Ampel, biegen wir rechts zum **Rønvikfjell**, 2100 m kurvt die Straße empor, dann erreicht man zunächst einen riesigen ruhigen **Parkplatz**. Noch ein paar Meter sind es zum Parkplatz vor einem (geschlossenen) Höhenrestaurant, der eine fantastische Aussicht auf die Stadt BODØ und bei entsprechendem Wetter bis zur Inselwelt der **Lofoten** bietet.

Ein 2,2 km-Spaziergang führt vom großen Parkplatz bis auf den **Keiservarden** (300 m ü. NN).

Rønvikfjell, Blick auf Bodø

(72) WOMO-Picknickplatz: Bodø/Rønvikfjell

GPS: N67° 18' 00.3" E14° 26' 20.4"; 143 m; Fjellveien.. **max. WOMOs:** > 5.
Ausstattung/Lage: Tisch & Bank, (Gaststätte), Aussicht, Wanderwege/außerorts.
Zufahrt: Von Trondheim auf E6 nach Norden. 5 km südl. Rognan (oder in Fauske) links nach Bodø. Zufahrt zum Fjell (Wegweiser: Kjerringøy) siehe Text.

Sie möchten lieber am Meer übernachten?
Dann biegen Sie nicht rechts zum **Rønvikfjell**, sondern fahren auf der »834« weiter nach Norden. Am Industriehafen vorbei und dann durch eine bizarre Felsenlandschaft führt sie nach 6 km zum Örtchen LØP. Dort kann man links auf eine grüne Wiese hinter einem Sandstrand (!) einschwenken. Für diesen Vorläufer eines Campingplatzes mit dem hochtrabenden Namen "Mitnattsolsjøcamp Limited" verlangt man pro Tag 100 NOK (+ 30 NOK Strom) von Ihnen.

(73) WOMO-Badeplatz: Løp

GPS: N67° 19' 20.4" E14° 28' 42.1" **max. WOMOs:** > 5.
Ausstattung: Sandstrand, Liegewiese, Toiletten, Wasser, Mülleimer, Strom (Gebühr).
Zufahrt: Von Bodø auf der »834« noch 6 km nach Norden bis Løp/außerorts.

Wer es ganz kostenlos haben möchte, fährt noch knapp 2 km weiter bis zu einem großen Schotterplatz (mit Klo) links vor GEITVÅGEN. Von dort aus sind es 350 m zu Fuß bis zu einem Traumsandstrand.

(74) WOMO-Badeplatz: Geitvågen

GPS: N67° 20' 10.0" E14° 29' 53.8"
max. WOMOs: > 5.
Ausstattung/Lage: Sandstrand 350 m, Klo/außerorts.
Zufahrt: Von Bodø auf der »834« noch 8 km nach Norden bis **kurz vor Geitvågen**.

TOUR 5 (ca. 310 km / 2-3 Tage)

Bodø – Fauske – Rago-Nationalpark – Gjerdal – Vassmo – Ulvsvåg – Skutvik (Fähre zu den Lofoten)

Freie Übernachtung: Fridal, Fauske, Rago NP, Gjerdal, Tømmerneset, Ulvsvåg, Skutvik.

Ver-/Entsorgung: Bodø-Løding (Esso), Fauske, Tømmerneset, Innhavet (Shell).

Campingplätze: u. a. Geitvågen (nördl. Bodø), Rago NP, Gjerdal.

Baden: Løp, nördl. Innhavet.

Besichtigungen: Bodø, Vågan (Steinritzung), Fauske (Marmor), Rago NP, Tømmerneset (Steinritzung).

Wandern: Fridal, Rago NP.

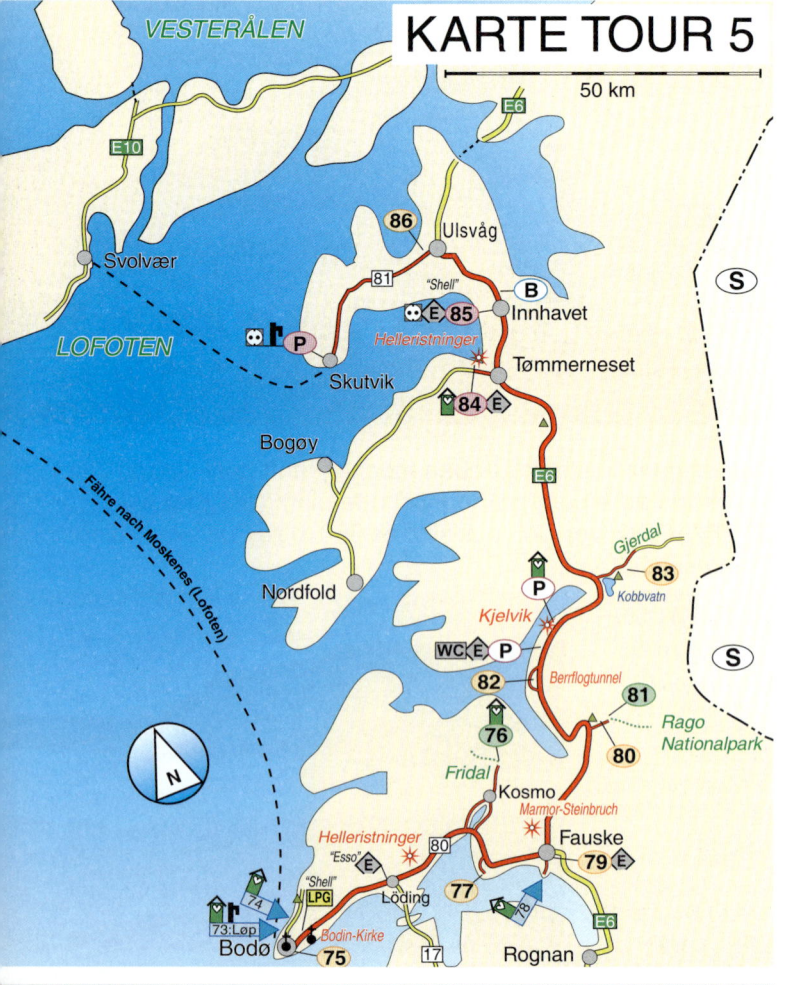

KARTE TOUR 5

Zur Besichtigung von BODØ folgen wir – vorbei an der Fähr-station [N67° 17' 17.5" E14° 23' 41.8"] nach MOSKENES auf den Lofoten – den Wegweisern "Sentrum/Turistinformasjon"; hinter Bahnhof und Diplomat-Hotel liegt sie direkt am Hafen. Dort [N67° 16' 57.8" E14° 22' 25.0"] kann man auch parken – für 10 NOK/Std.! Es sei denn, Sie kennen den 16-Uhr-Trick: In nahezu allen größeren norwegischen Städten ist werktags von 8 - 16 Uhr (Sa 8 - 15 Uhr) in der Innenstadt das Parken teuer – und trotzdem kaum ein Parkplatz zu ergattern – aber nach 16 (bzw. 15) Uhr ist alles kostenlos!

Mit einem Stadtplan ausgerüstet marschieren wir die Torvgata landeinwärts, passieren das Rathaus und stehen vor der **Dom-kirche** im neogotischen Stil [N67° 16' 56.9" E14° 22' 59.6"]. Zwischen dem Dom und dem Nordlandmuseum liegt ein kleiner Park mit kostenlosen Parkplätzen rund um die Uhr.

Auffallend ist der filigranhafte **Campanile**. Falls Sie das Glück haben, Di - Fr zwischen 12 und 15 Uhr hier zu stehen, kön-

nen Sie die farbenprächtigen, 12 m hohen Glasfenster an der Stirnseite des Gotteshauses auch von innen bewundern. Wir wenden uns nun nach rechts (Kongens Gate), dann wieder rechts (Hålogalandsgata) und finden uns am Hafen wieder.

2 km südöstlich finden wir Bodø-Spektrum, die Nordlandshalle mit Hallenbad (Nordlandsbadet) und einem riesigen Parkplatzangebot.

---

(75) WOMO-Stellplatz:
Bodø (Spektrum)
GPS: N67° 16' 39.5" E14° 25' 02.0"; Myrveien
max. WOMOs: >20.
Ausstattung/Lage: Hallenbad/Ortsrand.
Zufahrt: Am südöstlichen Stadtrand von Bodø.

Nebenan liegt das in Form eines Propelles gestaltete Norsk Luftfarts-Museum (offen: tgl. 10-18 Uhr).

Bodø, Domkirche

Hinter der modernen Fassade hat man alles Greifbare zu-sammengetragen, was sich von der Entwicklungsgeschichte der zivilen und militärischen Luftfahrt möglichst spannend und anschaulich darstellen lässt: Junkers Ju 52, U2, Spitfire, Mosquito, Vampire, Starfighter usw. usw.

Die Junkers kennen wir schon! Lag sie doch, im II. Weltkrieg notgelandet, jahrelang am Wanderweg von MEHAMN nach Kinnarodden (siehe Tour 12). Natürlich kann man auch in einem Flugsimulator seine Künste erproben.

Vor dem Norwegischen Luftfahrtsmuseum

Wesentlich älter als das älteste Flugzeug ist die Steinkirche von BODIN [N67° 16' 27.8" E14° 26' 07.0"], nur 1000 m östlich des Luftfahrtmuseums. Sie wurde bereits um 1240 erbaut. Die Prachtstücke der Kirche sind die **Renaissance-Kanzel** (um 1650), die farbenprächtige, kunstvoll geschnitzte, barocke **Altartafel** und verschiedene **Skulpturen** (leider nur von Ende Juni - Mitte August Mo-Fr 10-15 Uhr geöffnet).

Auf der »80« fahren wir wieder nach Osten bis BERTNES. Im **Steinsenter** [N67° 17' 15.2" E14° 35' 40.6"] werden in erster Linie Gegenstände aus einheimischen Mineralien hergestellt und verkauft. Für einen bescheidenen Preis können Sie sich einen polierten Thulit, den Symbolstein Norwegens, als Andenken um den Hals hängen.

Steinbearbeitung hat in der Gegend von BODØ alte Tradition. Knapp 7 km nachdem wir die Abzweigung der »17« Richtung SALTSTRAUMEN passiert haben und 500 m nach VÅGAN halten wir rechts der Straße [N67° 17' 45.4" E14° 54' 04.5"] auf einem schmalen Parkstreifen; das Hinweisschild zu den **Steinritzungen** ist links zwischen den Bäumen kaum zu sehen. Fünf Minuten stapfen wir einen mit Holzstangen markierten Pfad bergan,

überqueren auf Wackersteinen trockenen Fußes ein Bächlein und entdecken schließlich ein weiteres Symboltier der norwegischen Fauna, einen 8700 Jahre alten Elch in Lebensgröße – natürlich in Form einer Steinritzung. Auf dem Rückweg wenden wir uns der norwegischen Flora zu, denn im Bereich des Golfstromes sind längst die Heidelbeeren reif, und so ganz nebenbei sammeln wir eine Portion Birkenpilze – das wird ein Festessen heute Abend!

Der Spaziergang in BODØ war Ihnen zu kurz, außerdem wandern Sie viel lieber in der freien Natur? Dann biegen Sie mit uns 200 m hinter dem Ortsschild von NORDVIK nach links!

Über BRINGSLI, KOSMO und ØSTERKLØFT, rechts vorbei am "Helsesportsenter" kurven wir insgesamt 13,5 km bis zum großen **Wanderparkplatz** FRIDAL. Dort kann man grillen, schaukeln, natürlich ruhig übernachten und fein wandern. Markiert und bestens unterhalten sind die Wanderwege zum 4 km entfernten Sætervatn, zum 2,1 km nahen Hømmervatn und der Rundweg vorbei am Helsesportsenter ist ideal für die abend- oder morgendliche Walkingrunde. Alle Wege beginnen an einer soliden Holzbrückenkonstruktion und führen auf bequemen Holzstegen durch lichten Birkenwald und Fjell.

Auf dem Wanderweg Richtung Hømmervatn

(76) WOMO-Wanderparkplatz: Fridal

GPS: N67° 23' 50.2" E15° 23' 09.5"
max. WOMOs: > 5.
Ausstattung/Lage: Tisch & Bank, Toilette, Grillstelle, Schaukel, Wanderwege/außerorts.
Zufahrt: Von Bodø auf »80« nach Osten. In Nordvik links und dann noch 13,5 km.

Am Ostufer des Valnesfjord kehren wir zurück zur »80« bei STRAUMSNES, 18 km sind es noch bis FAUSKE. Unterwegs haben wir hinter RØVIK einen schönen **Stellplatz** entdeckt! Dort, wo die Straße einen steilen Felsendurchbruch passiert, führt die alte Straße rechts am Meer in eine Sackgasse, an der man ruhig und aussichtsreich stehen kann.

(77) WOMO-Stellplatz: Røvik (Sackgasse)

GPS: N67° 15' 48.4" E15° 16' 54.5"   max. WOMOs: 2-3.
Ausstattung/Lage: keine/außerorts.
Zufahrt: Hinter Røvik (links geht es zur Eggpakkeri) vor dem Felsendurchbruch rechts.

Am Ortsschild von FAUSKE könnte man rechts zum **Fritid-senter** einbiegen, wo man nach 500 m ruhige Parkplätze im Niederwald findet [N67° 15' 28.0" E15° 21' 10.2"].
Wir rollen noch 900 m weiter und folgen dann dem Wegweiser zum **Campingplatz** in den Erikstadvei. Nach 1200 m führt ein kurzes Stichsträßchen (Badestrandveien) zum Badeplatz. Vom Ende der Straße sind es noch 150 Schritte hinab zum Badeplatz.

(78) WOMO-Badeplatz: Fauske (Badeplatz)

GPS: N67° 14' 56.9" E15° 20' 42.5"; Badstrandveien.   max. WOMOs: 1-2.
Ausstattung/Lage: Kiesstrand, Wasserhahn, Schaukeln, Tisch & Bank, Klo/außerorts.
Zufahrt: In Fauske 900 m nach dem Ortsschild rechts noch 1200 m.

Nach nochmals 900 m auf der »80« kommen wir an einen Kreisverkehr und biegen rechts zum Bygde-Museum, wo man nicht nur eine umfangreiche Sammlung von alten Holzhäusern vorfindet, sondern davor auch einen großen Stellplatz direkt am Meer mit einer schönen WOMO-Ver-/Entsorgungsstation.

(79) WOMO-Stellplatz: Fauske (Museum)
GPS: N67° 15' 25.7" E15° 23' 00.5"; Sjøgata.   max. WOMOs: 10.
Ausstattung/Lage: Ver-/Entsorgung, Gebühr 150 NOK/Ortsrand.
Zufahrt: In Fauske 1800 m nach dem Ortsschild rechts zum Museum.

Am nächsten Kreisverkehr (mit einem riesigen Marmormonolith in der Mitte) biegen wir nach links in die »E 6« ein.

Falls man einen Norweger fragt, ob er FAUSKE kennt, so antwortet er: „Klar, dort ist Ankerske!" Und er meint damit den berühmten, rosafarbenen FAUSKE-Marmor, der das Rathaus von OSLO, den UN-Palast von NEW YORK und gar das Schloss des japanischen Kaisers schmückt.

Wir wollen auch ein Stück FAUSKE-Marmor als Andenken mitnehmen! Deshalb fahren wir in FAUSKE nur 1300 m auf der »E 6« nach Norden und biegen nach der Bahnunterführung links ins Industriegebiet, halten direkt auf den weißen Riesen-steinbruch am Hang zu.

Am Eingang zum Steinbruchgelände [N67° 17' 00.5" E15° 22' 28.4"] hat man für Besucher freundlicherweise einen Berg Marmorbruch hingekippt, auch wir suchen uns ein zartrosa gebändertes Souvenir aus.

Ankerse, zartrosa gebänderter Marmor

"Steinreich" setzen wir unsere Fahrt nach Norden fort. 600 m später sollten Sie den Weg über den **Parkplatz** rechts der »E 6« wählen, denn dort bekommen Sie schwarz auf weiß

...wiesen, dass Sie sich genau in der Mitte Norwegens bzw. seiner E6-Rennstrecke befinden: FAUSKE liegt sowohl von der Svinesundbrücke an der Grenze zu Schweden als auch von KIRKENES an der Grenze zu Russland 1336 km entfernt. Na, da haben wir ja noch einiges vor uns (Tafel fehlte 2015)!

15 km später fahren wir am rechten Ufer des **Tørffjords**

Blick auf den Tørffjord

entlang, Parkplätze an seinem Ufer laden zum beschaulichen Begucken ein. Dann beginnt eine Strecke, die geradezu mit Tunnels gespickt ist. Als erstes kommt der Megården-Tunnel, der zweite heißt Tennfloget-Tunnel – und jetzt müssen Sie höllisch aufpassen, denn unmittelbar hinter dieser dunklen Röhre zweigen wir links zum **Rago-Nationalpark** ab.

Kaum sind wir abgebogen, führt das Sträßchen (einspurig!) durch den 410 m langen Nordfjord-Tunnel. Sein Verlauf ist kerzengerade, so dass man bei Gegenverkehr rechtzeitig warten kann. Der letzte Zipfel des Tørffjords, an dem wir jetzt entlangfahren, ist von einem **Campingplatz** mit einem verlockenden Sandstrand besetzt. Wir rollen vorbei und entdecken am Ufer des **Laksåga** eine Reihe von **Picknick- und Übernachtungsplätzen**, die schönsten bei »km 2,7«, »km 4,1« (mit Grillhütte) und »km 4,7«. Der Laksåga muss seinem Namen alle Ehre machen, denn an seinem Ufer drängen sich die Petrijünger.

Stromschnellen am Laksåga

(80) WOMO-Stellplätze: Laksåga (»km 2,7«)

GPS: u. a. N67° 26' 09.4" E15° 43' 02.8"   **max. WOMOs:** je 2.
Ausstattung/Lage: Angelfluss/außerorts. **Zufahrt:** Auf »E6« nach Norden. Direkt hinter dem Tennfloget-Tunnel rechts zum Rago-NP, noch 2,7 km, 4,1 km bzw. 4,7 km.

(81) WOMO-Wanderparkplatz: Rago-NP

GPS: N67° 27' 07.3" E15° 46' 30.5"   **max. WOMOs:** > 5.
Ausstattung/Lage: Wanderweg, Tisch & Bank, Klo, Wanderkarte/bei Einzelgebäuden.
Zufahrt: Von Fauske auf »E6« nach Norden. Direkt hinter dem Tennfloget-Tunnel rechts zum Rago-NP. Jetzt noch 6 km.

Bei »km 6,0« endet der Fahrweg an dem Wanderparkplatz "Lakshola" mit Informationstafel samt Wanderkarte. Neben ihr beginnt der markierte **Wanderweg** in den **Rago-Nationalpark**. Er verläuft zunächst neben dem **Laksåga**, dann steil bergauf, über glattgeschliffenen Fels und weiter durchs **Storskogdal** bis zu einer offenen Übernachtungshütte am **Storskogvatn** (einfache Strecke 1,5 bis 2 Stunden). Wanderprofis ziehen weiter nach Osten, denn der Rago-Nationalpark ist nur das westlichste (norwegische) Zipfelchen des größten Nationalparkblocks Europas; nach Osten folgen die schwedischen Nationalparks Padjelanta, Sarek und Stora Sjøfallets.

Auch wer nicht zum Rago-Nationalpark wandern möchte, sollte einen Abstecher in das herrliche Laksåga-Tal machen – und sei es nur, um beim Picknick am Fluss die herrliche Aussicht zu genießen.

Auf der »E 6« folgen nun Tunnel auf Tunnel, nicht immer schafft es die frische norwegische Brise, die Abgase aus ihnen hinauszupusten; schließen Sie lieber die Frischluftzufuhr, vor allem im 2700 m langen Kalvik-Tunnel. Alle diese Tunnel sind neu, die alte Straße führte am Fjord entlang, wurde gesprengt, stillgelegt oder einfach "vergessen". Solch eine "vergessene Straße" führt fjordwärts neben dem Berrflog-Tunnel entlang und bietet ruhige, aussichtsreiche Stellplätze.

(82) WOMO-Stellplatz: Berrflog-Tunnel

GPS: N67° 32' 07.7" E15° 38' 12.2"
max. WOMOs: 3-4.
Ausstattung/Lage: keine, aber prächtiger Blick über den Fjord/außerorts.
Zufahrt: Von Fauske auf »E6« nach Norden.
Direkt vor dem Berrflog-Tunnel links.

Hinter dem Berrflog-Tunnel steigt die Straße mit 8 % an (**Picknickplatz** [N67° 33' 11.4" E15° 41' 08.7"] mit schöner Aussicht über den Leirfjord, Toilette und **Entsorgung** links), der Kannfloget- Tunnel durchbohrt die Bergkuppe. Dann sinkt die breite Bahn wieder ab, es folgt der Glefloget-Tunnel.

2 km nach ihm wird ein zweiter **Picknickplatz** mit dem "**Blumenkohlsymbol**" angezeigt. Dort [N67° 33' 56.2" E15° 48' 29.3"] sollten Sie unbedingt einen Stopp einlegen, nur wenige Schritte führen hinüber zum **Häuslerhof Kjelvik** (nur saisonal geöffnet).

Häuslerhof Kjelvik

Dort ist die Zeit stehen geblieben. Noch vor wenigen Jahren war die einzige Verbindung mit der Außenwelt das Boot über den **Leirfjord**. Von seinem Ufer aus musste alles auf dem Rücken herbeigeschleppt werden. Die Einrichtung des Einsiedlerhofes ist vollständig erhalten (incl. Hühnern und Schafen), alles kann angefasst und ausprobiert werden.

Ein letzter Tunnel, schräg wie eine Schanze, und wir sind wieder unten am Wasser, am letzten Zipfel des **Leirfjords**. Dort legt die Straße eine Verschnaufpause ein, dann sausen wir wieder hinauf und in den nächsten Tunnel hinein. Hinter dem zweiten Tunnel sichten wir den **Kobbvatn**, an seinem Ende glänzt ein herrlicher Sandstrand. Neugierig biegen wir rechts (Wegweiser: Kobbvassgrenda). Der ganze Strand ist belegt von einer **Dauercampersiedlung**, wir rollen einfach weiter, halten an der nächsten Gabelung (km 3,4) nicht rechts zum Kraftwerk, sondern links durchs **Gjerdal** zum **Reinoksvatn** – und landen auf einem anderen Planeten:

Zunächst rollen wir nur am Ufer des **Gjerdalselva** durch eine herrliche Naturlandschaft. Dann jedoch rücken kahle Berghänge auf uns zu, Wasserschwaden schießen an ihnen hinab, mäandern durchs sumpfige Tal.

HINWEIS: Die Schranke nach 6,7 km ist nur vom 15.7. - 15.10. geöffnet! Bei »km 11,7«, am **Gjerdalsvatn**, ein Traumplatz. Aber wir sind süchtig geworden, rollen weiter und weiter.

(83) WOMO-Stellplätze: Gjerdalen

GPS: N67° 39' 52.4" E16° 00' 02.5" (an der Schranke)   **max. WOMOs:** 2-3.
Ausstattung/Lage: keine/außerorts.
Zufahrt: Von Fauske auf E6 nach Norden. Hinter dem Kobbvatn rechts ins Gjerdal; in ihm 11,7 km bis zum Gjerdalsvatn.

Blick über den Kobbvatn

Ein zweites Plätzchen bei »km 14,1«, dann überqueren wir den Fluss, ziehen bergauf durch die immer dramatischer werdende Landschaft, passieren eine Wetterwarte und werden bei »km 20,4« von einer Schranke gebremst (sonst hätten wir den fremden Planeten sicher umrundet). Wer das **Gjerdal** nicht besuchen kann, der hat etwas verpasst!

Weiter geht es auf der »E 6«. Nach 1600 m können wir von einem **Picknickplatz** aus noch einen Blick zurück über den **Kobbvatn** werfen. Die Straße rast dann frontal auf ein Gebirgsmassiv zu. Rechtzeitig öffnet sich ein Tunnelschlund, fauchend unterqueren wir es, erblicken erst nach 4,5 km am **Mørsvikfjord** wieder Tageslicht. Die Straßenbauer, so scheint es, lassen sich ihren Teer per Schiff bringen! Denn kaum haben wir den Fjord berührt, ziehen wir schon wieder ins Landesinnere davon. Einen schönen Sandstrand hat auch der Sandnesvatn, und so findet man gleich an seinem Beginn den **Falkelv-Camping**. Der nächste interessante Platz liegt bei TØMMERNESET.

500 m nach dem Ortsschild biegen wir links auf die »835« Richtung STEIGEN/Sandnesvatn, bereits nach 200 m liegt rechts ein äußerst malerischer **Picknickplatz** mit WC und Entsorgung am Rande einer Urlandschaft aus glattgeschliffenen Felsbuckeln, mit Tümpeln zwischen ihnen.

(84) WOMO-Picknickplatz: Tömmerneset

GPS: N67° 54' 01.4" E15° 51' 25.4"   max. **WOMOs:** 3-4.
Ausstattung/Lage: Toilette, Entsorgung, Tisch & Bank, Spazierweg/außerorts.
Zufahrt: Auf der »E6« bis zur Abzweigung der »835«, nach 200 m rechts.

Ein kurzer, bequemer Fußweg führt zum **steinernen Rentier**. Zunächst entdecken wir allerdings nur die Info-Tafel, erst das kleine Holzschild mit dem "Blumenkohlsymbol" lenkt unseren Blick über einen Kanal zur **lebensgroßen Steinritzung**.

TØMMERNESET liegt am Meer, am **Sagfjord**, aber man muss sich beeilen, einen Aussichtsplatz am Ufer zu finden, sonst landet man bereits wieder in einem Tunnel (die Abzweigung heißt TØMMERNES-Gård).

Überraschenderweise bleibt die Straße hinter dem Tunnel dem Meer treu, aber Parkplätze gibt es keine. Dafür entdecken wir am Ende des Fjords bei INNHAVET nicht nur eine SHELL-Tankstelle mit **Entsorgungsstation** [N67° 57' 48.7" E15° 55' 45.9"], sondern unterhalb von ihr, am Wasser, einen bestens eingerichteten WOMO-Stellplatz.

(85) WOMO-Picknickplatz: Innhavet

GPS: N67° 57' 49.7" E15° 55' 32.4"   max. **WOMOs:** 3-4.
Ausstattung/Lage: Ver-/Entsorgung, Strom,Tisch & Bank/außerorts.
Zufahrt: Auf der »E6« bis Innhavet, links unterhalb der SHELL-Tankstelle.
Gebühr: 100 NOK, Strom zzgl. 30 NOK.

Wir streifen kurz den **Innhavetfjord**, dann zeigt ein Straßenschild wieder 7 % Steigung an. Ein weiterer **Picknickplatz** liegt dort links der Straße, wo nach rechts die »827« abzweigt. Die Straße windet sich hinauf und wieder hinab nach ULSVÅG, dabei bietet sich uns ein fantastischer Blick über die Inselwelt und das offene Meer bis zu den bizarren Gebirgszacken der Lofoten.

In ULSVÅG biegen wir links in die »81« nach SKUTVIK, der Fährstation zu den **Lofoten**, denn eher kann man sich das Nordkap entgehen lassen, als diese einmalige Inselgruppe.

1200 m nach der Abzweigung führt ein Weg zwischen Bäumen zu einem kaum sichtbaren **Stellplatz** am Schärenufer des **Presteidfjords**.

(86) WOMO-Stellplatz: Presteidfjord

GPS: N68° 06' 43.8" E15° 50' 31.3"

max. WOMOs: 3-4.

Ausstattung/Lage: gute Angelmöglichkeit/außerorts.

Zufahrt: Auf »E6« nach Norden, links in die »81«, dann nach 1200 m rechts.

Auch die Bergzacken von **Hamarøy** sind nicht von schlechten Eltern, fast 1000 m ragen sie direkt aus dem Meer empor. Unverwechselbar ist das spitze "Matterhorn" von Hamarøy (Hamarøyskaftet, 613 m); es wurde erstmals 1885 bestiegen. Kurz darauf passieren wir HAMSUND, den Wohnort des berühmten norwegischen Dichters **Knut Hamsun** (täglich Führung in seinem Elternhaus).

Linkerhand ist die Landschaft plötzlich völlig andersartig, sie gleicht einer Finnischen Seenplatte.

Nach 36 km auf der »81« haben wir SKUTVIK erreicht.

Zwei Stunden dauert die Überfahrt nach SVOLVÆR auf der **Lofoteninsel Austvågøy**; in der Saison sechs Abfahrten pro Tag sorgen für kurze Wartezeiten; WOMOs bis 6 m (incl. Fahrer) und seine Beifahrerin zahlen knappe 400 NOK für die Überfahrt. Der Kurs zu den Lofoten ist West/Nordwest. Folglich wollen wir den nächsten Morgen abwarten, um bei unseren Ankunftsfotos die Sonne im Rücken zu haben.

Unmittelbar vor der Fährstation biegen wir rechts (Wegweiser: SKUTVIK-Gjestegård), rollen an dem Gasthaus vorbei und finden kurz darauf vor einem kleinen Fischerhafen mit Mole einen absolut ruhigen **Übernachtungsplatz** [86a: N68° 00' 50.5" E15° 19' 54.3"] mit Wasserhahn, Strom, Tisch und Bank (Gebühr 100 NOK + 30 NOK Strom).

KARTE TOUR 6

25 km

Melbu

82

E10

Fiskebøl
108

107:Hadselsanden

E10

P

23.5.-19.7
90:Gimsøy

Austvågøya

23.5.-19.7
91

Hofsund

Gimsøy

Svolvær
P

LPG+Flaschenfüllung

23.5.-19.7
Kvalnes
92

Kabelvåg

87

Skrova

23.5.-18.7
Eggum
93

88:Kallestranda

94

Borg
S

Valberg

Wikinger-
Museum

Henningsvær

106: Valberg

89 WC

24.5.-18.7
Utakleiv
96

E10

E

105

815

Stamsund

P

Vestvågøya

95:Haukland

97

Leknes
E
"Esso"

L
O
F
O
T
E
N

24.5.-17.7
Myrland
Vikten

Napp

Glashütte
Flakstad-Kirche

98

Flakstadøya

Fredvang
P

101

100

Ramberg

99

Museumsdorf

Nusfjord

102

Kunstschmied

Selfjord

103

Sund

Mølnarodden

E10

Hamnøy
E

Reine

Moskenes

Moskenesøya

W
Å

Sørvågen

104
WC

Stockfisch-Museum
Fischerei-Museum

Fähre Moskenes - Bodø

Mosken

N

Værøy

TOUR 6 (ca. 400 km / 2-4 Tage)

Svolvær – Henningsvær – Eggum – Borg – Vikten – Sund – Moskenes – Å – Valberg – Fiskebøl

Freie Übernachtung:	Kallestranda, Kvalnes, Eggum, Haukland, Uttakleiv, Myrland, Napp, Fredvang, Mølnarodden, Sørvågen, Å, Valberg.
Ver-/Entsorgung:	Hamnøy, Leknes (Esso), Moskenes (Campingplatz).
Campingplätze:	u. a. Flakstad, Ramberg, Fredvang, Moskenes.
Besichtigungen:	Henningsvær, Borg (Wikingermuseum), Vikten (Glashütte), Nusfjord, Sund (Kunstschmied), Å (Stockfischmuseum).
Baden:	Kallestranda, Gimsøy, Hadselsanden, Haukland.
Wandern:	Eggum, Haukland, Napp, Selfjord, Sørvågen (Kolfjell).

Die kleine Fähre ist bei den harten Lofotenfischern in die Lehre gegangen! Fröhlich sich aufbäumend spielt sie mit jedem Wellenberg, senkt hinter ihm die Nase schnüffelnd in die Tiefe, auch querende Wogen werden mit seitlichem Wippen begrüßt. Die paar Passagiere blicken starr auf die Horizontlinie als sicherem Anhaltspunkt, weil ihnen der feste Boden unter den Füßen fehlt. Als wir im Hafen von SKROVA einlaufen, der einzigen Zwischenstation, atmen einige hörbar auf; denn jetzt ist es nur noch ein Katzensprung bis SVOLVÆR [N 68° 14' 4.5" E 14° 33' 11.6"] auf der Lofoteninsel Austvågøy.

Ankunft im Hafen von Svolvær

Hinweis: Es geht das Gerücht, dass die Fährverbindung SKUTVIK - SVOLVÆR wegen der neuen Festlandsverbindung der Lofoten (»E 10« nach NARVIK = "Lofast") eingestellt werden könnte. Bitte informieren Sie sich vor Fahrantritt z.B. beim Norwegischen Fremdenverkehrsamt unter www.visitnorway.com.

Überrascht sind wir schon, dass über die Lofotinseln eine Europastraße hinwegführt, aber dann genießen wir das (zunächst) breite Band der »E 10« nach Süden. Als Wegweiser dient uns "Å", der südlichste Ort der Lofoten und gleichzeitig natürlich der Ort mit dem kürzesten Namen der Welt.

Unsere Straße führt durch eine gewaltige Felsbrockenlandschaft, die jedoch grün bewachsen ist, so wie alles, selbst die steilsten Felshänge, geradezu "lofotisch" grün überwuchert sind. Windböen peitschen die Birkenbüsche am Wegrand, bringen unser WOMO ins Schwanken. Für die kreisrunden Lachsaufzuchtbecken hat man geschützte Buchten ausgesucht, in denen auch heute kaum Seegang herrscht.

Bereits nach gut 3 km haben wir unsere erste Station erreicht: KABELVÅG. Erst am Ende der Ortes führen uns Wegweiser nach links: "Lofotakvarium, Museum, Galerie Espolin"; Parkplatz übernachtungsgeeignet.

(87) WOMO-Stellplatz: Kabelvåg (Museum)

GPS: N68° 12' 28.3" E14° 27' 15.8"; Storvaganveien.   **max. WOMOs:** 2-3.
Ausstattung/Lage: keine/im Ort.
Zufahrt: In Svolvar nach links in die »E 10« einbiegen, nach 3 km wieder links (ausgeschildert).

Auf engstem Raum können Sie hier Historie, Natur und Kunst der Lofoten genießen. Halten Sie sich nicht zu lange auf, denn ohne einen einzigen Abstecher sind es, über viele Brücken und durch einen Meerestunnel, 127 km auf der »E 10« bis Å. Diese Straße benutzt stets den schmalen, flachen Küstenstreifen, in Radfahrerkreisen sind die Lofoten deshalb durchaus beliebt. Knapp neben ihr erheben sich bereits steile, manchmal fast senkrechte Wände bis in 1000 m Höhe. Aber auf Abstecher kann man nicht verzichten, sie führen zu den "Perlen" der Lofoten.

Die erste Perle liegt 5 km weiter südlich, wir folgen nach links den Wegweisern "KALLE/HOPEN".

Sie finden eine herrliche **Badeplatz- und Campingwiese** mit **Toilette** und **Wasserhahn** hinter einem feinen Sandstrand, umrahmt von Felsklößen in einer grünen Landschaft, wenn Sie folgender Wegbeschreibung folgen: Von der »E 10« kommend biegen Sie nach 800 m nach rechts in einen gelöcherten Schotterweg (Wegweiser: KALLE). Dieser führt 1900 m am rechten Rand der Bucht entlang, bis zu den letzten Pfahlbauten eines kleinen Fischerhafens; dort geht's steil rechts hoch und 500 m bis zur Sandstrandwiese.

(88) WOMO-Badeplätze: Kallestranda

GPS: N68° 11' 21.5" E14° 20' 15.0"   **max. WOMOs:** 3-4.
Ausstattung: 2 Parkplätze & große Liegewiese, Toilette, Wasserhahn, Sandstrand.
Zufahrt: Von Svolvær auf »E10« 8 km nach Süden, dann links nach Kallestranda (s. Text).

Die große Sandstrandbucht von Kallestranda

Die Pfahlbauten, die mich so sehr an die steinzeitlichen Wohnhäuser von UNTERUHLDINGEN (Bodensee) erinnern, sind die
typischen Fischerwohnungen der Lofoten, die sog. Rorbuer.
König Øystein, so berichtet die Sage, ließ bereits im 12. Jahrhundert für die Fischer Quartiere errichten, die nur im Winter,
zur Kabeljau-Saison, bewohnt wurden. Man errichtete sie unmittelbar am Ufer auf Pfählen, damit sie leicht per Boot erreicht
werden konnten. Anbauten enthalten die Gerätschaften wie
Netze, Angelleinen, Salzfässer, Werkzeuge, nebenan stehen die
vielen Gestelle zum Trocknen des Kabeljaus. Die Herstellung
von "Tørrfisk", also
Stockfisch, geht aller-
dings erst auf das 15.
Jahrhundert zurück.

Italienische Seeleute
waren 1432 auf den
Lofoten gestrandet
und hatten während
ihres unfreiwilligen
Aufenthaltes den Nor-
wegern die Herstel-
lung von "stocca fisso"
beigebracht, einer Spezialität für die italienische Küche. Und
so werden sie auch heute noch in erster Linie nach Italien ex-
portiert. Aber warten Sie ein bisschen, im Stockfischmuseum
von Å erklärt man Ihnen das ganz genau.
Wir rollen weiter auf der »E 10«, durchqueren einen Tunnel,
und mitten drin kommt uns ein dicker LKW entgegen – puuhhh!

1700 m später zweigen wir nach links Richtung HENNINGS-VÆR ab, dem "VENEDIG der Lofoten". Bereits 400 m nach der Abzweigung könnten Sie sich auf einem herrlichen **Sandstrand** aalen, fürs WOMO gibt's Parkplätze oben an der Straße. Platz für Ihr Badelaken würden Sie leicht finden, denn Sie wären die einzigen Badegäste – kein Wunder bei 10 °C Lufttemperatur. Weitere Ausbuchtungen oberhalb des Klippenstrandes geben Gelegenheit für ein **Picknick** im sturmgeschüttelten WOMO. Technisch Interessierte wählen den **Picknickplatz** nach 5,5 km, um gleichzeitig die Spannbetonbrücke nach HENNINGSVÆR begucken zu können. Bei »km 6,8« müssten Sie allerdings noch ein zweites Picknick einlegen, denn jetzt kommt erst die größere der beiden HENNINGSVÆR-Brücken. Beide sind nur einspurig angelegt und werden per Ampelregelung befahren.

Hinter dem Ortsschild von HENNINGSVÆR finden wir links einen großen Parkplatz und den Beginn der "Brygga".

(89) WOMO-Stellplatz: Henningsvær (Brygga)

GPS: N68° 09' 22.1" E14° 12' 29.2"; Misværveien.   max. **WOMOs:** 2-3.
Ausstattung/Lage: Toilette/Ortsrand.
Zufahrt: In Svolvar nach links in die »E 10« einbiegen, nach 3 km wieder links.

Nun, in VENEDIG sind wir nicht, das merken wir schon an der Temperatur, aber der lange, kanalartige Sund, an dessen Ufer die Rorbuer auf ihren Holzbeinen stehen, erinnert schon ein bisschen an den "Canale Grande". Wir spazieren auf den Holzbohlen der Kaianlagen entlang, gucken in die Galerie des Malers Karl Erik Harr, spähen durch Maschendrahtfenster, hinter denen Stockfischbündel lagern oder verpackt werden, schauen dem Glasbläser Mikael Melander bei der Arbeit zu und vermehren unsere Glaskugelsammlung um ein schönes, blaues Stück. Bald sind wir wieder zum Parkplatz zurückgeschlendert und kehren zur »E 10« zurück. Die Felsküste, glatt gewaschen von den anbrandenden Wellen, wechselt ab mit hellen Sandstränden, das klare Wasser vor ihnen schimmert türkisfarben. Dann kommt wieder eine weitgespannte Brücke in Sicht, die uns von der Insel **Austvågøy** nach **Gimsøy** hinübertragen wird. Strategisch günstig platziert für einen Fotostopp ist der **Picknickplatz** mit Informationstafel und **Toilette** unmittelbar vor der Brücke.

Auf diesen offiziellen Picknickplätzen entlang der »E 10« ist die Parkzeit auf 4 Stunden begrenzt, falls Sie also nicht ausgerechnet um Mitternacht einen Standortwechsel vornehmen wollen, folgen Sie uns lieber zu abgelegeneren Übernachtungsplätzen!

Zwei schöne Plätze haben wir auf **Gimsøy** gefunden! Wir biegen direkt nach der Brücke links in die »861« Richtung Barstrand/ Vinje, ziehen an der Ostküste der Insel nach Norden. Nach 7 km schwenken wir rechts zur Gimsøy-Kirke, vor der ein schöner, großer Parkplatz direkt am Wasser wartet.

(90) WOMO-Badeplatz: Gimsøy (Kirche)

GPS: N68° 19' 15.9" E14° 14' 24.7" **max. WOMOs:** 2-3.
Ausstattung/Lage: Flacher Sandstrand/außerorts.
Zufahrt: Hinter der Gimsoy-Brücke links noch 7 km.
Hinweis: 150 m weiter rechts der neue Friedhof mit Parkplatz und riesigem Sandstrand.

Beachten Sie auf dem Friedhof die uralten gusseisernen Grabplatten und die Stahlstangen, mit denen das Gotteshaus gegen Seitenwind gesichert ist. 150 m weiter geht es rechts zum neuen Friedhof mit Parkplatz und einem riesigen Sandstrand. Die Sitzbänke für Ihren Mitternachtssonnenblick sind bereits aufgestellt.

1000 m weiter fahren wir an VINJE vorbei, auf der »862« weiter am Meer entlang, passieren einen Golfplatz und einen Campingplatz im Weiler HOV, ebenfalls mit einem riesigen (völlig leeren!) Sandstrand.

Kurz darauf erreichen wir eine Straßengabelung; wir halten zunächst geradeaus auf HOVSUND, wo wir links des kleinen Hafenbeckens ein idyllisches Wiesenplätzchen mit freiem Blick über die offene See finden.

(91) WOMO-Stellplatz: Hofsund (Hafen)

GPS: N68° 20' 30.6" E14° 04' 57.3"   **max. WOMOs:** 2.
Ausstattung/Lage: Liegewiese/Ortsrand.
Zufahrt: Zufahrt: Hinter der Gimsoy-Brücke links bis zum Nordwestende der Insel.

Kein Mensch ist zu sehen, nur ein Austernfischer fühlt sich bei seinem Brutgeschäft gestört, als ich für ein Foto den Felsen hinter der Wiese besteige und umflattert mich kreischend, als ich seiner Brutkuhle zu nahe komme. Zurück an der Gabelung sausen wir auf der Westseite der Insel nach Süden, münden erst in die »861« und dann wieder in die »E10« ein, sausen hinüber nach **Vestvågøy**.

Dort durchqueren wir zunächst eine völlig ebene Landschaft mit Viehweiden, Sumpfflächen und kleinen Seen, wie wir sie vom Festland kennen, auch die Ziegenherden erinnern uns an MISVÆR (der LJØSENHAMMER-Ziegenkäse schmeckt

Blick hinüber zu den Vesterålen

übrigens köstlich, wie eine Mischung aus Karamel und Nougat – und er sieht auch so aus; vielleicht ist es gar kein Käse?). Aber schon wieder kommen steile, lofotengrüne Felswände auf uns zu. Vor ihnen biegen wir rechts, machen einen Umweg über KVALNES (Wegweiser: LIMSTRAND).

Nach 10 km, KVALNES ist durchquert, sehen Sie linkerhand den Metallgittermast einer Funkstation. 200 m weiter liegt rechts der Straße ein winziger Parkstreifen mit freiem Blick nach Norden über das Meer und nach Nordosten zu den Bergzacken der **Vesterålen**. Falls Sie zwischen dem 23.5. und dem 19.7. bei wolkenfreiem Himmel Ihren Blick um Mitternacht nach Norden wenden, werden Sie dort die Sonne – nicht untergehen sehen.

---

(92) WOMO-Stellplatz: Kvalnes

GPS: N68° 20' 41.0" E13° 56' 41.5"   max. WOMOs: 1.

Ausstattung/Lage: Mitternachtssonnenblick/außerorts.

Zufahrt: Auf Vestvågøy nach 12 km rechts Rtg. Limstrand, dann noch 10 km.

Nach weiteren 8 km sichten wir einen Picknickplatz [N68° 18' 09.8" E13° 52' 31.8"] am **Urvatn** und erreichen am Ende des Sees wieder die »E 10«. Sie schwingt sich steil einen Hang hinauf, schneidet eine Landzunge ab, sinkt wieder zum Meer hinab, umrundet eine weite Bucht, den **Borgpollan**. Diese wird von einem Felsriegel in zwei Hälften zerlegt. Die »E 10« erklimmt den Riegel, sinkt wieder hinab. Jetzt sollten Sie aufpassen, denn Sie sehen nur den Wegweiser zu einem **Picknickplatz** [N68° 15' 47.6" E13° 49' 36.7"]. Dieser selbst verbirgt sich, ruhig und abgelegen, hinter einem Hügel.

Am Ende des **Borgpollan** verlassen wir die »E 10«; ein ganz außergewöhnliches Plätzchen werden wir am Ende der Stichstraße nach EGGUM finden. Zunächst ziehen wir an dem fast geschlossenen "Bodden" entlang, dann leuchten uns die ersten hellen **Sandstrände** entgegen. Nach 7,3 km kann man bei STRAUME zum linken Rand eines kleinen Bootshafens holpern und findet dort ein **Picknickplätzchen** mit Tisch und Bank, Sandstrand zwischen Felsen und freiem Blick über die kleine Hafenbucht.

---

(93) WOMO-Picknickplatz: Straume (»km 7,3«)

GPS: N68° 17' 57.1" E13° 42' 47.5"   max. WOMOs: 2.

Ausstattung/Lage: Sandstrand, Tisch & Bank/außerorts.

Zufahrt: Von Svolvær auf »E10« nach Süden. Auf Vestvågøy rechts noch 7,3 km.

Kurz darauf haben wir die offene See erreicht, wieder mit einem völlig freien Blick nach Norden. Nach 9 km durchqueren wir EGGUM, rattern über einen Viehrost neben einer Info-Tafel mit Mautkasten (20 NOK) und haben nach weiteren 900 m unser Traumplätzchen gefunden: Es ist ein idyllisch gelegener Golfrasen-Picknickplatz, wo wir unser WOMO so ausrichten, dass das große Heckfenster genau nach Norden zeigt.

(94) WOMO-Wander- und Picknickplatz: Eggum

GPS: N68° 18' 21.2" E13° 38' 58.1"   **max. WOMOs:** > 5.

Ausstattung/Lage: Tisch & Bank, Wanderweg, WC, Wasserhahn, Café/außerorts.
Zufahrt: Von Svolvær auf »E10« nach Süden. Auf Vestvågöy rechts nach Eggum.
Gebühr: Tags 20 NOK, für Übernachtung weitere 100 NOK Gebühr in Café bezahlen.

Eine erste Erkundungstour erbringt, dass nur 200 m weiter entlang des Weges nochmals ein **Picknickplatz** nahe des **Utdalsvatn** liegt. Die "Burg" von EGGUM, ein archaisch wirkender Rundbau aus Natursteinen, erweist sich bei näherer Besichtigung als Radarstellung aus dem II. Weltkrieg.
Aber wir wollen die Mitternachtssonne nicht vom bequemen Bett aus begucken – wir unternehmen eine Mitternachts-Sonnen-Wanderung!

Gegen 22.00 Uhr, dick eingemummt, an den Füßen Gummistiefel, im Rucksack Thermosflaschen mit heißem Tee, folgen wir der Fortsetzung des Weges – unser Ziel ist der **Leuchtturm von Gleivneset**, den wir auf der äußersten Landspitze im Westen erspähen können. Wir passieren den **Utdalsvatn**, ein zweites Viehgatter, dann wird der Fahrweg zum Spazierweg, schließlich zum Trampelpfad. Mächtige Baumstämme sind als Treibholz angeschwemmt worden, Äste und dicke Bretter. Manches Mitternachts-Sonnen-guck-Bänkchen haben Spaziergänger vor uns errichtet. Auch eine moderne Skulptur des Schweizer Bildhauers Markus Raetz, ein stilisierter Kopf aus Eisenerz, blickt genau nach Norden.
Wer nur einen bequemen Spaziergang mit Mitternachtssonnensicht geplant hat, sollte nach einem guten Stündchen nach einem windgeschützten Plätzchen Ausschau halten.

Wir halten weiter nach Westen, nun ist es ein Klettersteig über Felsen und glitschige Hänge. Erst nach weiteren 40 min. erreichen wir schnaufend den kleinen Leuchtturm mit dem achteckigen, spitzen Türmchen, von dem die alte, orangene Leuchtfarbe abblättert. Wesentlich moderner sind die vier 55-Watt-Solarplatinen, die ihm seine Power verleihen. Kurz bevor wir den Leuchtturm erreicht haben, ist die Sonne orangerot am Horizont versunken. Wir suchen uns ein Sitzplätzchen, schlürfen unseren heißen Tee und erleben wenig später bereits wieder den Sonnenaufgang. Für eine "richtige" Mitternachtssonne auf den Lofoten sind wir Anfang August zu spät dran. Herrlich jedoch ist die Aussicht bis zu den steilen Felsen der südlichen **Lofoten** und den aus dem Meer ragenden **Vesterålen** im Nordosten.

Am nächsten Morgen kehren wir zur »E 10« zurück, verlassen Sie nach 950 m nach links, besuchen die Wikinger.

Lofotr Wikingermuseum von außen, Inneneinrichtung, Wikingerboot

Das **Lofotr-Wikingermuseum** [N68° 14' 43.6" E13° 45' 29.6"] von BORG (mit sep. WOMO-Stellplatz [N68° 14' 48" E13° 45' 37"]) liegt als gewaltiger Hallenbau links oberhalb der Straße. Mit 83 m Länge ist er der größte, jemals ausgegrabene und nun völlig rekonstruierte Häuptlingshof. Wir schauen im Wohnbereich den Wikingern bei der Arbeit zu, nachdem wir uns an das Dämmerlicht gewöhnt haben, das von den Feuerstellen und den Rauchöffnungen in der Decke stammt. Die archäologischen Fundstücke im rechten Teil des Hallenbaus sind ausführlich auch in deutsch erläutert. Bequem konnte man als Häuptling auf dicken Fellen lagern und sich von einer der vielen Leibeigenen den Met usw. reichen lassen!

Jetzo aber genug 'rumgelottert, Kurzschwert und Schild ergriffen und hinabgeeilt zum 15 min. entfernten **Borgpollan**, wo segelfertig die "Lofotr" liegt, die sehenswerte, originalgetreue Nachbildung eines Wikingerschiffes. Auf ihm darf man herumklettern und sehnsüchtig aufs Auslaufen in südlichere, wärmere Gewässer warten.

Nun bleiben wir immerhin 9,2 km auf der »E 10«, dann biegen wir rechts Richtung UTTAKLEIV/HAUKLAND-Badeplatz. Nach 8 km erreichen wir eine tiefe Bucht, umringt von steilen, grünen Lofotenfelsen. Wir trauen unseren Augen kaum, so herrlich weiß blinken uns die **Sandstrände** an. Die erste Hälfte der Bucht ist durch eingezäunte Wiesenparzellen mit abgestellten Wohnwagen versperrt (dort rechts oberhalb die Kirche mit großem, aussichtsreichem Parkplatz), aber im zweiten Teil liegt ein großer Parkplatz mit **Toiletten** und **Wasserhahn**.

(95) WOMO-Badeplatz: Haukland

GPS: N68° 11' 57.7" E13° 31' 44.7"   **max. WOMOs:** 3-4.
Ausstattung/Lage: Sandstrand, Toiletten, Wasserhahn (kein Trinkwasser); im Wiesenbereich Camping verboten/außerorts.
Zufahrt: Von Svolvær auf »E10« nach Süden. Auf Vestvågöy rechts nach Haukland.
Hinweis: Schöner Wanderweg auf der alten Straße bis zum Mitternachtssonnenblick.

Einst endete hier die Teerstraße, ein kümmerliches Schotter-sträßchen wand sich unter der senkrechten Felswand weiter die Küste entlang nach UTTAKLEIV. Jetzt kann man diese Strecke in traumhafter Naturkulisse für einen abendlichen Mitternachts-sonnenspaziergang (1/2 Std.) nutzen. Hat man das Kap um-rundet, bietet sich nämlich ein freier Blick nach Norden, rechts der Weges findet man zwei Höhlungen, die gegen Wind und Wetter schützen (heißen Tee und Iso-Kissen nicht vergessen!). Wir rauschen bequem durch den neuen 880-m-Tunnel, einbahn-straßenschmal (mit Ausweichstellen), passieren die paar Häuser des Ortes und schwenken links zum tollen Mitternachtssonnen-Picknickplatz oberhalb der Küste.

(96) WOMO-Picknickplatz: Uttakleiv

GPS: N68° 12' 34.9" E13° 30' 06.5"   **max. WOMOs:** 5.
Ausstattung/Lage: Tisch & Bank, Wasserhahn, Klo, tags 20 NOK, nachts 100 NOK Gebühr/außerorts.
Zufahrt: 9,2 km südlich des Lofotr-Wikingermuseums rechts nach Uttakleiv.

Bei OFFERSØY sind wir wieder auf die »E 10« zurückgekehrt, haben also die "Großstadt" LEKNES mit Flugplatz und **Entsor-gung** (20 NOK) an der ESSO-Tankstelle links liegen gelassen. Die häufigsten Lebewesen auf den Lofoten (außer Möwen und Schafen) sind Touristen. Die Möwen können mühelos von Insel zu Insel fliegen, für die Touristen hat man zur Insel **Flakstadøy** den 1780 m langen Nappstraum-Tun-nel durch den Meeresbo-den gebohrt.
200 m nach dem Tunne-lende biegen wir zweimal links nach MYRLAND.

Wieder fahren wir an kleinen, hellgelben Sandstränden entlang, auf den saftigen, grünen Wiesen dahinter weiden zufriedene Schafe. Manche stehen oder liegen kauend auf der Straße und müssen persönlich zur Seite gebeten werden.

An Holzgestellen trocknen Dorsche und Dorschköpfe, zu Trauben gebündelt, Tausende, Zehntausende....

Hinter S. SANDNES ein besonders großer **Sandstrand**, am Straßenrand eine ganze Reihe von **Stellplätzen** (allerdings ist wegen Steinschlaggefahr offiziell Halteverbot); hier ist wieder freier Blick nach Norden. Die Straße endet in der Hundert-Seelen-Gemeinde MYRLAND; nur am Ortsbeginn gibt es ein kleines Stellplätzchen.

(97) WOMO-Stellplatz: Myrland

GPS: N68° 09' 48.6" E13° 22' 09.0"   max. **WOMOs:** je 1.
Ausstattung/Lage: Sandstrand, Mitternachtssonnenblick/Ortsrand.   **Zufahrt:** s. Text

Biegt man hinter dem Tunnel nicht sofort links, sondern erst nach 1800 m, am Ende des Fischerdörfchens NAPP, so gelangt man auf einem Holperweg entlang des Hafengeländes bis zu einem entlegenen, zum Teil mit Gerümpel vollgestellten **Rie-**

(100) WOMO-Stellplatz: Ramberg

GPS: N68° 05' 13.0" E13° 13' 21.4"　　　　　**max. WOMOs:** 2-3.
Ausstattung/Lage: keine, Camping verboten/Ortsrand.
Zufahrt: Am südlichen Ortsende von Ramberg rechts.

Unser Blick schweift nun frei über den **Selfjord**, eine neue, breitgespannte, hellgraue Betonbrücke führt hinüber nach FREDVANG auf **Moskenesöy**. Aber eine einzige Brücke reicht gar nicht aus, um den breiten Ausgang des Fjords zu überspannen. Wie im Wasser fischende Brontosaurier stehen zwei Betonkolosse hintereinander, lassen geduldig den Verkehr über Schwanz, Rücken und Hals hinwegrollen.

FREDVANG begrüßt uns mit einem **Picknickplatz** mit überdachten Sitzgelegenheiten, Toiletten und Wasserhahn.

(101) WOMO-Picknickplatz: Fredvang
GPS: N68° 05' 13.2" E13° 10' 20.1"   max. WOMOs: 3-4.
Ausstattung/Lage: Toilette und Waschbecken, Wasserhahn außen, Tisch & Bank,
Camping verboten/Ortsrand.
Zufahrt: Von Svolvær auf »E10« nach Süden. Auf Moskenesöy rechts nach Fredvang.

Fährt man von hier aus 700 m geradeaus in den Ort, so kann
man dort nach rechts zu einem **Campingplatz** direkt am herrlichen, aber sehr frischen Sandstrandmeer abzweigen.
Wir biegen bereits nach 200 m links (Wegweiser: SELFJORD)
und können nach weiteren 500 m links am Kutter (8-9 Uhr)
frischen Fisch kaufen.

Selfjord bei Sund

Nach 3200 m in Richtung SELFJORD halten wir auf einem **Wanderparkplatz** links der Straße, direkt am Fjord. Auf der anderen Straßenseite, also bergwärts, entdecken wir den Wanderwegweiser "KVALVIKA" und einen steil hinaufführenden Trampelpfad. Er endet auf der anderen Seite der Halbinsel an herrlich einsamen Sandstränden....

(102) WOMO-Wanderparkplatz: Selfjord-Kvalvika
GPS: N68° 04' 06.0" E13° 07' 47.4"   max. WOMOs: 3-4.
Ausstattung/Lage: Wanderweg/außerorts.
Zufahrt: Auf »E10« nach Süden. Auf Moskenesöy rechts über Fredvang noch 3,2 km.

Nur noch 29 km sind es auf der »E 10« bis Å. Die bizarren Gebirgszacken um uns herum arrangieren sich rings um den **Selfjord** zu einem letzten, atemberaubenden Höhepunkt.
Nach genau 7 km, unmittelbar vor der Brücke, die uns wieder zur letzten Lofoteninsel **Moskenesøy** hinübertragen wird, biegen wir links Richtung SUND. Am Ortsbeginn folgen wir nach rechts dem Wegweiser "**Museum**". Auf dem Areal des kleinen Fischereimuseums (Eintritt 100 NOK) werkelt auch der **Kunstschmied Tor-Vegard Mørkved** von Sund.

(103) WOMO-Stellplatz: Sund (Museumsparkplatz)
GPS: N68° 00' 18.9" E13° 12' 24.2"   max. WOMOs: 2-3.
Ausstattung/Lage: Museum, Schmiede, Ortsbild/Ortsrand.
Zufahrt: Vor der Brücke nach Moskenesøy links nach Sund.

Er gestaltet Kormorane und andere Tiere der Lofoten aus Stahl. Es ist interessant, ihm bei der Arbeit zuzuschauen und sich mit ihm darüber zu unterhalten. Er kommt kaum nach mit der Produktion, so groß ist der Touristenandrang. Drehen Sie aber auch eine Ehrenrunde durch das Museumsareal, da gibt's vieles zu sehen (über die Walharpune sind Sie ja sicher schon gestolpert) und im Café kann man einkehren.

Tor-Vegard Mørkved, der Schmied von Sund

Auf der neuen **Kåkernbru** schwingen wir uns zum zweiten Mal nach **Moskenesøy**, MØLNARODDEN wird passiert. Die »E 10« führt zunächst durch einen 1,6-km-Tunnel und dann am offenen Meer entlang, rechts von uns steigen die Berge steil empor, einzelne Schneefelder reichen bis zum Wasser, nach links schweift der Blick übers offene Meer – nur Wellen bis zum Horizont.

Kaum haben sich ein paar Klippen ins Meer gewagt, dann sind sie mit Häusern bebaut; HAMNØY steht auf dem Ortsschild. 300 m dahinter liegt rechterhand ein **Parkplatz** mit herrlichem Blick über den **Kirkefjord**, an seinem Ufer leuchten farbenfroh die Rorbuer auf ihren Stelzenfüßen, vor ihnen liegen angetäut Trawler und Jachten, kleine Bootchen wippen auf den Wellen, umrahmt wird das ganze Bühnenbild von einem herrlichen Gebirgspanorama mit weiß glitzernden Schneeflächen.

Postkartenmotiv Hamnøy

Hamnøy, Parkplatz mit archaischer WOMO-Entsorgung (Archivaufnahme)

Eine archaischere **Wohnmobilentsorgung** wie auf diesem Platz [N 67° 56' 53.7" E 13° 8' 10.8"] hatte uns Norwegen noch nicht geboten: Mit einer kräftigen Eisenstange (festgekettet, damit sie keiner klaut) sollte man ganz offiziell einen Kanaldeckel zur Seite hebeln und den Kloinhalt hineinschütten (daneben ein **Wasserhahn** mit Schlauch). Inzwischen ist eine neue Entsorgungsstation installiert, wo man auch sein Abwasser los wird (halb zubetoniert).

Moskenesøy ist zerfurcht und zergliedert, überall dringen Fjordarme ins Landesinnere hinein. Ampelgesteuert überspannen zwei Betonbrücken den nächsten, vor jeder Ampel können Sie jedoch bei Rot etwas Sinnvolles tun:

Beim ersten Rotlicht finden Sie links der Straße zum Greifen nahe eine **Möwenbrutkolonie**, die Vögel haben sich so an den

Postkartenmotiv Reine

Verkehr gewöhnt, dass Sie mit Fotoapparat oder Videokamera fast auf Armlänge herangelassen werden.

Vor der zweiten Ampel liegt links das **Puppen- und Spielzeugmuseum** von SAKRISØY, rechts der Straße wird frischer Fisch verkauft. Wir umrunden nun eine Bucht, an ihrem Südende zweigt eine Stichstraße zum Fischerdörfchen REINE ab, ebenfalls einem der beliebtesten Fotomotive der Lofoten. Nochmals haben wir ein Brücke unter uns, dann schieben sich, fern am Horizont, graue Felszacken aus dem Meer, das können nur die Vogelinseln **Værøy** und **Røst** sein.

Im nächsten Ort, in MOSKENES, legen die Fähren zu ihnen und nach BODØ ab. Wenn Sie nach MOSKENES abbiegen, unmittelbar hinter der auffälligen Kirche ein zweites Mal nach links abschwenken, so finden Sie am Ende des Fahrweges einen neuen, ruhig gelegenen **Campingplatz**.

Fast aneinander gewachsen geht MOSKENES nach SØRVÅGEN über, dessen Häuser gruppieren sich im Halbkreis um einen schönen See. Diesen kann man auf bequemen Spazierwegen umrunden. Ausgangspunkt des Spazierweges ist ein **Wanderparkplatz** [N67° 53' 28.1" E13° 00' 36.4"]. Sie finden ihn, wenn Sie am Ende des Ortes, noch weit hinter dem See und 300 m nach der Abzweigung nach KLINGENBERG nach rechts in einen schmalen Fahrweg einschwenken und ihn 200 m fahren. Ihnen steht der Sinn nach Höherem?

Sie wollen endlich die Lofoten von oben sehen??

Dann werfen Sie den Rucksack über, ziehen Sie die Gummistiefel an und marschieren Sie mit uns auf gewachsenem Fels auf die zwei **Wasserfälle** zu, die den See von SØRVÅGEN speisen – den **Sørvågvatn** (Wegweiser: Munkebu).

Wanderung zum Kolfjell, Struvdalsvatn

Am rechten Rand der Wasserfälle steigen wir weiter bergan, wenden uns, am **Stuvdalsvatn** angekommen, nach rechts. Der Weg ist breit ausgetreten und bequem zu gehen, hat jedoch immer wieder schlammige Passagen. Auch dieser See wird von einem Wasserfall an seinem anderen Ende gefüllt. Kurz bevor wir ihn erreichen, ragen rechterhand zwei Gipfel auf – der vordere mit einer runden Kuppe (**Kolfjell**, 316 m), der hintere mit einer schrägen Schanze. Ein Pfad zweigt nach rechts vom Uferweg ab, steigt steil zum Sattel zwischen den beiden Gipfeln hinauf. Die Abzweigung liegt kurz nach einem Ferienhaus mit schwarzer Holzvertäfelung und noch weit vor einem zweiten, roten mit grünem Dach. Der Stieg zum Sattel ist steil und streckenweise nass wie ein Schwamm; wir können uns kaum vorstellen, wie es wäre, hier auf trockenem Torf hinaufzufedern. Die sumpfigen Matten um uns herum stehen aber in voller Blüte, es dominieren Wollgras und Knabenkrautorchideen. Schnaufend erreichen wir die Höhe und entdecken dort zweierlei: Einen Blick zur anderen Seite hinab, auf einen stillen, einsamen Bergsee, den **Moskenesvatn**, an dem vorbei der Wanderweg nach MOSKENES hinabführt. Ein zweiter Wegweiser, völlig unleserlich, deutet nach rechts auf den rundkuppigen Gipfel des **Kolfjells** – unser Aussichtsziel.

Auf dem Kolfjell, Blick hinab nach Sørvågen

Das letzte Stück hinauf ist ein Klacks – der Lohn der Mühe enorm: Nach 1 1/4 Stunden Wanderzeit bekommen wir die Lofoten aus einer völlig anderen Perspektive geboten. Wie Möwen schweben wir über das Küstenland hinweg, weit und immer weiter schweift unser Blick über das Meer, die Inseln im Süden wirken nun ganz nahe. Sie sollten auf einen solchen Aussichtspunkt von hoher Warte, und sei es auch nur ein kleiner 316-m-Hügel wie unser **Kolfjell**, nicht verzichten.

Per WOMO sind es nur noch wenige hundert Meter bis zu dem Örtchen, dessen Name nicht mehr abgekürzt werden kann: Å. Der letzte Ort der Lofoten, den Sie mit dem Wohnmobil erreichen können, bietet drei Attraktionen:
Bereits 200 m nach dem Ortsschild biegen wir links zum **Tørrfisk-Museum** [N 67° 52' 57.8" E 12° 58' 59.3"], der einzigen Stockfischmuseum der Welt (50 NOK incl. Kaffee Dort verfolgen wir nicht nur sämtliche Arbeitsgänge vom Fa

Im Stockfischmuseum von Å

des Dorsches bis zum Versand der gepressten Stockfischbündel (in Jutesäcken) nach Italien – wir erfahren auch endlich, was mit den Dorschköpfen passiert: Sie werden in 30-kg-Säcke verpackt und in erster Linie nach Nigeria verschickt, wo man mit Gemüse, Kartoffeln und rotem Pfeffer daraus eine kräftige, eiweißreiche Suppe kocht (hätten Sie's geahnt?).

Ein kurzer Tunnel, dann endet die »E 10« mit einem großen **Parkplatz** mit WC und Fußweg ins Zentrum von Å.

(104) WOMO-Stellplatz: Å

GPS: N67° 52' 46.8" E12° 58' 40.7"   max. WOMOs: >10.
Ausstattung/Lage: WC, Spazierweg, Museen, Ortsbild/Ortsrand.
Hinweis: Falls für die Übernachtung zu laut, steht man gut am Stockfischmuseum.

Das Zentrum von Å

An seinem Beginn führt ein bequemer Fußweg zum **Fischerei-museum**, einem Areal von neun Gebäuden: Bootshaus, Dampf-presse für Dorschöl, Bäckerei, Fischerhütten usw. sind komplett eingerichtet und schildern das Leben in Å in vergangenen Zeiten. Am Ende des Parkplatzes führt ein zunächst bequemer, geteerter **Fußweg** für die Bustouristen weiter nach Süden. Verwirrt stapfen sie dann mit ihren Knöchelsöckchen in weißen Schuhchen über Moospolster, versuchen auf spitzen Zehen die schwarzen Moorpfützen zu umrunden, um am Felskap einen Blick auf die Vogelinseln im fernen Süden zu werfen.

Å, Blick nach Süden zu den Vogelinseln

Wir wenden das WOMO, rollen gemütlich (mit zwei Umwegen) auf der »E 10« zurück. Der erste beginnt am Kreisverkehr von LEKNES (mit Entsorgung bei Esso [N68° 08' 43.0" E13° 37' 07.1"]), wo wir rechts in die »815« Richtung STAMSUND abbiegen. Nach genau 4 km links schöner, versteckter Pick-nickplatz mit Traumblick.

(105) WOMO-Picknickplatz: Leknes + 4 km
GPS: N68° 09' 28.7" E13° 41' 41.7"   max. WOMOs: 3-4.
Ausstattung/Lage: Toilette, Entsorgung, Tisch & Bank/außerorts.
Zufahrt: Von Leknes 4 km Richtung Stamsund, dort links.

Nach weiteren 2,7 km schwenken wir rechts in die »840«, durchqueren den Weiler STEINE, der seinen Namen zu recht trägt,
denn die Bucht ist vollgepflastert mit Steinbrocken, Inselchen und
Inseln. Diese begleiten uns auch bis STAMSUND, wo man am
Ortsbeginn, bei der großen Holzfigur, einen Picknickplatz direkt
am Wasser findet [N68° 07' 25.5" E13° 50' 34.4"].
In der Ortsmitte von STAMSUND schwenken wir links in die »817«
ein, um wenig später auf der »815« weiter nach VALBERG zu
ziehen, direkt an der Schärenküste entlang. Kein endloses Meer
- im Osten wird es begrenzt durch die schneebedeckten Gipfel
des Festlandes. Der Campingplatz Brustranda mit einer ganzen
Reihe von falunroten Hütten liegt rechts der Straße; dann sehen
wir schon die weiße Kirche von VALBERG mit dem grünen Kup-
ferkirchturmdach vor uns. Wir parken daneben, auf dem Wiesen-
streifen zwischen Friedhof und Weg, direkt hinter dem Sandstrand.

(106) WOMO-Badeplatz: Valberg

GPS: N68° 11' 30.7" E13° 56' 32.4"   max. WOMOs: 2.
Ausstattung/Lage: Sandstrand, Liegewiese, Wasserhahn auf dem Friedhof/Ortsrand.
Zufahrt: In Leknes rechts auf der »815« bis Valberg.

Weiter geht es durch die steinerne Urlandschaft zurück zur »E10« und auf ihr nach Norden (am Ortsbeginn von SVOLVÆR rechts LPG + Gasflaschenfüllung bei K. Paulsen & Sønner [N68° 13' 52.1" E14° 32' 08.1"]).

Von SVOLVÆR weiter auf der »E10« entlang des Austnesfjords nach Norden; besonders schön angelegt und aussichtsreich der gleichnamige **Picknickplatz** [N68° 18' 57.4" E14° 42' 57.3"].

Blick zum Nordende des Austnesfjords

2 km weiter verlassen wir in VESTPOLLEN die »E10« nach links Richtung LAUKVIK, durchqueren **Austvågøy** nach Westen, ziehen nach 9 km am Nordwestufer weiter. Eine Unzahl von Rastmöglichkeiten wartet am Straßenrand, aber erst in HADSELSAND, das seinen Namen nicht von ungefähr hat, sind wir mit unserer Suche zufrieden: Wir folgen nach links dem Wegweiser zur "Kirke", passieren sie und den Friedhof (davor Wasserhahn) und landen direkt am Südseesandstrand beim provisorischen Fußballplatz.

---

(107) WOMO-Badeplatz: Hadselsanden

GPS: N68° 26' 00.2" E14° 36' 16.1"   max. WOMOs: 3-4.
Ausstattung/Lage: Sandstrand, Liegewiese, Wasserhahn vor dem Friedhof/außerorts.
Zufahrt: In Vestpollen die »E10« nach links verlassen bis Hadselsanden, links 600 m.

Noch knapp 19 km sind es bis FISKEBØL, wo unsere Fähre zu den **Vesterålen** abgeht. Sollte der Andrang abends zu groß sein, können Sie 2,5 km zurückfahren bis zur teils mit Gerümpel verunstalteten **Stellplatzwiese** [**108:** N68° 26' 01.7" E14° 45' 58.0"] bei STRØNSTAD neben der verkehrsarmen Straße.

KARTE TOUR 7+8

50 km

N

VESTERÅLEN

LOFOTEN

Andenes
Walsafari

Walrevier
Bleik djupet

Walsafari

Sto.
122
121
Klo
119 120
Nyksund
Myre
821
820
82

123 Gåsfjord
LPG+Flaschenfüllung
112
111 110
Fleines
Sortland
Flesnes
124
Osvoldal
85
Esso
82
Rema 1000
Esso
Stokmarknes
Rema 1000
Fiskebøl
108
107
E10
Melbu
109 Taen
TOUR 7

113
P
P
114
115
Steine
117
Nykvåg
Hovden
22.5.-20.7.
Windkraftwerk
Vogelkolonie
Fåre
WC P
116 Søberg

128 Elgsnes
126
129 127
131 130 Harstad
132
83
Rå
Straumen
125
83
Revsnes
83
E10
TOUR 8

22.5.-20.7.
133 Gressholmen

Samenmuseum
137
Myrnes
Liland
134
135 E-verk
136
138
Narvik
LPG+Flaschenfüllung
140
E10
139
141
Katterat
Bjørnfjell
S
E10
Bjerkvik

E6
Andselv
Setermoen
E6
E6
E6

TOUR 7 (ca. 370 km / 2-3 Tage)

Melbu – Taen – Fleines – Steine – Søberg – Hovden – Nyksund – Stø – Gåsfjord – Sortland – Osvolldal

Freie Übernachtung:	Taen, Grønning, Holmstad, hinter Rüggedaltunnel, Søberg, Hovden, Nyksund, Klo, Langenes-Kirche, Gåsfjord, Osvolldal.
Ver-/Entsorgung:	Myre, bei Abzweigung Osvolldal (Esso).
Campingplätze:	Stokmarknes, Stø, Sortland.
Baden:	Taen, Søberg, vor Nykvåg, Hovden, Gåsfjord, Osvolldal.
Besichtigungen:	Nykvåg (Vogelkolonie), Hovden, Nyksund, Stø (Walsafari).
Wandern:	Stø - Nyksund - Stø, Osvolldal.

Er hat wirklich kaum geschwankt, der dicke Pott; kann man in Nebelsuppe überhaupt schwanken? Minute für Minute tutete sich die Fähre den Weg frei, wachsam kreiste der Radararm über uns, Sicht praktisch 0.

Auch im Hafen von MELBU irrten wir zunächst umher. Das lag jedoch weniger am Nebel als an den fehlenden Verkehrsschildern. Schließlich bekamen wir Auskunft, folgten den anderen nach rechts auf der »82«, bogen jedoch nach 400 m (Wegweiser: TAEN) scharf links und nach Westen ab (800 m weiter geradeaus WOMO-Entsorgung bei "Rema 1000"). Wir sind völlig allein auf der schmalen Straße, noch nicht einmal eine Umgebung haben wir, alles hüllt sich in schweigenden Nebel. Aber wir wissen, wohin wir wollen! Gebannt starren wir auf den linken Straßenrand und biegen nach genau 10,7 km nach links auf einen großen, geschotterten Picknickplatz: "TAEN Friluftområde" entziffern wir auf einem Holzschild – und betten uns beruhigt zum Schlaf.

(109) WOMO-Badeplatz: Taen

GPS: N68° 33' 11.1" E14° 37' 28.9" **max. WOMOs:** 3-4.
Ausstattung/Lage: Sandstrand, Tisch & Bank/außerorts.
Zufahrt: Vom Melbu-Hafen auf der »82« nach rechts (Osten). 400 m später links noch 10,7 km bis zur Taen Friluftsområde. 300 m später weiterer Platz mit Lofotenblick.

Schwedischer Hartriegel (Cornus suecica L.)

Herrlich, dieser Wetterumschwung! Strahlend blauer Himmel und eine freundlich blitzende Sonne machen unseren Schlafplatz zu einem kleinen Paradies: Vom buschgesäumten Parkplatz führt ein Fußweg, vorbei am verrottenden Klo, quer über ein Golfrasen-Spielgelände zum herrlich goldgelben Sandstrand. Umgeben ist das Kollvika-Gelände von felsigen Hügeln, auf denen man fein herumklettern kann. Ob Sie nun herumtollen oder nur träumend daliegen und auf die bizarre Bergspitzenkulisse der **Lofoten** im Süden schauen wollen – wir wünschen Ihnen dabei genauso schönes Wetter.

Erst am nächsten Tag setzen wir unsere Vesterålentour fort. Die Küstenlinie wird rauh und felszerrissen, die auf den saftigen Wiesen zufrieden muffelnden Schafe gehören zu einsamen, weit verstreuten Bauernhöfen.

Beim Leuchtturm von DRAGNES, am Nordkap der Insel **Hadseløy**, schwenken wir nach Osten, halten auf einen

Die Schiffsschraube der "MS Finnmarken"

fast zuckerhutförmigen Bergkegel zu. Wenig später haben wir STOKMARKNES (**Campingplatz**) erreicht, eine gute Gelegenheit zum Einkaufen, bevor wir zur großen Nachbarinsel **Langøy** aufbrechen. Oder möchten Sie lieber durch die alte "MS Finnmarken" im Hurtigruten-Museum streifen? Immerhin gilt STOKMARKNES als eine der Gründungsstätten der Hurtigrute.

Eine weit gespannte Betonbrücke dröhnen wir steil hinauf, und doch ist sie wieder nur ein Vorgeschmack auf ein noch gewaltigeres Brückenbauwerk: Nach 2,5 km biegen wir nach rechts auf den **Brücken-Besichtigungspicknickplatz** und genießen die Kombination aus bizarrer Bergwelt und graziler

Brückenbautechnik. Gestützt auf 26 Pfeiler überspannt das Betonband den **Langøysund**. Viele haben bereits vor Ihnen diesen Neubau überquert und brav Maut entrichtet, das Bauwerk abbezahlt; die Mautstelle wurde inzwischen entfernt.

Unmittelbar nach Ende der Brücke verlassen wir die »82« nach links (Wegweiser: EIDSFJORD/SANDNES). Landwirtschaftlich geprägt ist auch der Beginn der Insel **Langøy**, große Schafherden weiden sogar an den steilen Berghängen.

500 m vor FLEINES passieren wir ein rotes Picknickplätzchen und direkt neben dem Ortsschild von FLEINES überrascht uns eine **Sitzgruppe** mit einem kunstvoll bearbeiteten Felsen [N68° 38' 05.4" E14° 49' 27.4"].

Mehrere farbenprächtige **Ölgemälde** stellen Szenen aus einer Seenot-Rettungsaktion im Jahreswechsel 1923/24 dar (Foto). Dann rollen wir auf die erste steile Bergwand zu, "Lofoten-grün" hätten wir beinahe gesagt. Fällt unser Blick nach links, so ragen aus dem jenseitigen Ufer des **Eidsfjord** noch bizarrere Gipfel. 4 km später der nächste Picknickplatz links der Straße, Tisch & Bank ebenfalls in feuerrot!

Hinter GRØNNIG mit seiner kleinen weißen Kirche neben einem großen Parkplatz ...

(110) WOMO-Stellplatz: Grønnig (Kirche)
GPS: N68° 40' 04.4" E14° 56' 55.8"   max. **WOMOs:** 2-3.
Ausstattung/Lage: keine/außerorts.
Zufahrt: Von Fleines 7 km bis zur Kirche.

...umfahren wir eine tiefe Bucht, ebenfalls umstanden von steilen, grünen Berghängen. Stellenweise wird es aber auch Moosen und Flechten zu viel. Dann rollen wir durch eine unbelebte Steinwüste aus schwarzem Vulkanfels. Dafür ist der Blick hinauf über den Eidsfjord um so erfreulicher.

Blick über den Eidsfjord

Kurz vor HOLMSTAD nochmals eine schmale Bucht. An ihrem Ende kann man links zu einem kleinen Café vor der Fa. Nordkran abbiegen (Wegweiser: Holmen). Auch ein Fischer legt hier mit seinem Kahn an und verkauft frischen Seelachs.

(111) WOMO-Stellplatz: Holmen

GPS: N68° 42' 26.4" E15° 08' 12.6"   **max. WOMOs:** 2.
Ausstattung/Lage: Café, Fischverkauf vom Kutter/bei Einzelgebäuden.
Zufahrt: siehe Text.

Indre Eidsfjord Kirke steht auf einem Holzschild in HOLMSTAD, das rechts auf einen Hügel hinaufzeigt. Wir haben das weiße Bauwerk mit dem spitzen, viereckigen Turm schon von weitem gesehen. Es ist verschlossen, bietet jedoch einen weiten ebenen Platz davor mit schönem Blick über den Eidsfjord; **Wasserhähne** findet man am Rande des Friedhofes.

(112) WOMO-Stellplatz: Indre Eidsfjord Kirke

GPS: N68° 43' 38.0" E15° 09' 07.3"
max. WOMOs: 2-3.
Ausstattung/Lage: Wasserhahn/außerorts.
Zuf.: 1 km nach dem Ortsschild von Holmstad.

Genau in der Mitte der Kletterberg Reka

4 km später stoßen wir in FRØSKELAND auf die »820« und biegen links Richtung BØ. Sofort rollen wir auf eine besonders vielgestaltige Bergkulisse zu: Aus noch dicht bewachsenen Hügeln erheben sich kahle, spitze Zacken; in ihren schattigen Einschnitten haben sich Schneefelder gehalten. Der auffälligste Gipfel, mit senkrechten Furchen, wird immer schmaler, je mehr wir ihn umrunden. Es ist der beliebte **Kletterberg Reka** (605 m); nichts für harmlose Bergwanderer wie uns.

Wir sind seit genau 4,7 km auf der »820«, linkerhand blinkt ein See. Ein Damm führt hinüber zu einer Insel mit großem Parkplatz, die Zufahrt ist meist mit einer Kette verschlossen. Bei der Rückkehr zur »820« sehen wir das Wasser unter dem Damm ins Landesinnere strömen: Also doch keine Insel, sondern ein schmaler Fjordarm, der sich bei steigender Flut jetzt füllt (Saltstraum "en miniatur").

Kaum verlässt uns der letzte Fjordzipfel links, schon taucht ein neuer rechts der Straße auf. Er öffnet sich bereits nach Westen zur "Norskehavet"; so stark sind die **Vesterålen** vom Meer zerfurcht.

Dieser **Auenfjord** ist besonders malerisch, eine ganze Schar von Inselchen scheint in ihm zu schwimmen, in seinem ruhigen Wasser spiegeln sich die gegenüber stehenden Bergzacken. Den letzten Fjordzipfel schneiden wir auf einem Damm ab. Kurz davor liegt ein **Rastplatz**, von dem aus wir dem hineinsprudelnden Salzstrom zuschauen können.

Nun legt die Straße einen Bergtrip ein, der 1612 m lange **Rüggedaltunnel** erspart uns aber größere Passaktionen. Unmittelbar hinter der dunklen Röhre liegt links ein besonders aussichtsreicher **Picknickplatz** mit **Toilette**, **Wasserhahn** und einem Informationsbüro, wo man sich mit viel Material über die Vesterålen eindecken kann.

(113) WOMO-Picknickplatz: Rüggedaltunnel
GPS: N68° 45' 02.2" E14° 50' 20.3"   **max. WOMOs:** > 5.
Ausstattung/Lage: Tisch & Bank, Toilette, Wasser, Info-Büro, Mülleimer/außerorts.
Zufahrt: Von Sortland auf »820« nach Westen bis hinter den Tunnel.

Dann geht es wieder hinab – rechts ein See, links ein See und danach rechts wieder der erste Fjord, alles umrahmt von herrlichen Gipfeln: Die Vesterålen brauchen sich hinter den Lofoten wirklich nicht zu verstecken. Ein paar hundert Meter Land zu beiden Seiten, darauf rechterhand der nächste Fjord. An seinem letzten Zipfel gabelt sich die Straße, rechts geht's nach HOVDEN. Wir merken uns diese Stelle, bleiben noch 1100 m auf der »820«, schwenken dann nach links Richtung VEANOVA. Das Sträßchen ist verzweigt, an mehreren Gabelungen folgen wir zunächst dem Wegweiser STRAUMSNES. Diese kleine An-häufung von Holzhäuschen in pittoresker Umgebung liegt an einer kurzen Stichstraße; über RAMBERG erreichen wir BØ. Die Gemeinde BØ umfasst mehrere Ortschaften, wir passieren zunächst die rote **Holzkirche** von BØ mit ihrem kreuzförmi-gen Grundriss, einsam auf einem flachen Hügel gelegen, der Parkplatz bietet Tisch & Bank zum Schauen.

(114) WOMO-Picknickplatz: Bø (Kirche)

GPS: N68° 37' 02.4" E14° 32' 53.9"   max. WOMOs: 2-3.

Ausstattung/Lage: Tisch & Bank/außerorts.

Zufahrt: Vor dem Ortsbeginn von Bø links.   Blick über den Eidsfjord

Dann knicken wir an der Südspitze der Halbinsel nach Nord-westen, weit geht der Blick über die ruhig wie ein Spiegel schimmernde See.

Park mit Spielplatz und Picknickgruppe in Steine

Nordsee = Mordsee heißt es jedoch in vielen Gedichten und traurigen Liedern. Im fast "großstädtischen" Zentrum der Gemeinde, in STEINE, gedenkt man im kleinen Park rechts der Straße (hinter der Schule) mit einem **Minnestein** den vielen auf der See gebliebenen Fischern [N68° 37' 05.2" E14° 27' 37.6"]. Ein kleiner Park mit Kinderspielplatz lädt zum Flanieren ein und von einer überdachten Tisch-Bank-Gruppe können Sie den Kleinen beim Toben zuschauen.

Gegenüber führt eine schmale Bahn (Skagenveien) auf eine schmale Halbinsel, an deren Ende man mit weitem Blick bis zu den Lofoten rasten kann [N68° 36' 27.3" E14° 26' 42.3"].

An STEINE schließt sich VINJE an. Biegt man links zum Hafen ab, so kommt man zum **Heimatmuseum** von BØ [N 68° 37' 2.9" E 14° 26' 22.7"]. Es beherbergt eine große Sammlung von Gegenständen aus dem Alltagsleben der "Fischerbauern" (offen 12 - 15 Uhr).

Hat man das Museum passiert, so landet man nach 300 m an einer Mole hinter gewaltigen Felsbrocken, die stürmische Wellen abhalten sollen. Auch hier ist die Aussicht auf die lange, gezackte Bergkette der Lofoten phänomenal - und zum Angeln eignet sich das Plätzchen auch!

(115) WOMO-Stellplatz: Vinje (Mole)
GPS: N68° 36' 55.9" E14° 26' 02.6"   **max. WOMOs:** 3-4.
Ausstattung/Lage: keine, oberhalb Skulptur "Man of sea"/Ortsrand.
Zufahrt: In Vinje links am Museum (auch dort schöner Parkplatz) vorbei bis zum Meer.

Auf den Vesterålen fühlte man sich auch schon früher wohl, als man noch keine Museen einrichtete. Genaue Kenntnisse aus der Zeit vor 1500 Jahren, also aus der älteren Eisenzeit, vermitteln uns die **Gräber** von FØRE. Wir folgen dem Wegweiser "Hellegraver" bis zu einem kleinen **Parkplatz** mit Hinweistafel [N 68° 39' 44.6" E 14° 27' 39.7"] und stapfen durchs Gras bis zu dem schön über der Bucht gelegenen Gräberfeld. Die Toten wur-

den mit reichen Grabbeigaben bestattet. Männer bekamen nicht nur Wegzehrung und ihre Waffen, sondern auch ihren treuen Hund mit auf die letzte Reise; Frauen natürlich ihren Schmuck und wichtige Haushaltsgegenstände, zum Beispiel die Spinnräder. Offensichtlich wurde damals auch noch im Jenseits gearbeitet.

Berühmt ist der lange Sandstrand von FJÆRVOLL, den wir vor FØRE passiert hatten – aber was hilft der schönste Strand, wenn man nicht hinkommt!? Vielleicht ist die Westseite der Bucht wohnmobilfreundlicher eingerichtet?

3 km nördlich von FØRE, in STRAUME, biegen wir am Kreisel zweimal links nach SØBERG (neben dem Kreisel schöner **Picknickplatz** mit Edelstahl-WC und Wasserhahn außen [N68° 41' 21.8" E14° 28' 14.4"]). Dort fahren wir zwischen den paar Bauernhäusern hindurch, geradewegs aufs Meer zu; der Weg endet an einem geschotterten **Picknickplatz** unmittelbar neben einem herrlichen, weißen Sandstrandrund. Man kann sich herrlich in der Sonne aalen und abwechselnd den rechten und den linken großen Zeh ins 14 °C kalte Wasser stecken.

(116) WOMO-Badeplatz: Søberg

GPS: N68° 39' 54.4" E14° 25' 05.3"   **max. WOMOs:** 2-3.
Ausstattung/Lage: Sandstrand, Tisch & Bank, Mülleimer/Ortsrand.
Zufahrt: Von Sortland auf »820« nach Westen bis zur Abzweigung Hovden. Hier links und über Steine und Føre nach Straume. Dort links nach Søberg.

Es gibt Leute, die bringen sich aus jedem Urlaub ein paar Steine mit, zur Erinnerung an bestimmte Situationen oder wegen ihrer Besonderheit. Einen haben wir schon, ein Stück rosa Marmor aus FAUSKE. Im Nachbarort STRAUMSJØEN werden wir einen zweiten auflesen, denn dort stehen die ältesten Berge Europas, über 3,5 Milliarden Jahre haben sie auf dem Buckel. Außer einem alten Erinnerungsstein nehmen wir noch ein paar Fotos mit von schön restaurierten Fischerhütten in einer malerischen Bucht [N 68° 41' 53.2" E 14° 28' 0.6"].

Weiter geht's auf der »820« nach Norden. Nach 8 km verlassen wir sie nach links Richtung HOVDEN. Im Nu haben wir die offene See erreicht, kurven am rechten Ufer des **Åsanfjords** entlang. Nach 8,6 km, das muss wohl SANDVIKA sein, führt ein kurzes Schotterstichsträßchen nach links zu einem kleinen, einsamen **Sandstrand** mit Stellplatz.

(117) WOMO-Badeplatz: Sandvika

GPS: N68° 45' 20.5" E14° 28' 29.6"   max. WOMOs: 2-3.
Ausstattung/Lage: Sandstrand/außerorts.
Zufahrt: Auf der »820« nach Westen bis zur Abzweigung Hovden. Nach 8,6 km links.

In NYKVÅG, nach 11,3 km, schwenken wir nach links zum "Zentrum". Bereits nach 200 m [N 68° 46' 36.6" E 14° 28' 4.9"] werden wir aus der Höhe laut schreiend beschimpft: Auf jedem Absatz der steilen Felswand sitzen Möwen, mal einzeln, mal paarweise schnäbelnd, mal Jungtiere, die beim Nahen eines Elterntieres ein futtergieriges Geschrei erheben.
Genug Vögel beguckt?

Sandstrand von Hovden mit Mitternachtssonnenblick

Dann können Sie 200 m weiter am Kai von NYKVÅG nachschauen, ob Ihnen der große, ebene **Parkplatz** konveniert [N68° 46' 33.6" E14° 27' 48.1"].

In HOVDEN wollen wir unseren Blick wieder weit in die Ferne schweifen lassen, wenn möglich bis zur **Mitternachtssonne**. Aber HOVDEN hat noch mehr zu bieten: Zunächst passieren wir bei riesigen, zeltförmigen Stockfischgestellen zwei **Sandstrände** rechts und links die große, freie Campingwiese.

Dann werfen wir wir einen Blick auf den großen **Dreiflügler**, eine der wenigen Windkraftanlagen Norwegens (kein Wunder bei den vielen Wasserkraftwerken).

Die strategisch günstigsten, gleichzeitig auch schönsten Mitternachtssonnenplätze erreicht man, wenn man wenig später links ein Stück zum Antennengittermast hinauffährt und dann rechts hinab zum hinteren Hafenbecken abschwenkt. Die absoluten Profis rollen natürlich so weit, wie es geht, denn ganz draußen, am Ende der Mole, liegt noch ein letzter, schöner **Parkplatz**.

(118) WOMO-Bade- und Stellplätze: Hovden

GPS: z. B. N68° 48' 58.7" E14° 32' 43.4" **max. WOMOs:** 2-3.
Ausstattung/Lage: Toiletten, Wasser, z. T. gebührenpflichtig/Ortsrand.
Zufahrt: Auf »820« nach Westen bis zur Abzweigung Hovden. Jetzt noch ca. 18 km.

Zurück auf der »820« biegen wir links Richtung SORTLAND, fahren also eine ganze Weile auf der uns bekannten Straße zurück. Auf bequemer, breiter Bahn, im Fünften mit 80 km/h, können wir, locker zurückgelehnt, am besten die herrliche Berg-kulisse genießen: Oft sind die Bergspitzen so bizarr gezackt, die Alpen haben keine grandioseren.

Reichlich 32 km rollen wir zurück auf der »820«, passieren ein zweites Mal den **Ryggedal-Tunnel**, werfen nochmals einen Blick zu dem längsgefurchten Kletterfelsen Reka; dann biegen wir nach links in die »821« Richtung MYRE. Auch dies ist eine Stichstraße für uns, und wir werden genau an diese Abzweigung zurückkehren müssen. Vielleicht sind die Touristen deshalb auf den **Vesterålen** so selten, weil die Sehenswürdigkeiten stets abseits liegen und nicht schön "der Reihe nach" abgefahren werden können.

Diesen letzten Abstecher auf den Vesterålen werden Sie bestimmt nicht vergessen! Sie werden eine Begegnung der besonderen Art haben!!

Die »821« führt uns zunächst am linken Ufer eines Sees entlang mit lauter privaten Stichstraßen zu noch privateren Ferienhütten. Wesentlich WOMO-freundlicher zeigt sich der **Steinlandsfjord**, genau acht aussichtsreiche **Rastplätze** liegen links der Straße an seinem Ufer. Während der Fahrt hingegen sollten Sie Ihre Blicke mehr auf die Straßenränder richten! Lange, schwarze Bremsspuren zeugen von dem erfolgreichen (?) Versuch, ver-kehrswidrig kreuzenden Schafen auszuweichen.

Nach genau 23 km begrüßt uns MYRE mit einer ESSO-Tankstelle samt (kostenpflichtiger) **Entsorgungsstation**. Vor Erreichen des Zentrums schickt uns jedoch ein Wegweiser nach rechts Richtung STØ, außerdem lesen wir "WHALE WATCH". Dabei handelt es sich keineswegs um eine neue, besonders großfor-matige Modeuhr, sondern um ein einmaliges **Safariangebot**. Nein, eigentlich ist es zweimalig: Von ANDENES und STØ werden Bootsfahrten zu den Walrevieren angeboten.

Nach 1300 m gabelt sich die Straße, wir biegen zunächst nach links, Richtung NYKSUND, denn dort sollen Geister leben.

Das alte Fischerdorf an der Außenkante der Vesterålen war einst auch das größte. Die "Bryggen" mit ihren Speicherhäusern zeugt noch heute vom Erfolg der Fischer und der Pelztierzüchter, zeitweise gab es zehntausende von Füchsen in den Zuchtfarmen. Der Zusammenbruch kam in den 70er Jahren: Die Norwegische Regierung setzte Umsiedlerprämien aus, der Hafen von MYRE bot den Fischern Platz auch für größere Schiffe; Nyksund wurde zum Geisterort. Seit 1984 wohnen wieder Menschen im Ort, ein Jugendprojekt machte NYKSUND europaweit bekannt, auch private In-vestoren bewahren die alte Architektur des Ortes vor dem völligen Verfall. Leider sind die meisten der Initiativen wieder eingeschlafen. Wollen wir nicht hoffen, dass eines Tages die Geister zurückkehren.

Das wiederbelebte Dorf Nyksund

Aber schön der Reihe nach!

Nach 2 km seit der Abzweigung nördlich von MYRE haben wir den **Prestfjord** erreicht, neben riesigen Dorschfischtrockenge-stellen sichten wir den ersten **Picknickplatz**, aber eigentlich kommen alle paar Meter Gelegenheiten, die grandiose Berg-kulisse an der gegenüberliegenden Fjordseite gebührend zu würdigen. Einen besonders aussichtsreichen **Picknickplatz** finden Sie beim **Minnestein** für Torsten Reinholdtsen, „der viele Fischer vor dem sicheren Tod gerettet hat".

Nach 6 km nimmt die Straße (eher ist es eine Erdbahn mit Schlaglöchern, die sich bei Regen in eine "saftige" Schlammpiste verwandelt) eine Passage, wo sie in den steilen Fels gehackt ist. Rechts geht es senkrecht in die Höhe, links schwappt das offene Meer.

Blick vom Aussichtsfelsen oberhalb Nyksunds

Bei »km 11,0« parken wir sehr bequem vor der Mole von NYKSUND rechts. Hier kann man vom WOMO-Fenster aus die Mitternachtssonne bewundern oder bei kleinen Spaziergängen auf der Mole bzw. den umliegenden Hügeln.

(119) WOMO-Stellplatz: Nyksund
GPS: N68° 59' 47.3" E15° 01' 14.6"   **max. WOMOs:** 3-4.
Ausstattung/Lage: Wanderweg, empfehlenswerte Gaststätte "Expedisjonen"/Ortsrand.
Zufahrt: 1300 m nördlich Myre links und noch 11 km bis Nyksund.

Am nächsten Morgen verlassen wir NYKSUND, halten 800 m später bei einer Lachszuchtfarm, wo acht kreisrunde Becken neben der Straße stehen. Dort kann man bequem parken und sich auf Schusters Rappen nach STØ aufmachen: Der Wegweiser zeigt den Hang hinauf bis zu einem Sattel mit zwei großen Steinmännern. Dann umgeht der **Wanderweg** landeinwärts eine Bergkuppe und steigt schließlich hinab zur Meeresküste, der er bis STØ folgt (einfache Strecke 2-3 Stunden).
Auf dem Rückweg von Nyksund machen wir einen Stopp auf dem Picknickplatz vor Høydal.

(120) WOMO-Picknickplatz: Høydal
GPS: N68° 56' 06.5" E15° 02' 29.3"   **max. WOMOs:** 2.
Ausstattung/Lage: Sandstrand, Tisch & Bank/Ortsrand.
Zufahrt: Von Nyksund kommend am Ortsbeginn von Høydal rechts.

Dann schwenken wir links in die nur 13 km kurze Strecke nach STØ, unser Walabenteuer wartet auf uns.
In KLO finden wir zwar keine Wohnmobilentsorgung, aber einen großen Platz neben der Gemeindehalle (mit Kinderspielplatz).

(121) WOMO-Stellplatz: Klo
GPS: N68° 58' 49.5" E15° 10' 09.9"   **max. WOMOs:** 2-3.
Ausstattung/Lage: Kinderspielplatz, "No camping"/im Ort.
Zufahrt: Ca. 10 km nördlich Myre in der Ortsmitte von Klo rechts.

Wenige hundert Meter vor dem aktiven Fischerdörfchen STØ liegt rechterhand am Meer die Kirche von LANGENES; dort findet man einen schönen Parkplatz, eine Informationstafel und einen schönen Blick nach Norden über die Schärenküste. Die Kirche ist der einzige Überrest eines Fischerdörfchens, das bereits im letzten Jahrhundert aufgegeben wurde.

Langenes-Kirche

Am Ortsbeginn von STØ liegt das gemütliche Büro von Whale Tours AS, der jungen Konkurrenz von Whalesafari in ANDENES. Ein Blick auf die Seekarte zeigt uns, dass ANDENES viel näher am Walrevier "Bleik djupet" liegt. „Bei uns bekommen Sie eine längere Seereise geboten – und der Besuch der **Vogelinsel Anda Fyr** ist auch mit dabei!" Dagegen lässt sich nichts sagen (eher etwas gegen den hohen Preis von ca. 990 NOK, 5-12 J. 600 NOK) – und wir buchen uns ein für den nächsten Tag. **Wichtiger Hinweis:** Bei "ungutem" Wetter sollten Personen, die nicht seefest sind, lieber die Fahrt verschieben, denn dann schlingert das Boot stark; für die Nacht kann man in STØ links zum gemütlichen **offiziellen WOMO-Picknickplatz** fahren.

(122) Offizieller WOMO-Picknickplatz: Stø
GPS: N69° 01' 09.1" E15° 06' 32.1"   max. WOMOs: >10.
Ausstattung/Lage: Strom, Tisch & Bank, Gaststätte/Ortsrand.
Zufahrt: Von Nyksund kommend am Ortsbeginn von Høydal rechts.
Gebühr: 180 NOK + 50 NOK Strom.

Am nächsten Morgen können wir lange ausschlafen, erst kurz vor 11 Uhr trifft sich die "Walsafari" im Hafen, nachdem sie mit je zwei Tabletten seefest gemacht worden ist. Unser 33-m-Schiff, die für den Sommer gecharterte M/S Leonora, ist grundsolide und bestens gewartet. Ausgestattet mit modernster Satellitenpeilung kann es auch bei 0-Sicht jeden Ort metergenau erreichen. Das Radar zeigt jede Felsbank, jeden Gegenverkehr an.
Mit 10 Knoten steuert uns Per Ole Lund im Golfstrom nach Norden, der Stelle zu, wo der flache Kontinentalschild schnell von 200 m auf über 2500 m abfällt.
Hier, im **Bleik djupet**, jagt zu dieser Jahreszeit der bis zu 60 to schwere und 20 m lange Pottwal. Mit einer speziellen Anpassungstechnik gelingt

es diesem gewaltigen Lungenatmer, in die tiefsten Tiefen hinabzutauchen, einen Druck von über 200 atm zu ertragen – nur um die größten der leckeren Kraken zu erbeuten und dabei auch noch gefährliche Kämpfe auszustehen. Oftmals zeugen davon Verletzungen, die die Kraken mit ihren großen Saugnäpfen hervorgerufen haben.

Nach 3 Stunden haben wir das Walgebiet erreicht, ein Mann der Besatzung besteigt den Ausguck, ein kleines Türmchen an der Spitze des schwankenden Mastes. Er hält Ausschau nach dem "Blas", einer gut sichtbaren Fontäne aus wasserdampfübersättigter Luft, die die Meeresriesen beim Atmen ausstoßen. Alles blickt gespannt in die Runde ....

Da beschleunigt die Maschine, das Schiff legt sich in eine Linkskurve, und nun sehen wir sie auch: Eine winzige Nebelwolke weit vor uns. Fotoapparate werden schussbereit gemacht, Fernrohre gezückt. Eine breit gefächerte Schwanzflosse erscheint kurze Zeit über der Wasseroberfläche – und weg ist er.

Aber schon fliegt das Ruder wieder herum, der nächste "Blas" ist in Sicht. Diesmal lässt uns das Tier näher herankommen, scheint mit uns zu spielen. Schon erkennen wir auch die kurze fleischige Rückenflosse, ahnen die dunkle Masse des Tieres knapp unter der Oberfläche. Dann ein kurzer Ruck, die Schwanzflosse steht zwei, drei Sekunden wie ein Signal über dem Wasser, um mich herum prasseln wie spanische Kastagnetten die Verschlüsse der Fotoapparate, dann ist er weg, hinterlässt eine kreisrunde, stille Fläche im wogenden Meer.

Aber wir geben nicht auf, pirschen uns an die nächste Fontäne heran, treiben die letzten Meter völlig lautlos näher. Diesmal haben wir Glück! Langsam sich mit den Wellen wiegend und regelmäßig wie eine uralte Dampflok schnaubend schwimmt der Gigant neben uns her, zum Greifen nahe. Außer dem Atmen des Tieres ist kein Laut ist zu hören, sogar die Fotoapparate schweigen, alle sind fasziniert. Auch der Wal scheint sich in seiner Starrolle wohlzufühlen, Minute um Minute vergehen. Dann verliert der Star die Lust an den Zwergen über sich – oder er hat Sehnsucht nach einer leckeren Krake. Elegant krümmt sich der massige Leib, der Schwanzfächer schwingt nach oben, verharrt eine Weile, dann sinkt das Tier in die Tiefe; Beifall brandet auf wie nach einer Ballettvorführung.

Nun ist auch Zeit, an das eigene leibliche Wohl zu denken! Heiße Fischsuppe wird gereicht, Brühe, Tee und Kaffee gab's schon die ganze Zeit – und als Zugabe führt eine Delphinschule einige Kunststücke vor.

Auf dem Heimweg werden uns noch einige Besonderheiten geboten: Wir passieren **Anda fyr**, die Leuchtturm-Vogelklippe mit Seeadlern, Trottellummen, Papageientauchern und Kormoranen, wo auch eine Seehundkolonie lebt. Dann tuckern wir in den Hafen von STØ hinein, wo sich gerade eine Schlauchbootmannschaft für die Vogelsafari fertig macht.

Mit etwas schwankenden Beinen, jedoch hoch zufrieden und voll der herrlichsten Eindrücke, gehen wir an Land, nur wenige Schritte sind es bis zu unserem WOMO auf der Mole.

Über MYRE kehren wir auf der »821« wieder zur »820« zurück, biegen dort am **Eidsfjord** links Richtung SORTLAND. Kerzengerade führt das breite Asphaltband nach Osten.

Nach gut 5 km, wir haben gerade wieder Meersicht, machen wir unseren vorletzten Vesterålen-Abstecher nach links Richtung HOLM/BREMNES. Wir folgen 7 km dem Ufer des **Gavlefjords**, bis sich einer seiner Seitenarme tief ins Land einschneidet. Dort, im Scheitel des **Gåsfjords**, liegt ein kommunaler, **gebührenfreier Campingplatz**. Eine ganze Reihe von norwegischen Wohnwagen ist darauf abgestellt, und so dürfte es für Sie kein Problem sein, Anschluss zu finden.

(123) WOMO-Picknickplatz: Gåsfjord

GPS: N68° 47' 57.0" E15° 16' 16.7"
max. WOMOs: > 5.
Ausstattung/Lage: Tisch & Bank, Toiletten, Wasser (kein Trinkwasser)/ außerorts.
Zufahrt: Auf »820« nach Westen bis zur Abzweigung Holm/Bremnes; dann noch 7 km.

Zurück auf der »820« sind es nur 1800 m bis zum alten Handelshof von JENNESTAD mit großem Parkplatz [N68° 45' 02.0" E15° 18' 21.2"]. Er wurde restauriert und beherbergt nun eine Galerie. Am Hafen wurde der Laden im alten Stil mit dem ursprünglichen Warenangebot ausgestattet. Die alten Graphitgruben, die einen Teil seiner Bedeutung ausmachten, liegen als verwachsene Löcher unmittelbar links der Straße.

Nun sind es nur noch wenige Kilometer bis SORTLAND, wo uns wieder eine riesige, 20-beinige Saurierbrücke zur anderen Seite des Sunds hinübertragen wird. Falls Sie eine **Gasfüllung** brauchen, rollen Sie an der Brückenauffahrt (Kreisel) vorbei und dahinter sofort rechts in den Markvegen (Fa. Varmeservice [N68° 42' 27.8" E15° 23' 46.8"]; LPG Norge Stasjon).

Wir brummen den weiten Brückenbogen hinauf bis in schwindelnde Höhen, sausen nach dem Scheitelpunkt wieder hinab. Am Ende der Brücke gabelt sich die Straße, wir müssten auf der »E 10« nach rechts Richtung HARSTAD fahren, vorher machen wir jedoch links einen Besuch bei der Firma "Sortland Caravan". Das kleine Zubehörgeschäft ist gut ausgestattet; wem das Gas ausgeht, der findet dort den passenden Adapter (ca. 12 Euro), um seinen Druckregler an eine norwegische Gasflasche anschließen zu können.

Wir halten auf der »E 10« nach Süden. Rechts der Straße liegt der breite **Sortlandsund**, links erheben sich fast 1000 m hohe Gipfel. Der erste Einschnitt zwischen Ihnen ist das **Osvolldal**; nach nur 3600 m seit der großen Brücke zeigt ein kleines Schildchen nach links (Wegweiser: **Osvolldalen/Sørfjord**). Genau 5,5 km poltern wir auf dem mautpflichtigen Erdweg ins tiefe Tal bis zur einsamen **Osvolldalen-Friluftsområde** am Ende eines Sees.

(124) WOMO-Bade- und Picknickplatz: Osvolldal

GPS: N68° 42' 00.9" E15° 35' 29.4"

max. WOMOs: 2-3.

Ausstattung/Lage: Sandstrand, Tisch & Bank, Toiletten, Grillplatz, Stellplätze etwas schräg, 300 m zum Badeplatz, Wanderwege/außerorts.

Zufahrt: Von Sortland auf »820« 3,5 km nach Süden, dann links 5,5 km ins Osvolldal.

Hinweis: Ruhiger Platz für die Nacht bereits nach 800 m links oder nach 4 km direkt vor dem Mauthäuschen rechts.

Dort gibt es alles, was des Campers Herz begehrt: Einen Grillplatz, einen Badeplatz am herrlichen Sandstrandbogen, **Toiletten** natürlich und kleine Plätscherbäche, die in den See münden und an denen man Dämme bauen kann. Noch im letzten Jahrhundert lebten einige Familien hier, sie zogen nach Amerika, um in der Ferne ihr Glück zu machen. Die Überreste ihrer Behausungen kann man auf Streifzügen durchs Hinterland aufspüren.

TOUR 8 (ca. 310 km / 2-4 Tage)

Osvolldal – Flesnes-Revsnes – Rå – Elgsnes – Harstad – Gressholmen – Evenes – Myrnes – Narvik – Ofotbahn – Rombaksbotn (Karte siehe Tour 7)

Freie Übernachtung:	Straumen, Nupen, Elgsnes, Harstad, Gressholmen, Evenes, Myrnes, Narvik, Rombaksbotn.
Ver-/Entsorgung:	1200 m hinter dem Osvolldal-Abstecher (Esso).
Campingplätze:	u. a. Harstad, Narvik.
Baden:	Elgsnes, Gressholmen, Evenes.
Besichtigungen:	Rå, Elgsnes, Harstad, Samenmuseum, Narvik, Ofotbahn.
Wandern:	Kombination: Ofotbahn und Wanderung Bjørnfjell-Katterat.

Hier, im **Osvolldal**, kann man's schon eine Weile aushalten. Reiche Beute machen die Beerensucher – und es geht doch nichts über Joghurt oder eine Quarkspeise mit frischen Heidelbeeren!

Gut ausgeruht setzen wir unsere Fahrt auf der »85« Richtung HARSTAD fort (nach 1200 m xy-Tankstelle mit **Entsorgung** [N68° 40' 02.5" E15° 28' 32.1"], nach nochmals 1200 m rechts Picknickplatz mit Toilette).

Als wir in LANGVASSBUKT den **Gullesfjord** erreichen, knickt die »E 10« nach rechts ab, aber auch geradeaus geht es nach

HARSTAD, nämlich per Fähre. Wir rollen auf der »83« 11 km bis FLESNES, wo man im Stundenrhythmus nach REVSNES übersetzen kann (6.30, 7.30 .... 20.30, 21.30 Uhr). Wir trödeln auf der rechten Seite des **Gullesfjords** weiter die »83« entlang, nach etwa 6 km passieren wir HEMMESTAD-**Brygge**, einen alten Handelshof. In seinen restaurierten Wänden beherbergt er ein **Museum**, das die Bereiche Handel, Seefahrt und Fischfang in früherer Zeit schildert.

Der Fjord, so schön er ist, bietet keinen einzigen Picknickplatz. So können wir nur kurze Blicke auf die riesige **Insel Kvæøy** werfen, die wie ein gestrandeter Wal in seiner Mitte liegt; eine neue Brücke führt von Südosten zu ihr hinüber.

16 km nach der Fährstation kommen wir nach STRAUMEN. Wie ein reißender Gebirgsfluss strömt das Salzwasser unter der Brücke ins Landesinnere – die Flut steigt. Direkt hinter der Brücke kann man nach links zum Ufer fahren, parken und dem Schauspiel zugucken.

(125) WOMO-Stellplatz: Straumen

GPS: N68° 44' 14.5" E16° 14' 44.8"   max. **WOMOs:** 2-3.
Ausstattung/Lage: Wiesenplatz/im Ort.
Zufahrt: Ca. 16 km nach der Fährstation in Straumen hinter der Brücke links .

5 km später, in KVÆFJORD, verlassen wir die »83« (die direkte Strecke nach HARSTAD), biegen nach links in die »1« ein (Wegweiser: BORKENES).
Nach 2,5 km geht's rechts hoch (Wegweiser: **Gartnerscole**), und wir halten vor den Gebäuden der nördlichsten Gartenbauschule der Welt in RÅ. Verständlicherweise hat man es sich hier zur Aufgabe gemacht, besonders kälteresistente Nutzpflanzen, Obstbüsche und Bäume zu züchten, die nach einer kurzen Vegetationszeit bereits Früchte tragen. Eine besondere Attraktion für die Besucher ist der liebevoll angelegte **botanische Garten**, der jetzt in voller Blüte steht (schöner **Picknickplatz** am Ortsende [N68° 46' 27.7" E16° 10' 04.8"]).
Nördlich von BORKENES öffnet sich der **Kvæfjord** herrlich weit, der Blick schweift hinüber zum Nachbarufer, schließlich bis zur **Vesteråleninsel Andøy** und endlich weit hinaus ins offene Meer. Auf einen schönen Picknickplatz müssen wir noch eine ganze Weile warten. Bereits will sich die **Halbinsel Elgen** mitternachtssonneversperrend ins Bild schieben, da taucht er doch noch auf, der große, sauber geteerte **Picknickplatz Nupen**.

(126) WOMO-Picknickplatz: Nupen

GPS: N68° 51' 46.3" E16° 14' 17.5"
max. **WOMOs:** 2.
Ausstattung/Lage: Tisch & Bank, WC/außerorts. Schönerer Platz unterhalb.
Zufahrt: 4,5 km nördlich Myre links 200 m (3,2 km nach der Nyksund-Abzweigung).

Für ruhigere Übernachtungen sollten Sie mit uns 8,6 km später links nach ELGSNES abzweigen. Die Straße führt steil bergauf aufs **Aunfjell**, bereits nach 5,0 km finden Sie links oberhalb der Straße, umgeben von lustigen, kleinen Birken, das erste Plätzchen. Noch einsamer wird es 1000 m später, wo abseits der Straße ein großes Gelände zum Abstellen von Wohnmobilen und Campinganhängern wartet.

GPS: N68° 51' 18.1" E16° 22' 28.7"; N68° 51' 40.4" E16° 21' 19.3" **max. WOMOs:** 1 (>5).
Ausstattung/Lage: keine/außerorts.
Zufahrt: Von Harstad ca. 8 km nach Westen, dann rechts nach Elgsnes abbiegen, nach weiteren 5km bzw. 6 km links.

Kurz darauf hat die Straße den höchsten Punkt erreicht, senkt sich, an den Hang geklammert, wieder zum Fjord hinab; rechts unter uns liegen die Häuser von INDRE AUN.

Ein Schottersträßchen bringt uns zur Nordspitze der Halbinsel, vorbei an einer kleinen roten **Kapelle** (rechts) mit Friedhof (links, mit **Wasserhahn**).

Der Fahrweg endet mit einem Parkplatzrund. An seinem Rande, oberhalb eines feinen **Sandstrandes**, kann man gut stehen.

Herrlicher Sandstrandbogen von Ytre Elgsnes

Die eifrig wuchernde Vegetation verbirgt weniger Erfreuliches: Das felsige Kap ist unterhöhlt und wieder zubetoniert, Reste von Flak-Stellungen, Unterständen und Bunkern kann man umherstreifend besichtigen. Für die Nacht rollen wir 1000 m zurück und finden neben der kleinen Kapelle einen friedlichen und ruhigen **Übernachtungsplatz** und nebenan, unter den Birken, reiche Ausbeute an Heidelbeeren und sogar einige Steinpilze für eine First-Class-Pilzpfanne.

HARSTAD stellt sich laut Prospekt als kulturelles Zentrum Nordnorwegens vor – wir sind gespannt! Zurück auf der »1« biegen wir links, münden zunächst in die »867« und kurz darauf in die »83« ein.
Bereits 1 km später machen wir nach links einen Abstecher Richtung TRONDENES, wo zwei völlig unterschiedliche Zeugen der Geschichte HARSTADS auf uns warten.
Vor der Kirche von TRONDENES, nach 2200 m, biegt die Hauptstraße nach links ab, wir halten rechts auf dem großen geteerten Parkplatz [N 68° 49' 17.3" E 16° 33' 40.9"] am Meer (fährt man geradeaus, findet man hinter dem roten Gebäude am alten Friedhof einen **Wasserhahn**). Die **mittelalterliche Stein-**

Mittelalterliche Steinkirche von Harstad-Trondenes

kirche aus dem Jahre 1250 ist gleichzeitig eine Kunstkammer. Sie werden das sicher bestätigen, wenn Sie die Führungszeiten erwischen (10/12/14/16 Uhr, So 14/16/18 Uhr). Immerhin wurden im benachbarten Laugensee die ersten Christen in Nordnorwegen getauft.

Besser als auf dem Kirchenparkplatz (Camping verboten!) steht man auf dem Parkplatz unterhalb des Historischen Zentrums (50 m vorher rechts, dort ist nur das Zelten verboten).

Holzgeschnitzter Flügelaltar aus Lübeck

(130) WOMO-Stellplatz: Harstad (Historisches Zentrum)
GPS: N68° 49' 10.7" E16° 33' 38.6"   max. **WOMOs:** 2-3.
Ausstattung/Lage: Schotterplatz am Meer/außerorts.
Zufahrt: Am Ortsbeginn von Harstad links noch 2200 m, dort rechts hinab.

Weniger friedlich ging es auf der Höhe zu, die man nach einem knappen Kilometer erreicht, wenn man weiter der Hauptstraße folgt; **"Adolf-Kanonen"** steht auf dem Wegweiser.
Führungen findem um11.30, 13.30 und 16.30 Uhr statt. Dann darf man für 80 NOK das Kasernentor passieren und (mit dem eigenen Fahrzeug) zur größten landgestützten Kanone der

Welt auf dem Hügel hinauffahren (nur in der norwegischen Ferienzeit vom 14.6. bis 13.8.).

Für das gigantische Geschütz, das mit seinem Riesen-Kaliber von 40,6 cm im Umkreis von 50 km Schrecken verbreiten konnte, musste eine spezi-

elle Auffahrtsrampe angelegt werden. Im Krieg fand es nie Verwendung, erst später gab das norwegische Militär einige Probeschüsse ab, wobei im weiten Umkreis die Fensterscheiben zu Bruch gingen. Granaten der Kanone werden im Kriegsmuseum in NARVIK gezeigt; im Bunker unter der Kanone berichtet ein Museum über ihre Geschichte.

Seltsame Bewohner hat diese norwegische Kaserne: Außer jungen Soldaten in ihren schmucken grünen Uniformen begegnen uns auch Vierbeiner in brauner Tracht! Mindestens 14 Elche würden auf dem Kasernengelände leben, sie kämen und gingen, Zäune seien für sie kein Hindernis – so berichtet uns der Wachoffizier.

Der Parkplatz vor der Kaserne ist groß, eben und bietet eine schöne Aussicht über die Bucht von HARSTAD, längeres Parken oder gar Übernachten ist hier, im "militärischen Sicherheitsbereich", natürlich verboten.

Wir kehren zur »83« zurück, biegen links und erreichen nach 1200 m das **Informationsbüro** (rechts neben dem Bus-Terminal) in Hafennähe von HARSTAD. Dort sind viele Parkplätze (die für Fahrzeuge mit ausländischem Kennzeichen **nicht mehr kostenlos** sind!). Bei einem feinen Stadt- und Hafenbummel entlang der Havnepromenade entdecken Sie an der linken Außenmole, beim Kulturhaus, sicher auch die "**Anna Rogde**".

Seit 1868 segelt dieser Zwei-Mast-Schoner durch die Welt und ist damit der älteste Aktive seiner Art.

Schmuck sieht er aus mit seinen glänzenden frischlackierten Holzplanken; der einzige Fremdkörper ist der metallische Radararm am hinteren Mast.

Hinter der Havnepromenade liegt die Havnegata mit dem Kulturhus. Der große Parkplatz davor scheint uns besonders für Ihr WOMO geeignet zu sein.

(131) WOMO-Stellplatz: Harstad (Havnepromenaden)
GPS: N68° 48' 10.0" E16° 32' 45.7"   **max. WOMOs:** > 5.
Ausstg./Lage: keine/im Ort (10 NOK/h; nachts & am Wochenende kostenlos).
Zufahrt: In Harstad am Hafenbeginn links in die Havnegata.

Sie wollten schon lange mal wieder warm baden? Das können Sie in der Mitte von HARSTAD - im Grottenbad, dem wohl außergewöhnlichsten Hallenbad Norwegens!
Wir schwenken vor dem Hafen rechts in die Sverres Gate, dann in die zweite Straße links (Halvdans Gate) und landen auf dem Dachparkplatz des Grottenbades.

(132) WOMO-Badeplatz:
Harstad (Grottenbad)

GPS: N68° 48' 02.0" E16° 32' 21.0"
max. WOMOs: 2-3.
Ausstattung/Lage: Hallenbad/im Ort (8 - 15 Uhr: 20 NOK/h).
Zufahrt: In Harstad vor dem Hafenbeginn rechts in die Sverresgate (ausgeschildert).

Für einen Einkaufsbummel braucht man sich in HARSTAD nicht zu beeilen, die großen Supermärkte haben von 9-20 Uhr geöffnet. Nach dem Verlassen HARSTADS Richtung NARVIK auf der »83« finden Sie nach 3300 m ein letztes, günstig gelegenes "Kjøpesenter" links der Straße [N 68° 46' 49" E 16° 33' 50"].
Die »83« folgt im wesentlichen dem Ufer des **Vågsfjords**, schneidet manchmal eine Landzunge ab, durchquert einen Tunnel, umrundet Buchten.
"Vik" ist norwegisch und heißt "Bucht"; und so passieren wir die Ortschaften BREIVIK, NORDVIK und südlich davon konsequenterweise SØRVIK. Zum wenig später folgenden BROKVIK nehmen wir die zweite Zufahrt nach links, zweigen jedoch schon 300 m später nach rechts ab (Wegweiser: Grasholmen). Nach weiteren 1000 m müssen wir wieder nach links abzweigen, aus dem GRASHOLMEN ist inzwischen GRESSHOLMEN geworden, was aber auf norwegisch beides Mal "Grasinselchen" heißt.
Nach 300 m können wir direkt neben einem ersten, goldgelben Sandstrand einparken (den Weg zum Picknickplatz auf dem Grasinselchen darf man nur zu Fuß zurücklegen). Dort gibt es auch Toilette, Grillstellen und Wasserhahn.

(133) WOMO-Bade- und Picknickplatz: Gressholmen

GPS: N68° 40' 16.0" E16° 36' 12.2"   **max. WOMOs:** 2-3.
Ausstattung/Lage: Sandstrand; Toilette, Grillstellen und Wasserhahn 400 m/außerorts.
Zufahrt: Von Harstad auf der »83« ca. 20 km nach Süden, dann links nach Brokvik, weitere 300 m später rechts nach Gressholmen.
Hinweis: 100 m vorher ein riesengroßer Ausweichplatz.

Richtung Süden führt uns ein anderes schmales Sträßchen zur »83« zurück.

Nach knapp 5 km haben wir das gigantische Bauwerk der **Tjeldsund-Brücke** vor uns. Die Konstrukteure wandten eine Mischtechnik an, um den breiten Sund zu überspannen: Die beiden schrägen Auffahrten sind aus Stahlbeton und führen zu einer Hängebrücke im Mittelteil aus Metallgitterteilen und Stahlseilen. Beim Überqueren ermitteln wir eine Gesamtlänge von 1.001,11 m (Sie haben auch einen Zollstock dabei?). Hinter der Brücke rechts können Sie während Ihrer eigenen Messungen oder Fotografieraktionen das WOMO abstellen.

Seit Beginn der Brücke sind wir wieder auf der »E 10« (sie beginnt in Å, erinnern Sie sich?) und rollen weiter nach Süden (nach 4,5 km Picknickplatz mit Toilette rechts).

Bald verlassen wir das Ufer des **Tjeldsunds** und ziehen durchs Landesinnere Richtung **Ofotfjord**.

Genau in der Mitte zwischen HARSTAD und NARVIK hat man einen großen Flughafen gebaut, wahrscheinlich haben ihn beide Gemeinden gemeinsam finanziert. 700 m nach der Flughafenzufahrt verlassen wir die »E 10« nach rechts Richtung EVENES. 3,8 km später, direkt hinter der Kirche von EVENES, biegen wir links nach LILAND (100 m danach offizieller **WOMO-Stellplatz** bei einem einzelnen Haus [**134:** N68° 27' 30.0" E16° 42' 08.3"], 120 NOK, incl. Strom und Ver-/Entsorgung 150 NOK, kein WC.

Das Sträßchen führt direkt am **Ofotfjord** entlang, der sich nach wenigen Metern bereits in Form eines herrlichen **Sandstrandes** präsentiert. Am Ende der Sandbucht findet man rechts hinter Birken einen idyllischen Rasenplatz (Zufahrt versperrt), wo man mit bester Sicht auf Sandstrand, Fjord und Bergwelt rasten und grillen kann. Das WOMO findet auf der linken Straßenseite einen bequem zu erreichenden Parkplatz.

(135) WOMO-Badeplatz: Evenes

GPS: N68° 27' 28.5" E16° 42' 56.7"   **max. WOMOs:** 2-3.
Ausstattung/Lage: Sandstrand, Toilette/außerorts.
Zufahrt: Von Harstad auf der »83« ca. 43 km nach Süden, 700 m nach der Flughafen-zufahrt rechts nach Evenes. 3,8 km später, nach der Kirche von Evenes links.

500 m weiter liegt eine felsige Landspitze, **Evenestangen**, mit großem **Picknickgelände** (Tisch & Bank muss man etwas suchen).

(136) WOMO-Picknickplatz: Evenestangen

GPS: N68° 27' 15.5" E16° 42' 41.5"   **max. WOMOs:** 3-4.
Ausstattung/Lage: Tisch & Bank, Kunstwerk, "Krigsminne"/außerorts.
Zufahrt: Von Harstad auf der »83« ca. 43 km nach Süden, 700 m nach der Flughafen-zufahrt rechts nach Evenes. 3,8 km später, nach der Kirche von Evenes links.

Auf ihrem äußersten Ende steht ein eigentümliches **Kunstwerk**, aus der Ferne ähnelt es einem alten, schwarzen Holzbottich. Der Kunstliebhaber entdeckt aus der Nähe 20 schwarze Basalthalbsäulen, zu einem Kegelstumpf aneinander gefügt. Ihre polierten, ebenen Innenseiten sind mit durchaus neuzeitlichen, recht eigenwilligen Steinritzungen verziert. Die restlichen Bauwerke auf Evenestangen erinnern uns

Kunstwerk auf Evenestangen

wieder bedrückend an die Anwesenheit des deutschen Militärs im zweiten Weltkrieg.

Auf gleichem Wege kehren wir zur »E 10« zurück, bereits vor unserem Abstecher hatten wir die Hinweisschilder "**Samisk Museum**" gesehen. Nach nur 600 m (auf der »E 10« nach rechts), biegen wir links zum **Samischen Freilichtmuseum**. Es gibt 4600 m für das WOMO zu fahren und 300 m für Sie zu laufen. Von 11 - 17 Uhr werden Führungen angeboten, in der restlichen Zeit können Sie die für das samische Nomadenleben typischen Behausungen von außen betrachten (norwegische und englische Erklärungen). Haben Sie schon einmal einen "Lavvu" gesehen, ein typisches Lappenzelt, dessen Bodenkälte durch ein dickes Lager von Birkenreisig isoliert wird?

Samenmuseum bei Myrnes: "Lavvu" (vorn) und "Gamme" (rechts von innen)

Ich würde lieber in eine "Gamme" ziehen, auch wenn sie zunächst mehr der Unterkunft eines bedürfnisarmen Maulwurfs gleicht. Unter der grasbewachsenen Erdkuppel verbirgt sich ein durchaus wohnliches Einzelzimmer mit z. T. senkrechten Wänden, waagerechter Decke und großem Fenster. Der Boden ist beim Ofen mit Steinen bedeckt, das Großvaterbett steht auf gehobelten Dielen. Desweiteren gibt es natürlich Ställe,

Vorratshütten, eine Scheune und ein "Feuerhaus". Hier wird keineswegs die Feuerlöschspritze abgestellt, sondern das meist feucht geerntete Heu nochmals getrocknet, damit es dem Vieh besser schmeckt. Der Parkplatz vor dem Museum ist groß, leicht schräg – und liegt ruhig.

(137) WOMO-Stellplatz: Samisk Museum
GPS: N68° 31' 38.9" E16° 46' 01.7"   max. WOMOs: 2.
Ausstattung/Lage: schräg/außerorts.
Zufahrt: 600 m nach der Abzweigung Evenes links (ausgeschildert) noch 4,6 km.

Weiter ziehen wir auf der »E 10« nach Osten, haben bei BOGEN kurzen Meerkontakt (**Picknickplatz** mit Toilette hinter BOGEN, weitere an stillgelegten Straßenstücken). Wir durchqueren eine wellige Landschaft aus Birken, Kiefern, Moorflächen und kleinen Seen, erreichen bei BJERKVIK den **Herjangsfjord** und "unsere" »E 6«; für den Lofoten-Vesterålen-Abstecher haben wir eine gute Woche gebraucht!
Wir schwenken in die »E 6« Richtung NARVIK, nach rechts, nach **Süden** ein. Nein, das Nordkap werden wir nicht auslassen, aber den 32-km-Abstecher nach NARVIK auch nicht!

Die junge Geschichte NARVIKs ist unmittelbar mit der der schwedischen Bergwerksstadt KIRUNA verbunden; vor der Jahrhundertwende gab es in NARVIK nur einige wenige Bauernhöfe. Die geistreiche Idee, das schwedische Eisenerz übers Fjell zur auch winters eisfreien Nordsee zu transportieren, führte 1885 zum Baubeginn der "**Ofotban**".
Die "Rallare", denen man in NARVIK (neben der Brücke der »E 6« über die Eisenbahn) ein Denkmal gesetzt hat, waren Wanderarbeiter (meist Bauern oder Fischer), die unter unsäglich harten Bedingungen die Bahntrasse in die norwegischen Gebirgswände hackten und sommers wie winters die Schienen verlegten.
Auch "Svarta Bjørn", ihre Köchin, wurde nahe des Bahnhofes mit einem Denkmal geehrt.

Da manche unserer Leser NARVIK auf der »E 6« von Süden aus ansteuern, versetzen wir uns nun im Geiste dorthin und werden von dort aus den Abstecher beschreiben:
500 m nach Durchquerung des neuen Fagernes-Tunnel könnte man scharf nach links in die Havnegata einschwenken und parallel zur »E 6« zurückfahren. An ihrem Ende (Fagernesvei) wartet der Holmlund Oljeservice darauf, Ihre Gasflasche für 240 NOK wieder aufzufüllen [N68° 25' 22.4" E17° 25' 55.6"].
600 m weiter auf der »E 6«, am nächsten Kreisverkehr, rollen wir nach links über die Bahnlinie zum großen Touristenparkplatz gegenüber vom Idettenshus (Sporthalle).

Von hier aus erreichen Sie alle weiteren Sehenswürdigkeiten in wenigen Minuten:

* Die **Kirche** von Narvik, ein imposanter Steinbau in einem schönen Park, liegt von hier aus im Südwesten.

* Nach Nordosten kommen Sie zum Stadtteil Brennholtet mit einem steingeritzten **Elch**.

* Kehren Sie über die Brücke zurück, so stoßen Sie direkt aufs **Kriegsmuseum** des Roten Kreuzes. Mit bedrückender Präzision werden hier anhand einer Unsumme von Fundstücken die Kriegsgeschehnisse in und um NARVIK geschildert; ein Museum, das man auf keinen Fall auslassen sollte.

Narvik, Rot-Kreuz-Museum (Kriegsmuseum)

Die beste Aussicht auf die Erzverladestadt hat man vom **Geysir** aus! Zu ihm rollen wir über den genannten Kreisverkehr geradeaus und nach 400 m, nach dem Grand Royal Hotel, rechts (Wegweiser: **Narvikfjellet/Gondelbanen**), schwenken unterhalb der Talstation nach links und schlängeln uns immer weiter bergan (Mårveien/Reinveien), bis der Weg vor einem Minikraftwerk endet [N 68° 26' 25.6" E 17° 28' 11.8"].

Jetzt können Sie sehen, welche Bedeutung ELKAB, die Erzgesellschaft, für die Stadt hat, nimmt doch der rostbraune Bahnhofs- und Verladebereich fast die Hälfte der Halbinsel ein. Weit geht der Blick über die gesamte Stadt, den **Ofotfjord** und die

umliegenden Halbinseln und Inseln.

Aber nun zum **Geysir**: Wer etwa glaubt, dass aus einer geheimnisvollen Gesteinsspalte oder einem düster blubbernden Sumpfloch ein dampfender Wasserstrahl emporschießt, der sieht sich getäuscht. An der linken Hauswand des Kraftwerkes, knapp unterhalb des Daches, entdecken Sie eine solide Edelstahlspritze, ähnlich der, die die Feuerwehr verwendet. Pünktlich um 13.00 und

Narvik, Blick auf und vom Geysir

21.00 Uhr wird die Kraft des zunächst unsichtbaren Wasserstroms, die rund um die Uhr eine Turbine antreibt, für fünf Minuten publikumswirksam umgeleitet: Erst ein lächerliches Rinnsal, schießt nach und nach ein immer kräftigerer Wasserstrahl gen Himmel, wohl an die 30 m hoch – und wenn der Wind ungünstig weht, stehen Sie plötzlich ganz schön im Regen. Wieder kommen wir an der Gondelbahn vorbei. Dort finden Sie einen großen **Parkplatz** [N68° 26' 16.2" E17° 26' 55.0"] und können sich zum **Fjellheis** in 656 m Höhe emporliften lassen. Dort kann man im Restaurant einkehren – oder wandern und die Aussicht genießen.

Mit dem WOMO können Sie bis auf die halbe Höhe hinaufbrummen, wenn Sie vor der Gondelbahn rechts in den Skistua-Weg einschwenken und nach 1700 m (bei dem halb zugewachsenen Bunker rechts) links die vordere der beiden Straßen noch steile 800 m fahren. Dann stehen Sie auf einem aussichtsreichen Platz neben der Gondelbahn, können hier rasten oder wandern.

(139) WOMO-Wanderparkplatz: Narvik (Fjellet)

GPS: N68° 25' 51.4" E17° 26' 56.5"; 254 m.   **max. WOMOs:** 2-3.
Ausstattung/Lage: Aussicht, Wanderweg/außerorts.
Zufahrt: Vor der Gondelbahn rechts (Skistua), nach 1700 m links sehr steil noch 800 m.

Wer noch vor wenigen Jahren NARVIK von Schweden aus besuchen wollte, musste sein WOMO auf die Erzbahn verladen lassen, konnte dann aber bequem den grandiosen Verlauf der **Ofotban** und die herrlichen Ausblicke genießen; heute muss sich der Fahrer auf der neuen »E 10« KIRUNA – NARVIK auf den Straßenverlauf konzentrieren. Wir wollen uns das Eisenbahnvergnügen nicht entgehen lassen – und gleichzeitig eine kleine **Fjellwanderung** auf den Spuren der Rallare einlegen!

Vor dem Bahnhof (nach dem Grand Royal Hotel rechts) finden wir eine bequeme, kostenlose **Parkmöglichkeit** [N 68° 26' 28.8" E 17° 26' 28.6"] sowie die **Touristeninformation**, und die richtige Zugverbindung haben wir Ihnen nachfolgend aufgelistet (leider wird sie von Jahr zu Jahr verändert):

Sie starten um 10.26 Uhr in NARVIK und steigen um 11.13 Uhr in BJØRNFJELL aus, wandern bis KATTERAT, wo Sie um 16.21 Uhr wieder in den Zug einsteigen können, der 16.51 Uhr in NARVIK ankommt (Preis hin und zurück 190 NOK, bis zu zwei Kinder unter 16 Jahren frei; Sitzplatzwahl beim Kartenkauf! Aufwärts sollten Sie unbedingt links sitzen!).

Wir haben die Tour für Sie ausprobiert, waren begeistert; hier einige unserer Eindrücke:

45 Minuten Eisenbahngenuss pur, so könnte man das kurze Stück auf der **Ofotban** nennen, deren Trasse eigentlich nur für den Erztransport angelegt worden war.

Heute bringt sie auch den Urlauber, ohne umzusteigen, bis ins ferne STOCKHOLM.

Wir haben einen Fensterplatz auf der linken Seite, denn dort ist die Aussicht steil hinab in den schmalen **Rombaksbotn** besonders grandios, wenn wir nicht gerade durch einen der 13 (!) Tunnel rauschen....

In luftiger Höhe, im Bahnhof von BJØRNFJELL, schultern wir unsere Rucksäcke, überqueren vom Bahnhofsgebäude aus die Schienen und wandern jenseits der Gleise zurück (Wegweiser: Rombaksbotn 13 km/ KATTERAT-Stasjon 9 km).

Rückblickend müssen wir die Entfernungsangabe nach KATTERAT stark anzweifeln, denn selbst der trainierte Wanderer braucht ohne größere Pausen 2 1/2 Stunden für diese Strecke. Sie haben jedoch über 5 Stunden Zeit und können die Tour richtig genießen und unterwegs zünftig picknicken (den richtigen Platz dafür zeigen wir Ihnen noch).

Wir halten uns zunächst stets in der Nähe der Schienen, also an einer unbeschilderten Gabelung rechts. Erst nach einer knappen halben Stunde verlassen wir die Bahnlinie nach links, dort, wo sie in einem Tunnel verschwindet.

Unser Wanderweg ist der ehemalige Transportweg der Rallare, folglich ist er gut befestigt, bequem zu begehen, eine Freude sicher auch für die Mountain-Biker. Jetzt zieht er neben kleinen, idyllischen Seen dahin, links sind mehrere Höhlen in den steilen Fels gesprengt, direkt am Wegrand wachsen herrliche Birkenpilze.

Nach einer Stunde Wanderzeit erreichen wir ein Schilderkreuz, kurz dahinter entdecken wir einen **Picknickplatz** mit einer Grillstelle vor einem massiven Steinhaus (ohne Dach). Oberhalb informiert uns eine riesige Panoramatafel über den weiteren Verlauf unserer Tour und über die gesamte Region.

Nun zieht der Weg nach KATTERAT oberhalb der Bahnlinie hinauf, belohnt uns nach 20 min. mit einer Sitzbank und einer herrlichen Aussicht über das Norddal bis zu den Häusern von KATTERAT am gegenüberliegenden Hang (puhh, ist das noch weit!).

Wir kriegen's mit der Angst zu tun (denn wir hatten bei einem früheren Fahrplan noch nicht einmal 3 Std. Zeit), starten durch, konzentrieren uns nur noch auf den Weg, überschreiten nach weiteren 30 Minuten die Bahnlinie, stolpern hinab in ein Tal, überqueren ein Flüsschen, hasten am gegenüberliegenden Hang wieder hinauf und sinken erschöpft auf das Bänkchen am Bahnhof von KATTERAT – seit dem Aussichtspunkt ein Gewaltmarsch von genau 60 Minuten. Da ertönt eine Ansage: Der Zug hat 30 min. Verspätung....

Folglich wird das Bänkle zum einzigen Vesperplatz unserer Tour, bevor wir uns wieder komfortabel und aussichtsreich (diesmal sitzen wir logischerweise rechts) nach NARVIK zurücktransportieren lassen (haben Sie das rostbraune Schiffswrack am Ufer des **Rombaksbotn** entdeckt?).

Nun haben wir uns einen ruhigen Erholungsplatz verdient!

Wir können unter zwei Möglichkeiten wählen: Entweder wir beehren den **Yachthafen** von NARVIK (auf der »E 6« über die Bahnlinie, dahinter links und die erste wieder rechts bis hinab zum Wasser). An seinem rechten Rand finden wir ein recht verlottertes Gelände, der einzige Komfort ist ein Wasserhahn.

WOMO-Stellplatz: Narvik (Yachthafen)

GPS: N68° 26' 49.0" E17° 25' 58.6"   **max. WOMOs:** 3-4.
Ausstattung: Tische & Bänke, Wasserhahn an der Wasserlinie.   **Zufahrt:** s. Text.
Hinweis: Übernachtung verboten.

Eine gute Wahl ist **Ornesvika**, der beliebteste Badeplatz von

NARVIK. Eine gute und eine fürchterlich wellige und schlaglöcherige Abfahrt führen zu ihm von der »E 6« aus. Die gute beginnt 900 m nördlich der »E 6«-Brücke über die Bahnlinie (Wegweiser: Ornesvika), die zweite führt 1400 m später vom Picknickplatz **Veteranplassen** aus unterhalb der »E 6« zurück.

(140) WOMO-Badeplatz: Narvik (Ornesvika)
GPS: N68° 26' 58.3" E17° 27' 28.5"   max. **WOMOs:** >5.
Ausstg./Lage: Sandstrand, WC mit Waschbecken, Grillstelle, baumumringt/außerorts.

Noch ruhiger steht man am schönen **Rombaksbotn** 13 km nördlich von NARVIK! Aufpassen, die Abfahrt nach rechts in die gut geteerte Stichstraße ist nicht beschildert, sie kommt genau 2300 m nach der Abzweigung zum Bahnhof von STRAUMSNES (STRAUMSNES st.)!
Gleich zwei **Stellplätze** haben wir für Sie gefunden: Der erste liegt 3,2 km nach der Abzweigung rechts, etwas erhöht, schön zwischen Birken [N68° 25' 14.4" E17° 45' 56.5"]; den zweiten, auf dem wir eine ruhige Nacht verbrachten, finden Sie 400 m später links der Straße auf einem Halbinselchen. Von hier aus sehen wir nochmals die schwarze Linie am Berghang, dort, wo die Erzbahn mühsam zum Fjell hinaufsteigt.

(141) WOMO-Stellplatz: Rombaksbotn
GPS: N68° 25' 07.1" E17° 46' 22.5"   max. **WOMOs:** 3-4.
Ausstattung/Lage: keine/außerorts; Aufenthalt max. 2 Tage.
Zufahrt: Von Narvik auf »E6« 13 km nach Norden. 2300 m nach der Abzweigung Straumses st. rechts und noch 3,6 km in den Rombaksbotn hinein.

1200 m später endet die Fahrstraße für Ihr WOMO beim Schlagbaum vor einem Wasserkraftwerk (nebenan großer Parkplatz). Sie können jedoch weiter marschieren und nach **gefährlicher** Kletterei einen Blick auf das verrostete Heck eines Kriegsschiffes werfen, das bei den Kämpfen um NARVIK zerstört wurde...

KARTE TOUR 9

50 km

Kåfjord

E6

Skibotn

E8

Kvaløya

P

Nordlichtplanetarium usw.

E 164 166

Tromsø

165

Tirpitz-Denkmal

Larseng

E8

Straums-
bukta

Helleristninger

160

862 161 159 Vikran

Sommarøy

163

162
WC
E

158

157 156 Storsteinnes

858

Mestervik

Helleristninger

154

155

Tennes

E6/E8

Nordkjosbotn

Øvergård

153

E6

87

P

857

Moen E6 Øverbygd

149

Målselvfoss

148

87

Jettegryter 151

147 150 152

Andselv

Frihetsli

Elverum

*Øvre Dividal
Nationalpark*

E6

Setermoen 146

Bardu Bygdetun

143

142

Bootsmuseum

Storfoss

Polar-Park

Gratangsbotn 144 145 E

S

Bjerkvik

E10

141

E10 Bjørnfjell

140 Katterat

138 Narvik

LPG+Flaschenfüllung

139 *Kriegsmuseum,
Helleristninger,
Ofotban*

N

E6

TOUR 9 (ca. 400 km / 3-4 Tage)

Rombaksbotn – Gratangsbotn – Øverbygd – Øvre Dividal – Storsteinnes – Sommarøy – Tromsø

Freie Übernachtung:	Gratangsbotn, Øvre Dividal NP, Storsteinnes, Tennes, Mestervik, südl. Larseng, Sommarøy, Nordfjorden, Tromsø.
Ver-/Entsorgung:	Polarzoo, Sommarøy, Tromø.
Campingplätze:	u. a. Målselvfoss, Øvre Dividal NP, Tromsø.
Besichtigungen:	Gratangsbotn (Bootsmuseum), Storfoss, Polarzoo, Bardu Bygdetun, Målselvfoss, Øvre Dividal NP, Tennes, Sommarøy, Tirpitz-Denkmal, Tromsø (u.a. Nordlichtplanetarium).
Wandern:	Øvre Dividal Nationalpark.

Sie haben die Abfahrt zum **Rombaksbotn** verpasst?
Das merken Sie schon 400 m später, dann schwingt sich Ihr WOMO nämlich über die 700 m lange **Rombaksbru** (vor Beginn der Brücke liegt rechts ein kleiner Parkplatz, dort könnten Sie wenden – oder 800 m nach ihr, beim samischen Souvenirstand!).
4,5 km nach der Brücke zweigt nach rechts die »E 10« ab, der **Nordkalottvei** nach KIRUNA. Ihr müssten Sie folgen, wenn Sie sehen wollen, wo das viele Eisenerz herkommt, das in NARVIK verschifft wird.
Sieht man mal von einem kleinen Landzipfel ab, so begleitet uns links der Straße von NARVIK bis BJERKVIK, wo die »E 10« von HARSTAD herkommend einmündet, der **Herjangs-fjord**. Dann werden wir für eine ganze Weile dem Meer untreu. Wer in Norwegen ins Landesinnere fährt, der steigt ins Gebirge hinauf! Und so brummen auch wir, gemütlich bei 65 km/h im vierten Gang, die 7 %ige Steigung hinauf. Nach 7 km haben wir bereits 334 m ü. NN erreicht und 1500 m später dürfen wir linkerhand an einem ersten See rasten.
Das Seenangebot allerdings ist reichlich, manchmal werden wir gleichzeitig rechts und links der Straße von Wasser flankiert. 1800 m nach dem ersten Parkplatz können Sie zur Abwechslung rechts der Straße ganz offiziell an Tisch und Bank neben einer Informationstafel picknicken; ein drittes Mal 2 km später. Brav hat sich unser Diesel die Höhe erschnauft, da taucht die Abzweigung in die »825« Richtung GRATANGEN auf. Außerdem wird **"Bootmuseum"** angezeigt – und unser WOMO würde, wenn es könnte, missmutig die Schnauze verziehen, denn Schiffe schwimmen nun mal im Meer....
Kurve auf Kurve muss es die wacker erkämpften Höhenmeter wieder hinabgebremst werden, bis wir nach 3 km in GRA-

TANGSBOTN nach rechts zum **Gratangenfjord** und zum **Bootsmuseum** abzweigen. Eine ganze Reihe von Gebäuden wird benötigt, um die Bootstypen der einheimischen Fischer, die seit fast 200 Jahren in der Vergessenheit alter Bootshäuser und Schuppen verfielen, wieder herzurichten und ansprechend zu präsentieren (offen: 11 - 18 Uhr; 50 (20) NOK).

Für ihre Arbeit bekam die Bootssammlung einst den Europäischen Museumspreis. Wir verleihen ihm zusätzlich einen WOMO-Preis für einen schönen großen, ruhigen **Übernachtungsplatz**.

---

(142) WOMO-Stellplatz: Gratangsbotn (Bootsmuseum)
GPS: N68° 40' 10.6" E17° 40' 44.8"   max. **WOMOs:** 2-3.
Ausstattung/Lage: Bolzplatz mit Tisch & Bank, Skaterbahn, Spende erw./Ortsrand.
Zufahrt: Von Narvik 47 km auf »E6« nach Norden. Dann links 3 km hinab.

Am nächsten Morgen turnen wir die steile und kurvige »825« wieder empor, gönnen dem Diesel nach 3 km eine Pause, während wir eine Weile dem **Storfoss** beim Brausen und Schäumen zuschauen. Es ist ein WOMO-freundlicher Wasserfall: Nur 20 m neben der Straße kann man rückwärts an ihn heranfahren und vom Heck-Panorama-Fenster aus bei Kaffee und Kuchen das Toben der Wassermassen genießen. Gesättigt sind Augen und Magen, als wir in die »E 6« einschwenken; nur noch 1035 km sind es bis KIRKENES.

3,3 km nach dem Abzweig Gratangsbotn liegt links, abseits der Straße, beim **Gratangen-Hotel**, ein schöner Picknickplatz. Ein paar Schrittchen und man hat einen Panoramablick über den **Gratangenfjord**, genau können wir die Stelle erkennen, wo heute Nacht unser WOMO stand.

---

(143) WOMO-Picknickplatz: Gratangenhotel
GPS: N68° 39' 47.2" E17° 45' 52.0"   max. **WOMOs:** 2.
Ausstattung/Lage: Tisch & Bank, Hotel/Restaurant/bei Einzelgebäude.
Zufahrt: Vom Abzweig Gratangsbotn noch 3,3 km auf »E6«, dann links.

---

4 km später haben wir mit 428 m ü. NN den höchsten Punkt des Melke-Fjells erreicht; in welliger Landschaft kurvt die «E 6»

dahin, bis sie langsam ins **Salangsdal** absteigt.

Das Außenthermometer zeigt 9° C an, da fühlen sich ja nur wilde Tiere im Freien wohl. Am Beginn des **Salangsdals** zweigen wir nach rechts Richtung BONES ab, außerdem ist **"Polarpark"** angezeigt. Nach 2,5 km passieren wir die Salangsdalen-Kapell (**Wasserhahn** auf dem Friedhof) mit Tisch & Bank auf dem großen **Parkplatz**.

(144) WOMO-Picknickplatz: Salangsdalen-Kapell

GPS: N68° 41' 52.6" E18° 06' 23.9" max. WOMOs: 2.
Ausstattung/Lage: Tisch & Bank/außerorts.
Zufahrt: Vom Abzweig Gratangsbotn noch 3,3 km auf »E6«, dann links.

800 m später stehen wir auf dem Besucherparkplatz vor dem nördlichsten **Raubtierpark** der Welt. In riesigen Gehegen, die den natürlichen Lebensbedürfnissen von Bären, Wölfen,

Vielfraß und Luchs weitestgehend entsprechen, bekommen wir die typischen Raubtiere des Nordens präsentiert. Aber auch Ren und Hirsch, Dachs und gar Moschusochsen leben hier. Während der Fütterung um 14 Uhr ist der Besuch sicher am interessantesten (offen 10-16 Uhr, Wochenende 11-15 Uhr; 215/125 NOK).

Neben dem großen Parkplatz darf man für 180 NOK (incl. Stromanschluss) im WOMO übernachten, **Entsorgung** kostet 60 NOK extra (grenzt das nicht an Wucher?).

GPS: N68° 41' 29.4" E18° 06' 41.0"; 199 m.   **max. WOMOs:** > 5.

Ausstattung/Lage: Ver- und Entsorgung, Strom; hohe Gebühr/außerorts.

Zufahrt: Von Narvik 65 km auf »E6« nach Norden. Dann rechts 3,3 km bis zum Polarzoo.

Im weiteren Verlauf des Tales haben wir weder schöne Pick-nickplätzchen (siehe jedoch Salangsdalen-Kapell!) noch Aus-gangspunkte für interessante Wanderungen entdeckt.

Weiter führt uns die »E 6« durchs **Salangsdal**. Breit sind das Tal, der Fluss und auch die Europastraße, so dass wir flott vo-rankommen. Wir passieren zwei **Picknickplätze** nach 5,5 km und 6,0 km am brausenden Fluss, legen unseren nächsten Stopp aber erst nach 11,8 km beim **Bardu-Bygdetun** [N 68° 48' 34.3" E 18° 10' 58.2"] ein.

Die alten Gebäude des **Freiluftmuseums** sind komplett mit

Freilichtmuseum Bardu Bygdetun

dem alten Inventar eingerichtet, außerdem stellt ein kleines Mineralmuseum neben einer umfassenden Übersicht über die einheimischen Gesteinsarten eine Fülle von glänzenden Mineralien aus der ganzen Welt aus.

3 km später kommen wir auf der «E 6» an einen Punkt, der eigentlich gleich dem Polarkreis markiert sein müsste – noch genau 1000 km sind es bis KIRKENES, wo Norwegen an der Russischen Grenze endet.

SETERMOEN heißt der nächste Ort, Norwegens größte Garnisonsstadt. Einen schönen, ruhigen Parkplatz findet man kaum - wir begnügen uns mit dem Parkplatz vor der Sparebank.

(146) WOMO-Stellplatz: Setermoen (Sparebank)
GPS: N68° 51' 36.1" E18° 20' 58.6"; Altevannsveien.   **max. WOMOs:** 3-4.
Ausstattung/Lage: keine/im Ort.
Zufahrt: In Setermoen beim Linksknick der «E 6» nach rechts in den Altevannsveien abbiegen.

Auf dem Militärgelände wurde ein Forsvarsmuseum (Verteidigungsmuseum) eingerichtet, bereits im Außenbereich steht eine ganze Menge von "Kriegsspielzeug" herum.

Wir werfen beim Verlassen des Ortes lieber einen Blick auf die schöne, achteckige **Kirche** (Wasserhahn). Dann folgen wir dem breiten **Barduelva** ins **Bardudal** (nach 7,5 km **Picknickplatz** oberhalb des Flusses).

Wer in ELVERUM nach rechts auf die »87« abbiegt, trifft nach 77 km, in ØVERGÅRD, wieder auf die »E 6« – wer auf ihr bleibt, hat für diese Strecke 78 km benötigt! Auch wir biegen hier rechts, haben aber eine ganze Reihe von anderen Gründen dafür – denn abkürzen tun wir sowieso nie!

Haben Sie rechts oben im Gebirge den **Istindan-Gletscher** gesehen? Auf den nächsten Kilometern blinkt er immer wieder blaugrau zwischen den grünen Baumwipfeln hindurch.

Nach 8,3 km auf der »87« biegen wir links in eine Stichstraße zum **Målselvfoss**; aus dem Birkenwald beidseits der Straße leuchten hunderte von Birkenpilzhüten. Folglich dauert es etwas länger, bis wir nach 3 km vor dem Målselvfoss-Turistsenter parken [N 69° 2' 4.3" E 18° 38' 51.7"] und rechts zum Fluss hinabsteigen. Gewaltig wälzt sich der gesamte **Målselva** in voller Breite steile Klippen hinab in breitem, weiß schäumendem Band. Er ist einer der imposantesten Wasserfälle Norwegens. Diesseits des Flusses, direkt zu unseren Füßen, hat man ein Babybett in den Fels

Blick auf den Målselvfoss

gehackt, in ihm können sich die Lachse wesentlich bequemer flussaufwärts schnellen; auf das Lachsstudio am Ende des bequemen Fußweges können Sie getrost verzichten. Erwähnt sei auch der (teure) **Stellplatz** vor dem Tourist-Center.

Weiter ziehen wir auf der »87« nach Osten, bereits jetzt schweift der Blick an den grünen Hängen hinauf zum Fjell an der schwedischen Grenze. Dort liegt einer der schönsten Nationalparks Norwegens, **Øvre Dividalen**. Die "Großen Vier" – Bär, Wolf, Luchs und Vielfraß – haben dort ihrer früher intensiv betriebenen Ausrottung getrotzt und können sich nun wieder ungestört vermehren.

Die große, weiße Kirche von ØVERBYGD liegt 8 km vor dem Ort, man erkennt sie schon von ferne und findet neben ihr, oberhalb eines Knickes des Målselva, schöne ruhige Plätze.

(147) WOMO-Picknickplatz: Øverbygd (Kirche)
GPS: N68° 59' 49.8" E19° 07' 56.6"   **max. WOMOs:** 2-3.
Ausstattung/Lage: Tisch & Bank, Wasserhahn/außerorts.
Zufahrt: Von der «E 6» rechts in die «87», nach 31 km rechts.

In ØVERBYGD biegen wir mit der »87« vor der SHELL-Tankstelle scharf rechts (an diese Stelle werden wir wieder zurückkehren).

Einen ruhigen und aussichtsreichen Stellplatz im Hochwald findet man, wenn man nach 3,5 km (links geht es zur Råvatn Skytebane mit großem, geschotterten Parkplatz) rechts in einen bequemen Forstweg durch den Hochwald einschwenkt (vor bzw. hinter der Schießbahn). Der Blick über den breiten Målselva bis zu den schneebedeckten Gipfeln ist einmalig.

Blick über den Målselva nach Südwesten

(148) WOMO-Stellplatz: Råvatn Skytebane/Målselva

GPS: N69° 01' 03.9" E19° 22' 21.2"   **max. WOMOs:** 3-4.

Ausstattung/Lage: keine/außerorts.

Zufahrt: In Elverum von der »E6« auf die »87«. In Øverbygd wieder rechts noch 3,5 km.

Nach einem gemütlichen Morgenspaziergang ziehen wir weiter, verlassen 2 km später endgültig die »87« nach rechts, ziehen nach Süden ins **Dividal** (»km 0«). Der Abstecher lässt sich zunächst recht langweilig an, auf bundesstraßenbreiter Naturbahn düsen wir ohne Gegenverkehr durch Birkenwälder. Dann erheben sich langsam die Bergkolosse des Nationalparks vor uns. Es sind keine spitzen, bizarren Zacken wie auf den Lofoten, sondern behäbige, runde Kolosse.

Nach 19 km Stichstraße passieren wir einen aufgegebenen Campingplatz, bei »km 21,1« zeigt ein Wegweiser nach links zu einem "Fiskeplass", einem ruhigen Parkplatz am Fluss.

(149) WOMO-Stellplatz: Øvre Dividal NP (Fiskeplass »km 21,1«)
GPS: N68° 50' 53.0" E19° 34' 21.8"   **max. WOMOs:** 2.
Ausstattung/Lage: keine/außerorts.
Zufahrt: Von der »E6« auf die »87«, dann rechts ins Dividal noch 21 km.

Bei »km 22,0« überqueren wir den **Divielva** auf die linke Seite; er hat sich aus einem ruhig strömenden Langweiler zu einem recht munter brodelnden Gebirgsflüsschen gemacht.

2400 m später halten wir neben einer gesperrten Brücke [N 68° 49' 51.3' E 19° 37' 11.0"], einer der optischen Höhepunkte unseres Abstechers ist erreicht!

Øvre Dividalen NP; Jettegryter im Divielva

Wie ein wild schäumendes Untier presst sich der Fluss zwischen den eng stehenden Felswänden hindurch, die seiner Wut nicht weichen wollen. Aber er wendet eine spezielle, nachhaltig wirkende Zerstörungstechnik an: Strudelnd sausen die Wasserströme im Kreise, schleifen Trog für Trog ins Gestein, höhlen es aus wie einen Schweizer Käse. Viele der "**Jettegryter**" liegen jetzt, in der Sommerzeit, trocken, und wir können sie gebührend bestaunen. Spaziert man 500 m die Straße flussabwärts, so kann man unterwegs immer neue Abschnitte des Zerstörungswerkes begucken und dann bis zum Fluss hinabsteigen. Auf glatten Klippen erkunden wir noch weitere, herrliche Passagen dieses einmaligen Naturwunders. Wenige Meter flussaufwärts fließt das Wasser bereits wieder ruhig, am Ufer warten geduldige Petrijünger darauf, Zwei-Kilo-Forellen an Land ziehen zu können.

5,2 km nach den Jettegryter, also bei »km 29,6«, liegt rechts, versteckt hinter Gebüsch, unser **Lieblingsplätzchen**. Ob Sie es wohl finden werden?

(150) WOMO-Stellplatz: Øvre Dividal NP
(»km 29,6«)
GPS: N68° 47' 35.8" E19° 41' 04.9"
max. WOMOs: 2.
Ausstattung/Lage: keine/außerorts.
Zufahrt: Von der »E6« auf die »87«, dann rechts ins Dividal noch 30 km.

Bei »km 31,5« passieren wir FRIHETSLI, eine Ansammlung von Bauernhöfen, dann wird die Fahrbahn schmaler, schlechter – und kostet 50 NOK Bom!
Jetzt haben wir nur noch zwei **Wanderparkplätze** zu beschreiben: Nach 2 km steht die (offene) Wandererhütte "Ventebu" links unter Birken, gegenüber ist ein riesiger **Parkplatz** eingerichtet.

(151) WOMO-Wanderparkplatz: Øvre Dividal NP (Ventebu)
GPS: N68° 45' 50.8" E19° 43' 03.3"; 208m.   **max. WOMOs:** > 5.
Ausstattung/Lage: Hütte mit kompl. Ausstattung, Toilette, Wanderwege/außerorts.
Zufahrt: Von Narvik auf »E6« nach Norden. In Elverum rechts auf die »87« und 5,5 km hinter Øverbygd wieder rechts ins Dividal. In ihm noch 33,5 km.

Nach weiteren 5 km endet der Fahrweg kurz vor der Grenze des Nationalparks mit einer weiten Wendeschleife, in deren Mitte Tische und Bänke zur Rast einladen.

(152) WOMO-Wanderparkplatz: Øvre Dividal NP (Wendeschleife)
GPS: N68° 43' 28.6" E19° 45' 16.0"; 301 m.   **max. WOMOs:** > 5.
Ausstattung: Tisch & Bank, Toilette, Feuerstelle mit Holz, Wanderwege.
Zufahrt: Von Narvik auf »E6« nach Norden. In Elverum rechts auf die »87« und 5,5 km hinter Øverbygd wieder rechts ins Dividal. In ihm noch 33,5 km bzw. 38,5 km.

An beiden Plätzen kann man herrlich ruhig übernachten und die verschiedensten Wanderungen erleben.

Wir starten von der (unverschlossenen) **Ventebu** ins **Skakterdal**. Sofort nimmt uns ein verwunschener Märchenwald auf, durch den sich ein lustiger Pfad schlängelt; er stolpert über Wurzeln, hüpft über Steine, wiegt sich auf Torfpolstern. Schließlich steigt er an, macht eine Aussichtspause an einer steilen Terrasse zum **Skakterelva**. Locker nehmen wir eine ebene Passage durch lichten Birkenbuschwald, dann schnaufen wir weiter empor. Nach einem knappen Stündchen haben wir auf einem flachen, geröllübersäten Felsplateau die Baumgrenze erreicht und uns damit einen herrlichen Blick in die Runde erwandert. Folgt man dem Pfad noch 200 m weiter, senkt er sich zu einem kleinen, verwunschenen Bergsee, wo man windgeschützt picknicken kann. Einen zweiten See entdecken wir erst beim Rückmarsch, er liegt noch vor dem Felsplateau, rechts unterhalb des Wanderweges. Noch nicht genug gewandert?
Nach einem weiteren Stündchen würden Sie auf der Höhe auf einen Querweg treffen, der Sie nach 3 Stunden nach rechts zur **Dividalshytta** führt. Von dort geht es bergab zurück zum Endpunkt des Fahrweges. Sie sehen: Das wäre eine Ganztagswanderung oder schon ein kleines Zweitagesabenteuer mit Zelt, Isomatte und Schlafsack.

Auf dem Rückweg lüftet sich für uns der Schleier um den geheimnisvollen Moltebeerenmythos: Erstmals entdecken wir reife, d.h. blassgelbe Beeren (unreif sind sie rot) und stellen fest – sie schmecken wie Birnenkompott, getarnt als gelbe Brombeere am Stiel.
Nach ruhiger Nacht auf dem Ventebu-Parkplatz düsen wir zur »87« zurück. Wer auf unseren Abstecher nach TROMSØ verzichten möchte, biegt hier rechts und trifft uns an der »E 6« bei ØVERGÅRD wieder. Wir rollen nach links und biegen an der SHELL-Tankstelle in ØVERBYGD in die »857« Richtung STORSTEINNES/HELA ein.

Moltebeere
(Rubus chamaemorus)

In endlosen Kurven, Schleifen und

Windungen, die um imaginäre Hindernisse herumzuführen scheinen, ziehen wir durch sumpfigen Birkenwald, in dessen saftigem Unterholz sich Ziegen- und Schafherden wohlfühlen; dann erreichen wir den riesigen Talvatn. An seiner Oberfläche rollen die Wogen, vom Sturm gepeitscht, wie im Meer. Flache Inseln liegen in ihm gut verankert.

Der anspruchsvolle WOMO-Tourist wartet so lange vergeblich auf einen bequemen Aussichtsparkplatz, bis er unverhofft an der Einmündung zur »E 6« steht. Hier biegt er rechts Richtung KIRKENES ein und bekommt nach 400 m seinen **Komfortparkplatz** – zwar nicht an einem See, dafür aber mit einer **Touristen-Information** (Stadtplan von Tromsø!) und einer freundlich lächelnden Lappenfamilie, die Felle, Geweihe und andere Samen-Souvenirs verkaufen möchte [N69° 08' 36.3" E19° 03' 08.9"].

Noch nicht einmal 3 km sind wir der »E 6« gefolgt, da verlassen wir sie wieder nach links Richtung STORSTEINNES und finden nach 700 m einen Umweg über die alte Straße. Hinter dem Brückchen kann man fein stehen, abseits vom E 6-Trubel.

(153) WOMO-Stellplatz: "Alte Brücke"

GPS: N69° 10' 05.7" E19° 03' 23.0"   **max. WOMOs:** 2-3.
Ausstattung/Lage: keine/außerorts.
Zufahrt: Von der »E6« auf die »296« Richtung Storsteinnes, nach 700 m links.

In STORSTEINNES stoßen wir auf den **Balsfjord**, schwenken links in die »858« und nach 500 m rechts in den Meieriveien. An seinem Ende finden wir, auf einem Halbinselchen im Fjord, ein aussichtsreiches Plätzchen.

(154) WOMO-Stellplatz: Storsteinnes (Halbinselchen)

GPS: N69° 14' 34.3" E19° 14' 49.6"   **max. WOMOs:** 2-3.
Ausstattung/Lage: keine/außerorts.
Zufahrt: In Storsteinnes nach links auf die «858«, nach 500 m rechts.

Weiter auf der «858» machen wir nach 5 km einen Abstecher nach TENNES, am Ende der Stichstraße wartet dreierlei auf uns: Ein ruhiger **Parkplatz** am Fjord, die Kirche von TENNES, die **Balsfjord-Kirke** aus dem Jahre 1855 mit Toiletten und großem **Parkplatz** und ein "Kultursti" zu drei Felszeichnungsfeldern.

(155) WOMO-Wanderparkplatz: Tennes

GPS: N69° 18' 39.0" E19° 20' 45.8"   **max. WOMOs:** 3-4.
Ausstattung: Toilette mit Waschbecken mit kaltem und warmem Wasser (meist verschlossen), Tisch & Bank, Mülleimer, Wanderweg zu den Felsritzungen.
Zufahrt: Von Narvik auf »E6« nach Norden. 35 km hinter Andselv links und über Storsteinnes nach Tennes.

Wir parken neben der weißen Kirche, die von einem verspielten Architekten entworfen wurde: Drei Gebäude mit Satteldach sind aneinandergereiht, eines immer größer als das andere. Auch der Kirchturm besteht aus drei Stockwerken, die zwei unteren mit Satteldach, das quadratische Glockentürmchen mit spitzem Walmdach.

Links des alten Friedhofes führt der **Kulturpfad** zunächst zur **Felswand Kirkely** (2700 v. Chr.). Hier versammelten sich Jäger und Sammler, tauschten ihr Wissen über die Wanderwege des Wildes, gute Fischgründe und natürlich reiche Sammelplätze für Pilze und Moltebeeren aus. Für spätere Generationen ritzten

sie ihre Erfahrungen in die Steine ein. Lustig klein sind die Tierdarstellungen, aber äußerst präzise, jedes Kind erkennt sie sofort. Aber wie ist die Giraffe nach TENNES gekommen?
Liebevoll ist der **Kultursti** (rechts halten) zu den anderen Felsritzungsfeldern angelegt, Brettestege führen über die "saftigsten" Stellen. Trotzdem

sollte man bei feuchter Witterung Gummistiefel anziehen, man versinkt bis zu den Knöcheln im Moor. In **Okkhammaren** (4600 v. Chr.) habe ich einen fetten Ochsen fotografiert, dem der "Bildhauer" eine Zerlegeanweisung für die besten Stücke mit eingeritzt hat.

Und in **Gråbergan** (2600 v. Chr.) schließlich bekomme ich einen der alten Jäger auf die Fotoplatte oder eher, wie er sich selber sah. Von hier aus sind es nur noch 50 Schritte hinab zur Fahrstraße, auf der man trockenen Fußes zum WOMO zurückkehren kann (Rundweg knapp 2 km).

Wir kehren zur »858« zurück, biegen rechts und haben bald das Südufer der **Balsfjord-Halbinsel** erreicht. In MESTERVIK finden wir ein schönes Plätzchen am Ufer neben einer Birkenreihe zwischen Sportplatz und Miljøbygget (was wir hoffentlich richtig mit "Umweltzentrum" übersetzen).

(156) WOMO-Picknickplatz: Mestervik (Sportplatz)
GPS: N69° 19' 51.0" E18° 53' 52.2" max. **WOMOs:** 2-3.
Ausstattung/Lage: Tisch & Bank/im Ort.
Zufahrt: In Storsteinnes nach links der «858« bis Mestervik folgen, dort links.

500 m später verlassen wir die »858« nach links Richtung MORTENSHALS auf die »286«, weil wir an der interessanteren linken Flanke der Halbinsel bleiben wollen.

Nach 3 km lohnt sich nach links ein Abstecher zum alten **Handelsted**.

Dort kann man zwischen dem alten Kaufmannsladen und dem winzigen Leuchtturm gut stehen, einkehren (?) oder sich den original eingerichteten Laden anschauen.

(157) WOMO-Stellplatz: Handelsted
GPS: N69° 19' 55.2" E18° 49' 15.6" max. **WOMOs:** 2.
Ausstattung/Lage: Gaststätte z. Zt. geschlossen/bei Einzelgebäuden.
Zufahrt: Hinter Mestervik links auf die «286«, dann noch 3 km.

Wie gefallen Ihnen die Bänkchen auf der Schäre hinter MA-LANGEN BRYGGA?

In MORTENSHALS gefällt uns ein Plätzchen, das einem Campingplatz ähnelt, aber nichts kostet.

(158) WOMO-Stellplatz: Mortenshals
GPS: N69° 24' 00.2" E18° 35' 35.7"   **max. WOMOs:** >5.
Ausstattung/Lage: Liegewiese, Strom (?)/Ortsrand.
Zufahrt: Hinter Mestervik links auf die «286«, dann bis Mortenshals.

Immer wieder schön ist der Blick nach links auf die andere Fjordseite, wo die schneebedeckten Gipfel über 1200 m in die Höhe ragen, aber auch rechts von uns steigen die Hänge immer steiler an, Schneestreifen laufen in den Karen hinab wie gefrorene Wasserfälle.

Westabhang der Balsfjord-Halbinsel

Dann schwenkt die Straße nach Osten und wir können über den **Straumsfjord** zur Insel **Kvaløy** hinüberschauen, unserem nächsten Ziel. Eine Insel - also eine Fähre?

Nein, der neue Unterwassertunnel VIKRAN - LARSENG ist schon fertig - und der alte Fährableger dient nur noch als großer, abseits des Verkehrs gelegener Stellplatz.

(159) WOMO-Stellplatz: Vikran (Alter Fährableger)
GPS: N69° 32' 40.1" E18° 46' 09.8"   max. WOMOs: > 5.
Ausstattung/Lage: Toilette/außerorts.
Zufahrt: Hinter Mestervik links auf die «286«, dann bis Vikran.

In LARSENG schwenken wir nicht mit den anderen nach rechts Richtung TROMSØ, sondern biegen links in die »862«, halten 2,4 km nach dem Tunnel auf einem **Parkplatz** [N 69° 33' 42.0" E 18° 44' 46.7"] rechts einer Gärtnerei. Auf steilen, schwarzen Felsen hatten sich vor 4500 Jahren wieder die **Felsritzer** betätigt.

Das sechsbeinige (?) Tier ließe sich ja noch als erschossenes Rind interpretieren, aber bei der nächsten Darstellung versagt unsere Fantasie (Kampfszene?).

Fährt man noch 1000 m weiter auf der Straße, so kann man nach links hinab zu einem offiziellen **Parkplatz** für "Campingvogner" rollen. Oberhalb des Platzes liegt ein Café (Sa/So geöffnet), das seine guten Waffeln anpreist.

(160) WOMO-Stellplatz: Larseng

GPS: N69° 33' 36.6" E18° 43' 10.6"   **max. WOMOs:** > 5.
Ausstattung/Lage: Felsküste (Anglerparadies), Müllcontainer/außerorts.
Zufahrt: Von Storsteinnes nach Vikran, durch den Unterwassertunnel nach Larseng.
Dort links bis zum Stellplatz.

Der erste Ort an unserer Kvaløya-Umrundung ist STRAUMS-
BUKTA mit einem schönen Picknickplatz direkt vor der Schule.

(161) WOMO-Picknickplatz: Straumsbukta

GPS: N69° 34' 34.3" E18° 37' 43.0"   **max. WOMOs:** 2.
Ausstattung/Lage: Tisch & Bank/im Ort.
Zufahrt: Von Larseng auf der «862» nach Westen bis Straumsbukta, im Ort rechts.

Eine Weile fahren wir noch am Ufer des schmalen **Straum-
fjord**-Schlauches entlang. Hinter MJELDE erweitert es sich zum
Malangen und die hohen Schneeberge der Insel **Senja** schieben
sich ins Bild. Immer wieder gibt es ein Plätzchen, um in die

Runde zu schauen (z.B.
hinter GREIPSTAD).
Hinter   BUVIKVOLL
schneiden wir eine Land-
zunge ab, die Straße
steigt hinauf zu kahlen
Höhen, kleine Seen be-
gleiten uns. Was halten
Sie vom Urlaub auf der
Insel?
Als die Ringstraße nach
Nordosten abgeschwenkt ist, machen wir einen Abstecher zu
den Inseln **Sommarøy** und **Hillesøy**. Nach 2 km, vor der ersten
schmalen Brücke (mit Ampelsteuerung) liegt rechterhand ein

Blick von Sommarøy bis Senja

großer Picknickplatz mit Toiletten, Tisch & Bank und weitem Blick übers Meer.

Der elegant geschweifte Brückenbogen bringt uns nach **Sommarøy**, wo uns eine ganze Schar von Sandstränden bis zur zweiten Brücke nach **Hillesøy** begleitet.

Dort folgen wir nach links dem Wegweiser in den Skipsholmveg zum Sommarøy-Hotel und an diesem vorbei zum tollen Stellplatz links des Sandstrandes.

(162) WOMO-Badeplatz: Hillesøy

GPS: N69° 37' 54.6" E17° 59' 53.1"; Skipsholmvegen.   **max. WOMOs:** 3-4.
Ausstattung/Lage: Sandstrand, Ver-/Entsorgung, Toilette, Müllcontainer/Ortsrand.
Zufahrt: Über Sommarøy nach Hillesøy, dort links in den Skipsholmveg.

Auf den Inselchen kann man fein spazieren gehen, die Vögel im Inselzoo ob ihrer engen Käfige bedauern, sich von den Seeschwalben à la Hitchcock anfeinden lassen oder den eigentümlichen Strand bestaunen:

Im Flutsaum ist er saharagelb und fein, weiter hinten eine eigentümliche Mischung aus zerbrochenen Muschelschalen und Kaltwasserkorallen.

Baptistenkirche in Sommarøy

Auf dem Rückweg fahren wir durch das Wohngebiet von SOM-
MARØY, um einen Blick auf die eigenwillige Kirchendachkons-
truktion zu werfen. Das im Jahr 1981 eingeweihte Gotteshaus
hat sich seine Form vom steil aufragenden Felsen der Insel
Håja im Norden von **Sommarøy** abgeschaut.

Zurück auf der Ringstraße halten wir uns links auf TROMSØ zu.
Nur ganz kurz haben wir das offene Meer vor uns, dann schiebt
sich die Insel **Tussøy** ins Bild. Ein Tunnel unterquert einen ins
Meer ragenden Hügelrücken, dann schwenkt die Straße nach
Süden, folgt brav der Kontur des Nordfjords, gegabelt wie ein
Fischschwanz. Am oberen Ende der "Schwanzflosse" unterqueren wir das Förderband eines Kieswerkes und können direkt
dahinter zu einem umfangreichen Birkenwald-Stellplatzgelände
hinter dem Strand einkurven.

(163) WOMO-Badeplatz: Nordfjord

GPS: N69° 38' 07.7" E18° 24' 06.4"   **max. WOMOs:** > 5.
Ausstattung/Lage: Sandstrand, Liegewiesen/außerorts.
Zufahrt: Von Sommarøy nach links 22 km auf der »862« Richtung Tromsø.

Wir verlassen jetzt den Fjord und ziehen über Land weiter Richtung TROMSØ. Sofort ändert sich das Landschaftsbild: Zerrupfte, vom Schnee zerknickte und von Elchen abgefressene Birkenreste begleiten uns aufs Fjell. An einer der höchsten Stellen linkerhand ein See mit **Picknickplatz** [N69° 38' 59.9" E18° 29' 53.7"], dann sinken wir hinab zum **Kaldfjord**, überwinden ein schmales Hügelband und stoßen am Ufer des Balsfjords

auf die »862«, die rechts von LARSENG herkommt und links nach TROMSØ führt. Wir machen einen 1500-m-Abstecher nach rechts, denn dort liegt ein kleines Inselchen, **Håkøy**, eine schmale Holzstelzen-brücke führt hinüber.

Nach 3200 m halten wir [N 69° 38' 54.4" E 18° 48' 13.0"] und gehen nach rechts zu der kleinen Stahl-platte, die man aus dem Rumpf der versenkten **Tir-pitz** geschweißt hat.

Das Denkmal (Tisch, Bank und Gästebuch sind ver-schwunden) erinnert an den 12.11.1944, als englische Spezialbomben das größte deutsche Kriegsschiff vor dieser Insel versenkten.

Wir nähern uns TROMSØ, der größten Stadt Nordnorwegens von Nordwesten. Das Zentrum der Stadt mit den vielen Super-lativen liegt auf der **Insel Tromsøy**, zwei gewaltige Brücken verbinden sie mit der **Nachbarinsel Kvaløy** (von der wir kom-men) und mit dem Festland.

Steil, im dritten Gang, dröhnen wir zum Zenit des riesigen Spannbetonbauwerkes empor. Von oben hat man das Gefühl, auf dem Flughafen von TROMSØ zur Landung anzusetzen. Dann geht es wieder genauso steil bergab, nach über 1200 m erst ist das Ende der Brücke erreicht. Wir kurven um die Landebahn des Flughafens herum, unterqueren das Ende der Landebahn, halten uns am nächsten Kreisverkehr geradeaus Richtung UNIV.(ERSITÄT). Wer hier links abbiegt, landet im größten Einkaufszentrum Nordnorwegens.

Bergauf geht es, nach 2 km biegen wir rechts zur **Universität** (erster Superlativ: nördlichste Universität der Welt).

Neben ihr liegt das **Nordlicht-planetarium** [N69° 40' 57.5" E18° 57' 56.5"] (nördlichstes Planetarium der Welt), und ein geologischer Lehrpfad führt rechts ab zum nördlichsten **Botanischen Garten** der Welt, wo man die arktisch-alpine Vegetation von überall auf der Welt pflegt.

Geschickt gestylt ist das Äußere des Nordlichtplanetariums, es ähnelt verblüffend einer Raumkapsel. Im Inneren kann man in einer äußerst anspruchsvollen 360°-Projektion das flammende, grüne Nordlicht, die Mitternachtssonne und andere Höhepunkte des Polarhimmels erleben. (Vorstellung: tägl. 12.15/13.15/15.15 Uhr).

Frei Parkplätze gibt es hier, im Universitätsgelände, nur am Wochenende ...

Wir rollen weiter hinab Richtung Sentrum, das wir durch einen 2,7 km langen Tunnel erreichen (Gasfüllung siehe Tipps).

Aber was für einen Tunnel: Noch tief im Berg müssen wir, auch für Norwegen einmalig, an einem Kreisverkehr nach links schwenken und erblicken kurz vor der **Tromsøbru** wieder das Tageslicht. Die Brücke führt nach links (»E 8«) hinüber zum Festland, wir halten geradeaus auf die **Altstadt** zu.

Tromsø, Blick über die Tromsø-Brücke zur Eismeerkathedrale

Mühelos finden wir neben der **Kathedrale** (nördlichste ev. Domkirche der Welt) einen Parkplatz, denn es ist bereits nach 17.00 Uhr. Nach Norden spazieren wir die **Fußgängerzone** mit ihren hübschen Holzhäusern entlang, links liegt die nördlichste kath. **Domkirche** der Welt, schwenken dann nach rechts in den Hafen. Dort liegt, leicht erkennbar an zwei riesigen Walfangharpunen, das **Polarmuseum**.

Tromsø, Tollbodbrygga mit Polarmuseum

Das Gebäude gehört zu der unter Denkmalschutz stehenden **Tollbodbrygga** und auch die weiteren Speicherhäuser mit ihren nasenförmigen Kranerkern haben wir, in verfallenem Zustand, schon in NYKSUND bestaunt.

Das **Polarmuseum** informiert nicht nur über Wal- und Fischfang, sondern auch über die norwegischen Forschungsaktivitäten in den Polargebieten. Deshalb hat sich Roald Amundsen, dessen Büste vor dem Museum steht, auch schon warm eingemummt. Am **Stortorg** vorbei kehren wir zum WOMO zurück.

Die Altstadt von TROMSØ ist ein Idyll, sie reiht sich ein neben BERGEN, TRONDHEIM und ÅLESUND in die Hitliste unserer norwegischen Lieblingsstädte.

Die Übernachtungssituation für WOMOs ist allerdings prekär. Eigentlich gibt es nur den (oft überfüllten) Parkplatz bei **Polaria**.

---

(164) WOMO-Stellplatz: Tromsø (Polaria)

GPS: N69° 39' 34.0""' E18° 56' 48.4"; Hjalmar Johansens Gate **max. WOMOs:** 20.
Ausstattung/Lage: V/E 200 m, wochentags Gebühr 12-20 NOK/h, nachts frei/im Ort. Zufahrt: Von Nordosten kommend die Fußgängerzone umfahren, dahinter links (Wegweiser u.a. "Polaria").

KARTE TOUR 10

50 km

TOUR 10 (ca. 590 km / 2-4 Tage)

Tromsø – Nordkjosbotn – Skibotn – Manndal – Kåfjorddal – Reisadal – Sørstraumen – Saltnes – Øksfjord – Bognelvdal – Alta – Sautso-Canyon

Freie Übernachtung:	u. a. Skibotn, Manndal, Kåfjorddal, Djupvik, Steinsvik, Saltnes, Øksfjord, Bognelvdal, Talvik, Sautso-Canyon.
Ver-/Entsorgung:	Tromsø (bei Polaria), Talvik (Tankstelle).
Campingplätze:	u. a. Nordkjosbotn, Skibotn, Birtavarre, Storslett, Alteidet, Alta.
Baden:	Tromsø (Telegrafbukta), Skibotn, Steinsvik.
Besichtigungen:	Tromsø, Piggstein, Sorbmegorsa-Canyon, Alta.
Wandern:	Sorbmegorsa-Canyon, Reisa NP, Saltnes (Øksfjordjøkelen), Bognelvdal (Bubbel'n), Sautso-Canyon.

Down-Town-TROMSØ, der alte Stadtkern, hat uns gut gefallen. Fein kann man da bummeln, alles Sehenswerte scheint auf kleinstem Raum versammelt zu sein. Besonders möchten wir auf zwei total verschiedene Attraktionen hinweisen, die beide vom gleichen WOMO-Stellplatz aus zu erreichen sind.

Vom Stellplatz "Polaria" sind es nur wenige Schritte zu dem "erlebnisorientierten" Museum, dessen Schwerpunkt natürlich die Polarforschung ist. Besonders beliebt sind die Bartrobben, denen man bei der Fütterung (15 Uhr) und diversen Kunststücken zuschauen kann. In großen Fischaquarien werden die häufigsten Arten der Barentssee gezeigt.

Ein toller Panoramafilm nimmt Sie mit auf eine bequeme Reise rund um Spitzbergen.

Ein paar Schritte weiter liegt **Mack's Ølhalle** an der Storgata. Dies ist die Brauereigaststätte der nördlichsten Brauerei der Welt und gleichzeitig der Treffpunkt derer, die sich für die Brauereiführung (tgl. 13 Uhr) eingefunden haben. In ihrem Verlauf erfährt man Interessantes über den (deutschen) Firmengründer, die Produktion und freut sich schon auf die Bierprobe.

Macks Ølhallen-Theke – wenn nur die Preise nicht wären!

Aber die größte Stadt Nordnorwegens bietet noch viel mehr: Fährt man an der Südspitze der **Insel Tromsøy** nach rechts, so erreicht man 500 m später eine Straßengabelung. Links sieht man das schlanke hohe **Marmormonument**, das zur Erinnerung an den Flug der "Italia" errichtet wurde. Dieser Zeppelin überflog am 25.5.1928 unter dem Kommando von Umberto Nobile den Nordpol und verunglückte anschließend nördlich von Spitzbergen; die Überlebenden wurden unter großen Opfern geborgen (Roald Amundsen kehrte von einem der Rettungsflüge nicht zurück).

Vor dem Denkmal führt ein Fußweg zur nahen **Telegrafbukta**, einem hübschen Wiesenplatz mit Sitzbänken, die vermutlich wesentlich häufiger Zuspruch finden als der davorliegende

Tromsø, Telegrafbukta

Badestrand. 250 m weiter liegt links, sichtgeschützt von der der Straße, der große, ebene Badeparkplatz, dem man offensichtlich vergessen hat, eine Parkuhr zu verpassen [**165:** N69° 38' 05.1" E18° 54' 22.0"], er scheint uns übernachtungsgeeignet zu sein. Nach rechts geht es zum **TROMSØ-Museum** (offen 9 - 21 Uhr) mit fachübergreifenden Ausstellungen über Umwelt, Samische Völkerkunde und speziell die Arktis – und einem großen Parkplatz [N 69° 38' 7.7" E 18° 54' 49.7"].

TROMSØ verabschiedet sich mit zwei Höhepunkten im wörtlichen Sinne. Zunächst schweben wir nördlich der Altstadt über die gigantische **Tromsøbru** nach Osten zum Festland (sie hat beidseits der Fahrspuren Fußgängerwege, wäre das nicht einen Abstecher zu Fuß wert?).

Vom Zenit der Brücke hat man den schönsten Blick auf die **Eismeerkathedrale**, dieses einmalige Bauwerk im Stadtteil **Tromsdalen**. Eine eigenwillige Architektonik schafft Verbin-

dung zur arktischen Natur, wird man doch sofort an die spitzen Zacken norwegischer Gebirge oder schwimmender Eisberge erinnert (offen 10 - 17 Uhr).

Biegt man hinter der Brücke zweimal rechts und unterquert sie, so findet man nach 300 m einen großen, geschotterten, lauten Platz mit Blick auf die Brücke neben Fußballfeldern und nach weiteren 300 m vor einem Jachthafen einen weiteren, etwas weniger lauten Stellplatz (jeweils Camping verboten).

(166) WOMO-Stellplatz: Tromsø (Jachthafen)
GPS: N69° 39' 06.1" E18° 59' 55.1"; Tromsøysundvegen.   **max. WOMOs:** > 5.
Ausstattung/Lage: keine, Camping verboten/Ortsrand.
Zufahrt: Von Tromsø-Zentrum über die Brücke, 2x rechts noch 600 m, dann links.

Auf der »E 8«, die TROMSØ mit der »E 6« und dem fernen KILPISJÄRVI in Finnland verbindet, rollen wir nach rechts, ziehen auf der Ostseite des **Balsfjords** nach Süden.

Nach 24 km zweigt in FAGERNES nach links die »91« ab. Sie führt über die **Lyngenhalbinsel** zur »E 6« bei OLDERDALEN und verkürzt die Strecke um 118 km, hat allerdings zwei Fährpassagen!

FAGERNES liegt an einem Seitenarm des Balsfjords, dem **Ramfjord**. An seiner Südspitze liegt ein gut besuchter **Campingplatz**. Biegt man zu ihm ab und lässt ihn rechts liegen, so findet man nach 900 m ein ruhiges und aussichtsreiches Plätzchen direkt am Fjord.

(167) WOMO-Stellplatz: Ramfjord (Südspitze)
GPS: N69° 30' 49.9" E19° 14' 20.0"   **max. WOMOs:** > 5.
Ausstattung/Lage: keine/bei Einzelgebäuden.
Zufahrt: Von Tromsø auf der »E 8« bis zu Ende des Ramfjords, dort rechts.

Bei »km 46« haben wir wieder den **Balsfjord** erreicht, jetzt muss bald die Kirche von TENNES in Sicht sein. Richtig, nach weiteren 9 km, auf der Höhe der "MO-Planteskole" liegt sie genau am gegenüberliegende Ufer.

Nun fahren wir in den **Nordkjosen** hinein, den südlichsten Zipfel des **Balsfjords** und sehen schon, im spitzen Winkel, die »E 6« auf uns zu kommen. An einem **Campingplatz** vorbei biegen wir bei NORDKJOSBOTN nach links in die Nordkap-

Rennstrecke ein, dann aber sofort wieder Richtung Zentrum, rollen am Sportplatz vorbei zur Nordkjosbotn-Idrettshallen.

(168) WOMO-Stellplatz: Nordkjosbotn (Idrettshallen)
GPS: N69° 13' 01.0" E19° 34' 15.2"; Ringveien.   **max. WOMOs:** 3-4.
Ausstattung/Lage: keine/Ortsrand.
Zufahrt: Von Tromsø auf der »E 8« bis Nordkjosbotn, dort links und nach 100 m rechts.

Was halten Sie von Graffiti? Haben Sie wenigstens eine Farbsprühdose dabei? Nein??
Dann brauchen Sie auch nicht beim "**Piggstein**", nach 5,5 km links der »E 6«, vergeblich nach einem Platz für Ihre Erinnerungsmalerei zu suchen [N 69° 11' 57.5" E 19° 39' 51.7"].
Seit Jahrzehnten verewigen sich dort die Nordlandfahrer, müssen bereits auf Nachbarfelsen ausweichen. Wer weiß, wie viele Farbschichten schon übereinander liegen.
4 km später stoßen von rechts auf der »87« kommend die TROMSØ-Verweigerer zu uns; ob sie wohl die große Zweitagestour im **Øvre Dividal Nationalpark** gemacht haben?
Nach 18 km biegt links die »868« nach LYNGSEIDET ab und der **Storfjord** beginnt mit seinem südlichsten Zipfel. Dort, wo er sich zum **Lyngen** vergrößert, werden sich uns die schönsten Ausblicke auf die tief verschneiten **Lyngenalpen** mit ihren blauglänzenden Riesengletschern bieten. Deshalb wollen wir Ihnen die Aussichtspunkte etwas genauer beschreiben:
Bereits 3 km nach der »868«-Abzweigung liegt der erste Platz, von der »E 6« durch Busch und Baum sichtgeschützt [N69° 16' 20.1" E19° 56' 12.6"] mit **Entsorung** und Wasserhahn; nach 10 km in SLETTNES ein aussichtsreicher **Campingplatz** unten am Fjord. Nach 21,5 km nochmals ein aussichtsreicher **Picknickplatz** links der Straße mit Toilette, dann weicht das gegenüberliegende Ufer zurück. Die himmelragenden Bergzacken, die aus dem Fjord heraus bis in Höhen von fast 2000 m aufstreben, entfernen sich von uns.
Eigentlich fahren wir ja gerade auf zwei Europastraßen, der »E 6« und der »E 8«. Zweitere wird uns jedoch gleich nach Südosten verlassen; gemeinsam rollen wir noch durch eine flache, sandige, kiefernbewachsene Heidelandschaft, dem letzten Abschnitt des **Skibotndals**, bevor seine Sandmassen in den Fluten des Fjords versinken.

Der Küstenbereich bei SKIBOTN ist eine einzige Sandstrandorgie mit einer Vielzahl bezaubernder Stellplätze! Die schönsten finden Sie, wenn Sie 300 m nach Abzweigung der »E 8« die »E 6« nach links (Wegweiser: **Strandbu**) in eine geteerte Seitenstraße verlassen und nach 1400 m links schwenken (zwischen Bäumen) zu herrlichen, weiträumigen **Stellplatzmöglichkeiten** vorn am Wasser mit schönem Blick über den Fjord und die **Lyngenalpen**. Falls Sie die erste Abfahrt verpassen, biegen Sie 1000 m nach dem Ortsschild von SKIBOTN links (Wegweiser: SKIBOTN Senteret) und rollen 900 m später auf dem gleichen befestigen Wege nach rechts hinab in die Dünenlandschaft (Gebühr 150 NOK/Nacht).

(169) WOMO-Stellplatz: Skibotn (Laplassen)
GPS: N69° 22' 56.5" E20° 15' 51.8"   **max. WOMOs:** >5.
Ausstattung/Lage: Sandstrand, Spazierwege, Gebühr/außerorts.
Zufahrt: Auf »E6« nach Norden bis Skibotn. 300 m nach der Abzweigung der »E8« bzw. 1000 m nach dem Ortsschild von Skibotn links (siehe Text).
Tipp für den Abendspaziergang: Man geht 3 min. die Asphaltstraße weiter und dann links in die Strandpromenade (hin & zurück 30 min.).

Nach SKIBOTN rückt der Fuß der bizarren **Lyngenalpen**, an denen wir uns gar nicht satt sehen können, wieder näher. Um schöne Aussichtspunkte brauchen Sie sich während der nächsten 25 km keine Gedanken zu machen, sie reihen sich alle paar hundert Meter rechts und links der Straße auf. Wir sind umgeben von einer nahezu unwirklichen Naturstimmung: Über uns entladen sich braune Regenwolken prasselnd auf WOMO-Dach und Windschutzscheibe. Auf der anderen Fjordseite hängen graue Schleier über den Gletschern, die Sonnenstrahlen schießen durch sie hindurch und werfen blendend blaue Reflexe von den Eiswänden zu uns herüber. Da knickt unsere »E 6« scharf rechts ab, keine noch so kühne Brücke könnte die 7 km breite Mündung des **Kåfjords** überspannen.

Auch hier ist die Aussicht grandios: Am anderen Fjordufer ist inmitten steiler Hänge eine Talsenke ausgespart, gibt an ihrem Ende den Blick frei auf noch höhere, weiße Bergspitzen.

Was hat unsere Fjordseite zu bieten?

Wie wär's mit einem Ausflug ins **Manndal**, meine Damen?

Wir folgen dem 2. Wegweiser **"Manndalen"**, nachdem wir etwa zu einem Drittel in den **Kåfjord** hineingerollt sind. Zwei schmale Sträßchen lassen uns die Wahl, ob wir rechts des **Manndalselva** über Kjerringdalen oder an seinem linken Ufer (bequemer) nach Süden rollen wollen. Auch die Kjerringdalen-Strecke überquert nach 10 km den Fluss und vereinigt sich mit der anderen Straße.

Nun, meine Damen, zufrieden mit den markant-kantigen Felsen, von denen die Wasserfälle herunterschießen – oder sollen wir Ihnen einen Wasserfall zu Füßen legen?

Dafür müssen Sie nach der Gabelung noch 3,4 km Asphalt und (stets links des Flusses) 2 km Erdweg zurücklegen – dann haben Sie einen Traumplatz für sich ganz allein:

Der Fahrweg endet dort, nebenan kann man zwischen Birken auf Wiesenplätzen einparken, unmittelbar zu Füßen einer schäumenden Wasserkaskade.

Der brüchige Fels, aus dünnen Platten geschichtet, ist nicht glattgeschliffen, sondern Stück für Stück unter dem Anprall des Wassers zerbrochen, das sich an verschiedenen Stellen hindurchzwängt und schließlich an uns vorbei zum breit strömenden Gebirgsfluss wird.

(170) WOMO-Stellplatz: Manndal

GPS: N69° 25' 22.2" E20° 34' 18.7"   **max. WOMOs:** 3-4.

Ausstattung/Lage: Liegewiese/außerorts.

Zufahrt: Auf »E6« nach Norden bis zum Kåfjord. Nach rechts (Wegweiser: Manndalen) ca. 16 km bis zum Ende der Straße.

Auf der direkten Manndalstraße rechts des Flusses entlang erreichen wir bei LØKVOLL wieder die »E 6«, ein noch gewaltigeres Naturphänomen wartet im **Kåfjorddal** auf uns.

Nach 14 km, in BIRTAVARRE, haben wir den Botn des **Kåfjordes** erreicht, und biegen rechts ins **Kåfjorddal**. An Schotterbergen vorbei, die wie Abraum wirken, rollen wir nach Süden. Die Hänge des Tales, dessen Grund Raum gibt für Felder und Weiden, beherbergen Schätze. Auf halber Höhe sieht man da und dort schwarz gähnende Höhlen, Probeschächte auf der Suche nach dem begehrten Kupfererz.

Vor hundert Jahren war an den Talhängen eine ganze Reihe von Gruben in Betrieb, mit Seilbahnen brachte man das Erz zur zentralen **Verhüttungsanlage Ankerlia** – heute sind ihre Ruinen ein sehenswertes technisches "Freilichtmuseum".

Nach 10,0 km (davon 7 km Asphalt) liegt rechts der Straße, vor dem Fluss, ein großer **Picknick- und Wanderparkplatz** mit Tischen und Bänken, einer wichtigen Informationstafel und einem Fußgängerbrückchen (wer nicht aufpasst, übersieht den hinter Bäumen versteckten Picknickplatz!).

(171) WOMO-Picknick-/Wanderparkplatz: Kåfjorddal

GPS: N69° 25' 49.1" E20° 58' 15.6"   max. WOMOs: > 5.
Ausstattung: Tisch & Bank, Klo, Info-Tafel, Wanderwege.
Zufahrt: Auf »E6« bis zum Kåfjord. Im Scheitelpunkt rechts 10 km ins Kåfjordtal hinein.

Wir prägen uns genau die Lage von drei Sehenswürdigkeiten ein: **Ankerlia**, **Sorbmegorsa**, **Monte Carlo** – und marschieren los!

Nach nur 550 m durch Niederwald jenseits des Flusses stolpern wir schon zwischen den historischen Ruinen alter Schmelzöfen, kraxeln über Schlackehaufen, sammeln grün glänzendes, kupferhaltiges Gestein. Auf einer

Kuppe oberhalb der Ruinen von **Ankerlia** wartet ein Schilderbaum. Scharf rechts geht's nach **Monte Carlo**, halb rechts nach **Sorbmegorsa**.

Welches Schuhwerk sollen wir Ihnen empfehlen, um den dramatischen **Sorbmegorsa-Canyon** zu erobern? Lesen Sie unsere Schilderung und entscheiden Sie selbst:

Nach bereits 300 m endet der breite Weg am Ausgang des Canyons, der Wegweiser zeigt hinein. Eine Weile stehen wir dumm herum, dann haben wir begriffen: Wir sollen auf dem im Sommer trocken liegenden Flussgeröll in die Schlucht hineinturnen. Bequemer als erwartet steigen wir über die flachen, meist fest verkeilten und abgeschliffenen Steinplatten "flussaufwärts". Vom Wasser ist nur sporadisch etwas zu sehen, manchmal hört man es unter dem Geröll gluckern, dann ist es ganz verschwunden.

Die Wände der Schlucht sind von Anfang an steil, stellenweise gar überhängend. Problematisch wird unsere Expedition erst später, als eine Schneezunge von der linken Wand herab bis zum Fuße der rechten reicht. Hier sind die Felsen scharfkantig und spitz, die Schneefläche hat gefährliche

Spalten, tief unten rauscht das Schmelzwasser.

Wir überwinden das Hindernis, wieder bequemer geht es in die immer enger werdende Schlucht. Schließlich sind die Felsflanken, anfangs 100 m weit auseinander, auf 5 m zusammengerückt. Die Wucht des Wassers hat das Gestein nur in die Tiefe zerfressen können, oben ist kaum noch der Himmel zu sehen; ein breiter Wasserstrom schießt über Klippen durch die enge Klamm, es spritzt von unten, tropft von oben, mehrmals müssen wir, über Felsblöcke balancierend, die Flussseite wechseln.

Die engste Stelle im Sorbmegorsa-Canyon

Hinter dieser Klamm erweitert sich die Schlucht wieder, steigt nun steiler bergan, über glattes Schichtengestein schießt das Wasser herab. Da und dort liegen scharfkantige Gesteinstrümmer auf den Platten. Aber erst, als unweit von uns einige Steine aus großer Höhe herunterfallen und beim Aufschlagen mit lautem Krachen zerplatzen, wird uns der Ernst der Lage bewusst, und wir treten schleunigst den Rückzug an.

Weniger dramatisch, dafür um so schweißtreibender, ist der Aufstieg zur **Monte-Carlo-Mine**. Durch den Birkenhangwald, in dessen Unterholz die schönsten Rotkappen leuchten, führt ein ordentlicher Steig in regelmäßigem "Zick-Zack" steil nach oben. Nur, weil wir einmal das "Zack" übersehen, tappen wir auf verzweigten Schafspfaden eine Weile durchs Unterholz, erreichen schließlich nach einer dreiviertel Stunde den Grubeneingang. Das Warnschild "Farlige Gruveopninger" soll uns sicher von ausgedehnten Expeditionen ins unterirdische Kupfererzreich abhalten. Aber bereits nach wenigen Schritten, die trüben Finger unserer Taschenlampen leuchten vorsichtig die Höhlendecke ab, stehe ich bis zum Knöchel im Wasser – ein "Höhlensee" in der gesamten Breite des Schachtes bremst abrupt unseren Forscherdrang.

Aber vor der Grube liegen bequeme, flache Steinplatten und der Blick weit übers Tal und hinab in tiefe, bizarre Schluchten ist auch ein Lohn für den Aufstieg. Insgesamt betrachtet bietet der Picknickplatz im **Kåfjorddal** wohl eines der umfangreichsten Aktivitätsangebote in ganz Norwegen.

Wir scheuchen das WOMO noch 2,8 km den Berg hinauf, parken in einer scharfen Linkskurve [N69° 24' 54.1" E20° 58' 57.5"], marschieren 25 min. bis zur **Gorsabrua**, einer hochmodernen Alu-Gitterkonstruktion, vor der der  Gorsabach mit schäumendem Gebrüll 150 m in die Tiefe stürzt. Wie wäre es hier mit Bungee Jumping in den schaurigen Grund? Wir genießen den Spazierweg ein zweites Mal, machen einen Zwischenstop bei der schönen, überdachten Grillhütte, rollen dann talwärts und verlassen das **Kåfjorddal** in dem Bewusstsein, hier einen der Höhepunkte unserer Norwegenreise erlebt zu haben.

Von BIRTAVARRE bis OLDERDALEN sind es genau 19 km. Wer dort mit der Fähre von TROMSØ herkommt, hat eine Menge verpasst, finden Sie nicht auch? Er würde bei der Weiterfahrt auch noch die rote Holzkirche und den schönen ebenen Stellplatz dahinter verpassen, denn sie steht 400 m südlich der Fährstation.

(172) WOMO-Stellplatz: Olderdalen (Kåfjord-Kirche)

GPS: N69° 36' 06.9" E20° 32' 51.6"   **max. WOMOs:** 2.
Ausstattung/Lage: Aussicht/Ortsrand.
Zufahrt: In Olderdalen rechts hoch (ausgeschildert).

Nochmals rücken uns die **Lyngenalpen** näher und näher, bis auf etwa 6 km. Es gibt eine einzige Stelle, an der Sie den Blick auf die Gletscher der Lyngenalpen nach Westen zur Zeit der Mitternachtssonne genießen können – sie heißt SPÅKNES.
18 km nördlich OLDERDALEN verlassen wir am Ortsende von DJUPVIK die »E 6«, die die Spåkeneshalbinsel abschneidet. Nach 2500 m gibt es einen schön angelegten **Picknickplatz** mit Windschutz und Blick nach Norden links der selten befahrenen Straße – und nach 5000 m sind Sie wieder auf der »E 6«.

(173) WOMO-Picknickplatz: Spåknes

GPS: N69° 45' 47.3" E20° 28' 39.7"   **max. WOMOs:** 2.
Ausstattung/Lage: Tisch & Bank, Aussicht, Camping verboten (Probleme)/außerorts.
Zufahrt: Am Ortsbeginn von Djupvik links von der »E 6« abzweigen, noch 2500 m.
Tipp: 1300 m weiter winziger Parkplatz und Steg zum Vogelbeobachtungshäuschen.

Nun versperrt die Insel **Uløy** den Blick zu den **Lyngenalpen**, wenig später knickt die »E 6« ohnehin nach Osten ab.

Die Inseln im Norden werden von der »866« versorgt, direkt hinter ihrer Abzweigung liegt linkerhand ein **Picknickplatz** mit Informationstafel über diesen Abstecher.

Wir erklimmen einen Gebirgsrücken (Tunnelneubau), der Sattel in 227 m Höhe besitzt einen **Picknickplatz** mit Samenverkaufsständen, Informationstafel und **Toiletten**. Dann geht es mit 9 % Gefälle hinab zum **Reisafjord**, wo wir in SØRKJOSEN vor dem Reisafjord-Hotel links einbiegen und am Ende der Straße einen großen Platz mit Tisch und Bank am Fjord finden.

(174) WOMO-Picknickplatz: Sørkjosen

GPS: N69° 47' 41.5" E20° 56' 35.6"; Industrivegen.   **max. WOMOs:** 3-4.
Ausstattung/Lage: keine/Ortsrand.
Zufahrt: In Sørkjosen hinter dem Hotel links (siehe Text).
Alternativplatz: Ortsmitte rechts (100 m vor Statoil) in den Idrettsvegen zum Sportplatz.

In STORSLETT überqueren wir den **Reisaelva**, biegen 200 m später rechts in die »865« ins **Reisadal**, am Kreisel aber zunächst nochmals rechts, weil es dort schöne Stellplätze für Eilige gibt (Gasflaschenfüllung [N69° 46' 34.6" E21° 02' 07.9"] am Ortsende).

(175) WOMO-Stellplatz: Storslett

GPS: N69° 45' 59.2" E21° 01' 33.1"; Lyngsmark 3.   **max. WOMOs:** 3-4.
Ausstattung/Lage: keine/Ortsrand.
Zufahrt: In Storslett rechts in die »865«, am Kreisel nochmals rechts.

Das **Reisadal**, in dessen südlichem Teil der **Reisaelva** tief eingeschnitten ist, bietet dort eine Fülle von Schluchten mit hohen Steilwänden, riesigen Klüften und gewaltigen Wasserfällen. Wegen der stark wechselnden Gesteinsarten ist das Gebiet auch botanisch höchst abwechslungsreich. Leider ist die Anfahrt bis SARAELV (eine Strecke 50 km) ziemlich weit. Wir düsen die komfortable, nahezu verkehrslose Straße durch das zunächst sehr breite Tal nach Süden, auf gewaltige Gebirgswände zu. Nach 16 km ein **Picknickplatz** links mit

Katarakt im Reisadal bei »km 40«

Klo sowie Tischen & Bänken unten am Fluss [N69° 40' 30.0" E21° 15' 44.5"]. Nach 30 km durchqueren wir SAPPEN, nach 40 km, vor der Brücke über einen sich dramatisch durch eine Engstelle quetschenden Katarakt, rechterhand ein idyllischer, rauschender **Picknickplatz** [N69° 29' 53.8" E21° 25' 57.0"].

Nach 43 km eine Straßenga-belung; links sind es nur noch 500 m bis zur **Bootsanlege-stelle** BILTO mit Tischen und Bänken[**176:** N69° 28' 55.8" E21° 28' 38.3"], wo man sich bequem in den Nationalpark schippern lassen kann. Geradeaus holpern wir noch 4,5 km bis zu dem Wander-

parkplatz Saraelv, wo für Fahrzeuge endgültig die Welt zuende ist - jetzt sind die Wanderstiefel gefragt ...

(177) WOMO-Wanderparkplatz: Saraelv
GPS: N69° 26' 59.9" E21° 32' 38.7" max. **WOMOs:** 2-3.
Ausstattung/Lage: Klo, Tisch & Bank, Wanderweg, Fährbootservice/außerorts.
Zufahrt: Ab Storslett 47 km auf der »865« bis zum NP-Beginn.

Nun schneidet die »E 6« wieder ein Halbinselchen ab, dessen Nordrand frei zur Mitternachtssonne zeigt. Deshalb biegen wir 6,5 km nach der **Reisaelva**-Brücke, am Ende des Halbinselchens, nach links (Wegweiser: STORVIK).

Nach 9,8 km wartet rechts der Straße ein flaches Wiesengelände hinter dem offenen Meer, hier kann man schön stehen und hat einen freien Blick zur Mitternachtsonne; dies gilt auch für die nächsten 500 m. Dann kommen ein Steinbruch und die paar Häuser von STEINSVIK und dahinter, bei »km 11,9«, ein richtiger, breiter **Sandbadestrand** mit **Toiletten**, Tisch und Bänken.

(178) WOMO-Badeplatz: Steinsvik

GPS: N69° 52' 35.0" E21° 07' 11.3"   **max. WOMOs:** 2-3.
Ausstattung/Lage: Sandstrand, Toilette, Tisch & Bank, Grillstelle, Schaukel/außerorts.
Zufahrt: Auf der »E6« nach Norden bis Storslett/Abzweigung Reisadal. 6,5 km nach der Reisaelva-Brücke links (Wegweiser: Storvik) und noch 11,9 km.

Auch 200 m nach der Abzweigung nach STORVIK liegt rechts der »E 6« ein schöner **Picknickplatz** [N69° 48' 11.3" E21° 08' 14.5"] abseits der Straße.

Noch besser hat uns die kleine Mole von KLUBBENESHAMN 13,5 km nach der Steinsvik-Abzweigung gefallen, dort, wo die »E 6« von Nordwest nach Ost abknickt. Die "Bewohner" des Plätzchens aus Frankreich und Holland sind begeistert von den Angelergebnissen.

(179) WOMO-Stellplatz: Klubbeneshamn

GPS: N69° 54' 09.5" E21° 12' 39.3"   **max. WOMOs:** 2-3.
Ausstattung/Lage: keine, vor der »E6« aus sichtbar/bei Einzelgebäuden.
Zufahrt: Auf der »E6« nach der Abzweigung Storvik/Steinsvik 13,5 km, dann 250 m nach links.

WOMO-Stellplatz Klubbeneshamn

Der nächste Ort heißt OKSFJORDHAMN. Wir schwenken links Richtung STORENG und werden hinter Schule und Kinderspielplatz am Rande des Hafens in Ufernähe fündig (Gebühr: 100 NOK).

(180) WOMO-Stellplatz: Oksfjordhamn
GPS: N69° 54' 25.5" E21° 19' 29.5"   **max. WOMOs:** >5.
Ausstattung/Lage: Ver-/Entsorgung, WC, geheizte Küche mit El.-Herd/Ortsrand.
Zufahrt: Auf der »E6« nach der Abzweigung Klubbeneshamn noch 5 km.

Die meisten Urlauber suchen sich ein Strandplätzchen, um die Mitternachtssonne zu genießen, Kenner schwören jedoch auf eine Warte in luftiger Höhe, nehmen dafür manchen schweißtreibenden Aufstieg in Kauf. Die »E 6« hat uns diese Mühe abgenommen, steigt sie doch vom **Reisafjord** 402 m hoch aufs **Kvænangsfjell**, von wo aus freie Sicht nach Norden herrscht. Weit oberhalb der Baumgrenze liegt das Restaurant **Gildetun**, auf dessen **Parkplatz** Sie sich zum **Mitternachtssonnenmeeting** einfinden können.

(181) WOMO-Stellplatz: Gildetun + 100 m
GPS: N69° 53' 48.8" E21° 36' 37.9"; 393 m.   **max. WOMOs:** > 5.
Ausstattung/Lage: keine/außerorts (Platz der norw. Straßenmeisterei).
Hinweis: 2 km talwärts scheint auch eine verlassen aussehende Lappensiedlung [N69° 53' 20.0" E21° 38' 08.7"] übernachtungsgeeignet zu sein.

Wir passieren die Stelle am frühen Vormittag und erwarten eigentlich keine Naturwunder – da sehen wir einen Geist! Direkt neben der Straße weidet eine kleine Rentierherde, angeführt von einem schneeweißen Tier, sogar das Geweih schimmert silbern. Nicht das Brummen unseres Diesels stört die Tiere; aber als ich mich gebückt mit gezückter Kamera anschleiche, legen sie den ersten Gang ein und scheinen über Moos und Flechten hinwegzuschweben.

Steil führt die »E 6« hinab zum **Kvænangenfjord**, schneidet bei SØRSTRAUMEN seinen innersten Zipfel ab.

Möchten Sie hier gerne ein Bad nehmen?

Der Ort BADDEREN im **Badderfjord** hätte den passenden Badde-(pardon: Bade-) Strand. Wir legen eine Gedenkminute für unseren Freund Gerd ein, der an dieser Stelle unter Zeugen bei 11,5°C (Wassertemperatur!) ein Eismeerbad nahm.

Hinter dem Kiesstrandbogen hat BADDEREN auch ein reiches **Parkplatzangebot** [N 69° 50' 42.8" E 22° 1' 4.8"] beim Hafen-becken (dort **Wasserhahn**, Camping verboten).

Fährt man 250 m weiter und rechts den Berg hoch, so findet man ein Plätzchen beim Kindergarten (Badderen Barnehage) [**182:** N69° 50' 41.6" E22° 01' 59.4"].

Nach 11,5 km zweigt eine Straße nach rechts ab ins **Burfjord-dal**. Folgt man ihr, bleibt aber nach 150 m an der Kreuzung geradeaus, so befindet man sich in einer alten Straßenschleife der »E 6« und entdeckt sogar ein verstecktes, ruhiges Wiesenplätzen.

(183) WOMO-Stellplatz: Burfjorddal
GPS: N69° 55' 29.1" E22° 04' 38.4"
max. WOMOs: 1-2.
Ausstattung/Lage: keine/außerorts. **Zufahrt:** siehe Text.

1 km später kommt der Ort BURFJORD. Fährt man am hinter der Statoil-Tankstelle links zum Ha-fen, so sieht man nebenan eine Fülle von Stellplätzen am eisig kalten Fjordufer, die nur auf Sie zu warten scheinen.

(184) WOMO-Stellplatz: Burfjord
GPS: N69° 56' 27.3" E22° 02' 46.7"   **max. WOMOs:** 3-4.
Ausstattung/Lage: Entsorgung/Ortsrand.   **Zufahrt:** siehe Text.

Wir bevorzugen Eis im Longdrink oder bei einer Gletscherwanderung; noch bequemer wäre es, wenn man bei einem Longdrink den Gletscher in aller Ruhe (fast) vom WOMO-Fenster aus begucken könnte!?

Wird Ihnen alles geboten – Sie müssen uns nur 12 km weiter nördlich, kurz hinter ALTEIDET, nach links zum **Øksfjordbre** folgen, dem einzigen norwegischen Gletscher, der direkt ins Meer kalbt.

Bei »km 8,1«, kurz vor Erreichen des **Jøkelfjords**, schwenken wir rechts nach SALTNES und haben ihn sofort im Blickfeld, den blau schimmernden Gletscherhang. Noch 1600 m können wir ihm näher rollen, dann endet das Sträßchen an einem Wanderparkplatz. Wir bringen das WOMO in Position – alles waagerecht, Heckfenster nach Nordosten Richtung Gletscher. Hier essen, trinken, **übernachten** und frühstücken wir mit Blick auf den Gletscher (bester Gletscherblick nach 200 m Wanderweg)!

(185) WOMO-Wanderparkplatz: Øksfjordbre
GPS: N70° 04' 59.5" E22° 00' 30.8"   **max. WOMOs:** 9.
Ausstattung: Tisch & Bank, Klo (keine Entsorgung), 5-km-Wanderweg oder Bootsfahrt (200 NOK/Person) zum Gletscher (kurz vor dem Platz links am Fjord).
Zufahrt: Auf »E6« nach Norden bis Alteidet. Dahinter links noch 9,7 km über Saltnes.

Nach 4 km überschreitet die »E 6« die Grenze zur nördlichsten Fylke Norwegens, der Finnmark – und wir machen sofort unseren nächsten Abstecher auf der »882« nach ØKSFJORD. Bereits nach 4,5 km, in SOPNES, findet man neben der weißen Kirche am **Langfjord** einen großen Stellplatz.

(186) WOMO-Stellplatz: Sopnes (Kirche)
GPS: N70° 03' 19.7" E22° 21' 43.9"   **max. WOMOs:** 2-3.
Ausstattung/Lage: keine/außerorts.   **Zufahrt:** siehe Text.

In TAPPELUFT verlassen wir mit der »882« den **Langfjord**, kurven hinauf und wieder hinab zum **Øksfjord**, an dessen rechtem Ende wir den langen **Øksfjordtunnel** erreichen. Direkt vor ihm links liegt ein praktischer Stellplatz bei einem dauercampenden deutschen Wohnwagenbesitzer.

(187) WOMO-Stellplatz: Øksfjordtunnel
GPS: N70° 09' 07.6" E22° 25' 42.9"   **max. WOMOs:** 2-3.
Ausstattung/Lage: keine, Angelmöglichkeit/außerorts.   **Zufahrt:** siehe Text.

WOMO-Stellplatz vor dem Øksfjordtunnel mit Blick auf den Øksfjordbree

Jetzt rauschen wir durch den 4252 m langen Tunnel (einbahn-straßenschmal mit Ausweichstellen), genießen sofort dahinter den direkten Blick auf den Gletscher, kurven weiter nach und durch ØKSFJORD bis zum Ende der Straße in YSTNES. Dort ist der Blick gewaltig; frei aufs offene Meer direkt nach Norden.

(188) WOMO-Picknickplatz: Øksfjord (Ystnes)
GPS: N70° 15' 32.0" E22° 21' 19.1"   max. WOMOs: 3-4.
Ausstattung/Lage: Tisch & Bank/Ortsrand.   Zufahrt: siehe Text.
Hinweis: Wasserhahn am Friedhof von Øksfjord [N70° 14' 56.2" E22° 21' 03.4"].

Zurück an der »E 6« biegen wir nach 2 km in BOGNELV rechts ins **Bognelvdal**. Nach 4600 m kommt man unmittelbar vor ei-ner Holzbrücke zu einem birkenumringten Grasplätzchen, wo man ohne aufregenden Gletscherblick in ländlicher Umgebung seine Ruhe hat.

(189) WOMO-Wanderpark-platz: Bognelvdal / Bubbel'n
GPS: N69° 59' 42.4" E22° 20' 03.8"
max. WOMOs: 1-2.
Ausstattung/Lage: Tisch & Bank, Wan-derung zum Riesenquelltopf/außerorts.
Zufahrt: In Bognelv rechts 4,6 km ins Bognelvdal bis vor eine Holzbrücke.

Wir ziehen am Südufer des schmalen, langgestreckten **Lang-fjords** entlang, die weiße Kirche von SOPNES spiegelt sich im Wasser. Am Ende des Fjords scheint das Festland zu enden, ringsum ist nur Wasser zu sehen.

Im letzten Moment schwenkt die »E 6« im spitzen Winkel nach Süden ab; auf der **Landspitze Isnestoften** bieten Samen in vielen Buden Souvenirs an.

Vor den ersten Verkaufsstän-den kann man links zur Land-spitze abschwenken. Auf dem weiten Wiesenplateau, weitab der Straße, steht man ruhig (evtl. Hundegebell).

(190) WOMO-Stellplatz: Isnestoften
GPS: N70° 08' 18.7" E22° 58' 26.7"
max. WOMOs: 2-3.
Ausstattung/Lage: keine/außerorts.
Zufahrt: Auf »E6« nach Norden bis zum Ende des Langfjords (siehe Text).

In TALVIK [N70° 02' 28.6" E22° 57' 07.3"] sind wir überrascht vom topsauberen, umfangreichen wohnmobilfreundlichen Angebot wie Ver-/Entsorgung, WC sowie Tisch & Bank!

Im südlichsten Zipfel des Altafjords, jetzt durch den Brückenneubau auf einer Seitenstraße, liegt KÅFJORD mit seinem **Tirpitz-Museum** [N69° 55' 53.5" E23° 01' 01.9"]. KÅFJORD wurde als Museumsort gewählt, weil das größte deutsche Schlachtschiff lange Zeit im Kåfjord lag und erst im Laufe des russischen Vormarschs nach Tromsø verlegt wurde. Das Museum zeigt die wenigen Originalstücke, die nach der Versenkung und Verschrottung des Schiffes noch greifbar waren, aber auch umfangreiches Bild- und Filmmaterial und Infos überlebender Seeleute.

Direkt nach der (alten) Brücke kann man links auf ein hübsches, ausgedehntes Stellplatzgelände mit Wiesen, Baum und Busch am Fjord rollen [**191:** N69° 55' 27.4" E23° 01' 12.9"].

Wir halten auf ALTA zu, bekannt geworden durch den Streit um den Bau eines riesigen Staudammes. Vergessen wir nicht: Norwegen braucht weder Kernkraftwerke mit ihrem strahlenden Rückstand noch rußende, CO_2-emittierende Kohlekraftwerke für die Stromerzeugung, aber auch die Nutzung der Wasserkraft schafft Umweltprobleme – und sei es "nur" durch die Überflu-tung weiter Rentierweideflächen.

Vor 6000 Jahren kannte man in ALTA diese Probleme nicht, obwohl während der Eiszeit Elektroöfchen sicher gut angekom-men wären. Biegt man 500 m nach dem Ortschild von ALTA links, so erreicht man das moderne **ALTA-Museum** [N 69° 56' 46.7" E 23° 11' 13.2"], (offen 8 - 20 Uhr). Ihm angeschlossen (und im Eintrittsgeld inbegriffen) sind die **Felsritzungen**, die

Felsritzungen beim Alta-Museum

mit ihren 3000 Figuren und Symbolen den wohl umfassendsten Überblick über das Leben unserer Vorfahren geben. Ansprechend angelegte Wanderpfade ziehen sich über 2 km durch die Felszeichnungsfelder; es werden auch Führungen in deutscher Sprache angeboten.

Im **Kåfjorddal**, Sie erinnern sich, hatten wir einen herrlichen, einen atemberaubenden Canyon erwandert – **Sorbmegorsa**. Was jedoch der **Altaelva** im Laufe der Jahrmillionen angestellt hat, übertrifft alle anderen Canyons Nordeuropas: Den **Sautso-Canyon** des **Altaelva** müssen Sie gesehen haben – und so ganz nebenbei haben wir (anschließend!) einige Leckereien im **Märchenwald** zu bieten!

500 m vor dem Ortskern von ALTA biegen wir rechts in die »93« Richtung KAUTOKEINO. Die breite, moderne Fahrbahn hat eine Vorgängerin, die "alte" »93«. Nach 7,8 km biegen wir nach links in diese alte Straße ein (Wegweiser: **GARGIA Fjellstue**). Breit und komfortabel ist zunächst auch diese alte Straße im Tal des **Altaelva**, dann steigt sie an, erreicht die Siedlung GARGIA; das letzte Gebäude rechts ist die GARGIA-Fjellstue, ein Restaurant mit Herberge; 400 m später ist für Asphaltstraßen-WOMOs Schluss!

(192) WOMO-Stellplatz: Gargia
GPS: N69° 48' 10.6" E23° 29' 36.4"   **max. WOMOs:** 3-4.
Ausstattung/Lage: Wanderweg, Gaststätte 400 m/außerorts.   **Zufahrt:** siehe Text.

Wir schnaufen die Fortsetzung der Asphaltstraße, eine schotterige und steile Piste, 3 km hinauf. Dort lassen wir die letzten Bäume hinter uns, erreichen das kahle Fjell. 1000 m weiter, wo links des Fahrweges flacher, gewachsener Fels zu Tage tritt, deuten Wegweiser und Farbmarkierungen nach links in einen Jeepweg: Zum Sautso-Canyon sind es noch 7 km.

(193) WOMO-Wanderparkplatz: Sautso-Canyon
GPS: N69° 46' 47.6" E23° 33' 28.5"; 415 m.   **max. WOMOs:** 3-4.
Ausstattung/Lage: Wanderweg/außerorts.
Zufahrt: Auf »E6« nach Norden bis Alta. Dort rechts in die »93« Rtg. Kautokeino. Nach 7,8 km links (Wegweiser: Gargia Fjellstue) und noch ca. 16 + 4 km bis aufs Fjell.

Es ist unsere erste Wanderung im **Fjell**, man kann es nicht beschreiben, man muss das Fjell erleben: eintönig und doch großartig, langweilig und doch atemberaubend in seiner Leere und Unendlichkeit.

Aber die Landschaft ist ja gar nicht leer: Mal gluckert ein Bächlein quer über unseren Weg, dann liegt in einer Senke still ein See, Wollgrasfelder zeigen ein Sumpfgebiet an, eine Birkengruppe duckt sich hinter einem Hügel. Darauf steht eine Statue, eine zweite stellt sich dazu, dann ziehen beide weiter, ruhig äsend kreuzt eine Rentierherde unseren Weg. Wir stehen reglos, sie beachten uns nicht, wir haben den Wind von vorn. Aber schon mein Griff nach dem Fotoapparat reicht aus, und die Tiere setzen sich mit ihrem unnachahmlich eleganten Trab in Bewegung.

Nach 50 min. überqueren wir einen ersten Fluss (Mørkeelva); versäumen Sie keineswegs, einen 50-m-Abstecher nach links zu machen, denn dort stürzt er jäh in einen Talkessel hinab.

Der Wanderweg führt geradeaus weiter, ein zweiter Fluss wird überquert, dann ein dritter. Erst hinter ihm schwenkt der Pfad nach links ab, folgt dem Lauf des Wassers in Richtung Canyon.

Nach genau 2 Stunden wandern, schauen und fotografieren stehen wir an einer Tisch-Bank-Kombination, die mit Maschendraht umgeben ist (wahrscheinlich würden sonst die Rentiere daran Platz nehmen).

Jetzt muss man noch 5 min. einen steilen Steig zwischen Birken hinabstapfen. Dann steht man an einer Holzbrüstung – und die braucht man auch! Schwindlig kann es einem werden beim Blick 300 m hinab auf den Grund des gewaltigen **Sautso-Canyons**. Steil, ganz steil geht's hinab, und doch muss man fürs schönste Fotomotiv weit nach vorn klettern. Die Rentiere haben sich mit uns verabredet: Einzelne Tiere, kleine Gruppen und ganze Herden weiden in der Nähe des Weges, äugen lässig zu uns herüber. Voll der Eindrücke, die zum Teil für uns völlig neu waren, kehren wir zum WOMO zurück!

KARTE TOUR 11+12

50 km

71° 11.133´

WOMO-
Nordkap
13.5.-31.7.

Kinnarodden

Knivskjellodden

Nordkap
12.5.-1.8.
Skarsvåg

201
202

Honningsvåg

Hurtigroute

Gamvik
219

Mehamn
218
888

894

Kjøllefjord
217

216
888

Bekkárfjord
214
15.5.-28.7.
213   215
Lebesby
Ifjord
212
Adamsfoss

211
Kunes

TOUR 12

98

Silfar-Canyon
210

Havøysund

E69

Russenes
Olderfjord

Veidnes
203   Trollholmen

Børselv

209   207
208
206

Forsøl
14.5.-29.7.
200
Hammerfest
199   197
198
94
Kvalsund
196
Hängebrücke
Samenkapelle
195

P   E
Skaidi
204

Stabbursdalen-
Nationalpark

E6

Lakselv
205   E6

TOUR 11

E6

194

Alta
LPG+Flaschenfüllung

N

TOUR 11 (ca. 460 km / 3-4 Tage)

Alta – Skaidi – Hammerfest – Forsøl – Olderfjord – Honningsvåg – Nordkap – Knivskjellodden

Freie Übernachtung:	Alta-Lathari, Samenkapelle, Kvalsund, Hammerfest, Forsøl, Knivskjellodden-Wanderparkplatz, Nordkap.
Ver-/Entsorgung:	u.a. Skaidi, Russenes.
Campingplätze:	u. a. Alta, Hammerfest, Kvalsund, Russenes, Skarsvåg.
Baden:	Alta-Lathari.
Besichtigungen:	Hammerfest, Kvalsund, Skarsvåg (Kirkeporten), Nordkap.
Wandern:	Skarsvåg - Kirkeporten, Nordkap - Knivskjellodden.

Auf dem Rückweg zur »E 6« machen wir auf halber Strecke einen Stop in unserem "Märchenwald" [N69° 49' 57.5" E23° 28' 41.0"], sammeln in einer halben Stunde einen ganzen Korb voll herrlicher Pilze. Jetzt endlich begriff ich, warum Waltraud alle leeren Marmeladen-, Gurken- und Würstchengläser sorgfältig abgespült und aufgehoben hatte: Die schönsten der Steinpilze und Rotkappen wanderten nicht in die Pfanne, sondern wurden geputzt, zerkleinert, halb gar gekocht, in die Gläschen gefüllt und dann im Dampftopf eingeweckt. Erst als diese Arbeit getan war, bekam ich das Signal: Jetzt kann's weitergehen!

Ein zweites Mal rollen wir nach ALTA hinein, frisches Brot ist schnell gekauft, aber auch unsere Lieben erwarten ein Lebenszeichen von uns. Folglich passieren wir auf der E6 die unverwechselbare **Nordlyskathedrale** und biegen am nächsten Kreisel rechts in den Markveien. Bald sehen wir zu unserer Linken einen großen Parkplatz. Von hier aus sind es nur wenige Schritte zur **Markedsgata** (Fußgängerzone) mit Bibliothek samt Info-Stelle (kostenloses Internet) am Beginn und am Bummelende die titanplattenverkleidete Kathedrale.

Die »E 6« verlässt ALTA nach Nordosten. 1000 m nach der Abzweigung zum Flughafen überspannt eine Hängebrücke die Mündung des **Altaelva** in den Fjord.

Unmittelbar vor der Brücke kann man rechts in den Aronnesveien, dann links in den

Alta, Nordlyskathedrale

Humbleveien und wieder rechts in den Myggveien fahren, wenn man seine Gasflasche beim Shell-Oljesenter [N69° 57' 58.9" E23° 21' 24.0"] füllen lassen möchte.

3700 m nach der Brücke biegen wir nach links (Wegweiser: **LATHARI/Schwimmersymbol**).

Nach 1200 m erreichen wir einen Badeplatz, wie man ihn sich angenehmer nicht vorstellen kann:

Die **LATHARI-Friluftsområde** glänzt außer mit den üblichen Einrichtungen, wie **WC** und Picknicktischen mit einem Volleyballfeld, Grillstellen und einem umfangreichen Kinderspielplatz. Das Ganze liegt in malerischer Waldumrahmung; das Pilzangebot ist märchenhaft.

(194) WOMO-Badeplatz: Alta (Lathari)

GPS: N69° 58' 55.3" E23° 27' 10.0"   max. **WOMOs:** > 5.
Ausstattung/Lage: Sandstrand, Toiletten, Tisch & Bank, Kinderspielplatz, Mülleimer, Camping verboten/außerorts.
Zufahrt: Vom Zentrum Altas nach Norden auf der »E6«. Hinter dem Flughafen und noch 3,7 km hinter der Brücke über den Altaelva links noch 1200 m.

Der Eilige rollt an der LATHARI-Abzweigung vorbei und findet 2600 m darauf direkt links der Straße einen schön angelegten **Picknickplatz** im Wald und 2000 m später, wiederum links der Straße, einen ebenfalls sehr angenehmen **Picknickplatz** direkt am Wasser.

Lassen Sie ruhig den Blick eine Weile über die Meereswellen gleiten, denn auf den nächsten 100 km können wir Ihnen höchstens ein paar Seen bieten. Die »E 6« zieht ins Landesinnere, wird uns in über 400 m Höhe führen, sicher weit oberhalb der Baumgrenze: Norwegische Tundra – wir kommen!

Nach 8 km Bergfahrt, in 250 m Höhe, liegt links der Straße nochmals ein großer **Picknickplatz**, umgeben von schütterem Birkenwald.

Ein letztes Mal rollen wir neben einem Flüsschen bergab, bis es am **Leirbotnvatn** mit der »883« nach links zum Meer abschwenkt.

Neben dem See holt die Straße ein zweites Mal Anlauf, und diesmal schafft sie es: Die letzten Birken bleiben in einem Flusstal zurück, wir erreichen die baumlose wellige Hochebene. Grandios ist diese Landschaft, unserem Auge so fremd, als wären wir auf einem anderen Planeten gelandet. Auch der Straßenverlauf hat sich den riesigen Dimensionen angepasst; sie zieht endlos geradeaus, macht nur, wenn unbedingt nötig, einen Knick, um ihre Richtung zu korrigieren.

Häuser sieht man kaum, eher ein verlassenes Auto am Straßenrand; sein Besitzer stapft, einem äsenden Rentier nicht unähnlich, mit gesenktem Kopf durch die sumpfige Einöde – ein Moltebeersucher. Da und dort ein Schild, man verkauft Moltebeeren und "Tørr Kjøtt", getrocknetes Rentierfleisch.

Endlos ziehen sich Sperrzäune beidseits der Straße dahin, in der Ferne weiden große Rentierherden. Nur einmal sichten wir das typische, stabile Holzgatter mit dem engen Gang, in dem im Herbst die Rentiere markiert oder zum Schlachten aussortiert werden (Rentierscheidung).

Nach 32 km (!) ein erster, offizieller **Picknickplatz** bei der Lappensiedlung AISAROAIVI, natürlich mit Verkaufsständen für samische Souvenirs. Etwas abseits der Straße liegt die 1962 eingeweihte **Samenkapelle**.

(195) WOMO-Stellplatz: Samenkapelle

GPS: N70° 16' 06.1" E24° 05' 36.4"   **max. WOMOs:** 2-3.
Ausstattung/Lage: keine/außerorts.
Zufahrt: An der »E6« zwischen Alta und Skaidi auf dem Fjell, ausgeschildert.

Wenig später haben wir den höchsten Punkt der kahlen Hochebene erreicht, unmerklich senkt sich die Straße, ein Fluss taucht aus dem Nichts auf, in seinem Gefolge ein Birkenwald, der uns, die Hänge hinaufziehend, begleitet.

7,5 km nach dem ersten nochmals ein besonders erwähnenswerter **Picknickplatz** oberhalb des Flusses, wo er sich zwischen Felsen Bahn bricht, mit **Toilette** und Grillstelle und natürlich

Tisch und Bank. Der Fluss wird immer breiter und wilder. Wie überquert man einen solchen Wasserlauf?

1300 m nach einer Steilwand mit Steinschlagfangnetzen rechts der Straße bekommen wir diese Frage besonders anschaulich beantwortet. Hier liegt oberhalb der steilen Flussschlucht ein **Rastplatz** [N70° 23' 46.7" E24° 26' 59.4"] links der Straße und unten sieht man, wie ein graziles Spielzeughängebrückchen,

gerade wohl ausreichend für eine Person mit schwerem Gepäck, sich von Ufer zu Ufer spannt. Vielleicht ist es auch ein Angler, der seinen reichen Fang nach Hause schleppt, denn der **Repparfjordelva** ist als gutes Lachsrevier bekannt; die Petrijünger stehen, Gummihosen bis zu den Ohren, erwartungsvoll mitten in der Strömung.

In SKAIDI machen wir nach links einen der wichtigsten Abstecher von der »E 6«: Die »94« wird uns nach HAMMERFEST, der nördlichsten Stadt nicht nur Europas, sondern der ganzen Welt, führen (irgend ein Kaff in Alaska macht ihr unbegreiflicherweise dieses Recht streitig).

Bereits 1789 bekam HAMMERFEST das Stadtrecht und Sie werden jetzt sicher denken: „Was werden die so hoch im Norden, sozusagen "hinter dem Mond", schon zu bieten haben?" Wenig Licht im Winter, denn vom 21.11. bis zum 23.1. geht die Sonne überhaupt nicht auf! Deshalb hörte man mit Begeisterung von einem gewissen Herrn Thomas Alva Edison, kaufte ihm einen seiner ersten "elektrischen Apparate" ab (heute würde man Generator sagen) – und 1891 hatte HAMMERFEST als erste Stadt Europas elektrisches Licht!

Unsere »94« folgt zunächst dem **Repparfjordelva** an seinen Bestimmungsort, den **Repparfjord**, zieht dann an seinem Südufer entlang bis KVALSUND.

Hier, in KVALSUND, soll's "Helleristninger" geben! Hinter der Brücke über den **Kvalsundelva** biegen wir links zur Kirche, dem einzigen Gebäude, das unversehrt den zweiten Weltkrieg überdauerte, davor liegt links ein großer **Parkplatz** mit Post, Supermarkt und einem Felsklotz, der sorgsam von einem

Kettengeviert umgeben ist. Wir nehmen auf dem Bänkle Platz und studieren die weiß nachgezogenen Zeichnungen auf dem Felsklotz: Einiges könnte man ja noch in die Bronzezeit einordnen, aber die Abbildung eines Weißweinglases kann doch wohl nur der Wunschtraum eines "modernen Norwegers" gewesen sein – ein Gag des Touristenbüros?

Fährt man weiter landwärts auf die Kirche zu, so findet man vor ihr ein schönen Plätzchen in erhabener Lage.

(196) WOMO-Picknickplatz: Kvalsund (Kirche)

GPS: N70° 30' 7.1" E23° 58' 40.5", Kirkeveien.   **max. WOMOs:** 2.
Ausstattung/Lage: keine/Ortsrand.
Zufahrt: In der Ortsmitte von Kvalsund vor der Kirche links.

Die Kvalsundbru führt hinüber zur Hammerfestinsel Kvaløy

Hinter KVALSUND verzweigt sich der **Repparfjord**, rechts greift der **Sammelsund**, links der **Kvalsund** um einen unförmigen Klumpen herum – die **Insel Kvaløy** mit unserem Ziel HAMMERFEST.

Umgibt man einen Superlativ mit weiteren, so wird er noch interessanter. HAMMERFEST kann für sich in Anspruch nehmen, nur über die nördlichste **Hängebrücke** der Welt (und mit 575 m Spannweite auch noch eine der längsten) erreicht werden zu können. Mit laufender Videokamera rollen wir über das elegante Brückenbauwerk und werden am Ende gestoppt: Nein, der Brückenzoll ist bereits wieder abgeschafft worden und Waltraud

lässt auch ganz begeistert die Videokamera weiterlaufen, denn vor uns, mitten auf der Fahrbahn, stehen vier Rentiere.

Nun könnte es sein, dass bei Ihrem Eintreffen das Empfangskomitee anderweilig verpflichtet ist. Sie müssen sich dann mit den **Picknickplätzen** unterhalb der Brücke trösten, die ein guter Ausgangspunkt für Ihr Brückenfoto sind – aber auch WOMOs mit Angelausrüstung finden sich dort ein.

(197) WOMO-Picknickplatz: Kvalsundbrücke

GPS: N70° 30' 57.7" E23° 57' 20.4"   max. **WOMOs:** 2-3.
Ausstattung/Lage: Tisch & Bank, Angelplattform für Behinderte/außerorts.
Zufahrt: Hinter der Kvalsund 2x rechts.

Kvaløy ist ödes Land, nur die Rentiere können ihm etwas abgewinnen. Die Menschen, die hier wohnen, finden ihre Arbeit in erster Linie auf dem Meer. RYPEFJORD, sozusagen der Fischfängervorort von HAMMERFEST mit seinen vielen Fischkuttern im Hafen, ist der Beweis dafür.

Nun liegt nur noch ein Bergrücken zwischen uns und der "Eisbärenstadt". Auf diesem Hügel, rechts der Straße, liegt der kleine **Jansvann**; hinter ihm kann man von der Straße abzweigen und zu einem **Parkplatz [198:** N 70° 39' 09.5' E 23° 40' 02.0"] hinaufbrummen. Es geht das Gerücht, dass sich das Wasser dieses kleinen Sees bei schöner Wetterlage bis auf 20 °C aufwärmen soll, bei unserem Besuch zeigte das Badethermometer 10,5° C.

Aber schlendern Sie ruhig auf dem gepflegten Spazierweg an seinem Ufer entlang, ist doch das kleine Wäldchen an seinem östlichen Ufer das nördlichste der Welt.

HAMMERFEST begrüßt uns einem riesigen Eisbären (am Kreisel links fahren zum Bären). Bei seinen Tatzen liegt ein guter Platz, um sich einen ersten Überblick über das Städtchen zu verschaffen, das in zwei Hälften nördlich und südlich der großen Hafenbucht liegt.

Blick auf Hammerfest

Wir rollen hinab, passieren die moderne evangelische **Kirche**; Kirchenschiff und Glockenturm sind einem Zelt nachempfunden.

Schwieriger ist es schon, 600 m später rechts die kleine katholische Kirche zu erspähen, hinter ihr geht's rechts hinauf zum **Aussichtsberg Salen** (**Wegweiser:** point de vue).

Der weitere Weg führt am rechten Ufer des **Storvann** entlang, biegt vor dem Stadion rechts, dann steil empor – und schon stehen wir neben der **Fjellstue**, einem ansprechenden Restaurant in hellem Holz mit grünem Grasdach.

(199) WOMO-Stellplatz: Hammerfest (Salen)

GPS: N70° 39' 42.2" E23° 41' 21.8"   **max. WOMOs:** 2-3.
Ausstattung/Lage: Gaststätte, Aussichtsturm/bei Einzelgebäuden.
Zufahrt: In Hammerfest hinter der kath. Kirche rechts und vor dem Stadion nochmals.

Von hier aus hat man den schönsten Blick auf HAMMERFEST. Wer es am WOMO-Fenster nicht aushält, kann sogar noch auf einen kleinen Steinturm steigen. Direkt zu unseren Füßen liegt der **Touristenhafen**, wo auch die Boote der Hurtigrute und die Kreuzfahrtschiffe anlegen. Dort gibt es alles zu kaufen, was das Touristenherz begehrt. Im Nordteil des Hafenbeckens ist die Fischereiflotte zu Hause. Können Sie dahinter die runde **Eisbärenhalle** mit dem Dampftopfdeckeldach erkennen? Und links davon das kleine Streichholz mit dem runden Kopf? Das ist die berühmte **Meridiansäule** (Weltkulturerbe), errichtet zur Erinnerung an die erste genaue Vermessung des Erdballs durch den Astronomen W. Struve. Vom Schwarzen Meer über Ukraine, Weißrussland, Baltikum, Finnland und Norwegen bis zum Endpunkt HAMMERFEST vermaß er von 1844 - 1852 genau 2821,853 km unseres Globus', eine wichtige Grundlage zur genauen Berechnung der Abplattung der Erde.

Der Hafen von Hammerfest mit Meridiansäule [N 70° 40' 12.2" E 23° 39' 44.8"]

Eigentlich ist dieses Monument die einzige Sehenswürdigkeit von HAMMERFEST, sieht man einmal vom **Eisbärenklub** im **Tourismus-büro** ab, dessen Mitgliedschaft wir als reinen Touristennepp verstehen; aber das ist Ansichtssache (dahinter ein neuer, großer **Parkplatz** am Fjord am Ende der Hamnegata [N70° 39' 48.4" E23° 40' 32.4"]; von 8-17 Uhr Gebühr).

Wir rollen hinab vom **Salen**, wo man auch ruhig die Nacht verbringen könnte, bummeln eine Weile die Strandgata entlang und durch den Touristenhafen, essen dort in "Peppes Pizza" zum Einheitspreis so viel Pizza, wie wir können, machen dann das obligatorische Foto von der **Meridiansäule** auf der anderen Hafenseite (Wegweiser: **Meridianstøtten**); 800 m weiter WOMO-V/E beim Busterminal. Von dort aus ist es nicht weit zu einem ruhigen und gleichzeitig aussichtsreichen Mitternachtssonnen-Übernachtungsplätzchen in der Nähe von HAMMERFEST!

Zurück von der **Meridiansäule** biegen wir auf der Hauptstraße links, rollen am Flughafen vorbei und folgen dann dem Wegweiser "FORSØL", durchqueren den nördlichsten Teil der Insel **Kvaløy** nach Nordosten.

Noch vor dem ersten Haus von FORSØL zweigen wir nach rechts in die Kirkegårdsbukt ab, der Fahrweg führt am Südrand des Hafens weiter nach Osten. Nach 900 m haben wir unseren **Mitternachtssonnen-Übernachtungsplatz** erreicht. Noch schöner steht man 400 m weiter; dort sind auch noch Tisch & Bank geboten, ein sorgfältig angelegter Bohlenweg führt zwischen mittelalterlichen Ausgrabungen zu einem herrlichen Sandsträndchen mit Picknickplatz und Grillstelle.

(200) WOMO-Picknickplatz: Forsøl
GPS: N70° 43' 10.6" E23° 49' 50.0"; Langbuktveien.   **max. WOMOs:** 2-3.
Ausstattung: Tisch & Bank, Info-Tafel, Mitternachtssonnenblick.
Zufahrt: Von Hammerfest nach Norden, am Flughafen vorbei bis Forsøl, dort rechts.

Wir haben nun die nördlichste Stadt Europas gesehen, auf zum nördlichsten Punkt Europas!

Ein zweites Mal rollen wir auf der »94« entlang, machen einen weiten Bogen um eine Rentiermutter, die mitten auf der Straße ihr Junges säugt. In SKAIDI münden wir wieder in die »E 6« ein (gleich hinter der Einmündung rechts eine Statoil-

Tankstelle mit **Entsorgungsstation** [N70° 25' 54.3" E24° 30' 24.2"], Campingplatz und Info-Stelle), noch 150 km sind es bis zum Nordkap!

Die »E 6« steigt an, erreicht mit 240 m einen baumlosen Höhepunkt, dann senkt sie sich wieder, macht eine Schleife zwischen zwei Seen, die bereits wieder von Birkenwald umgeben sind. Bei »km 14,7« seit SKAIDI linkerhand ein **Picknickplatz** [N70° 28' 34.4" E24° 51' 20.8"] im Birkenwald, von der Straße schön blickgeschützt.

In OLDERFJORD, gerade mal 22 km waren wir auf der »E 6«, schwenken wir nach links in die »E 69« ab. Sie wird uns, am Ostrand der unwirtlichen **Porsangerhalbinsel** entlang – und durch den neuen Unterwassertunnel – zur **Insel Magerøy** mit dem **Nordkap** führen – noch 128 km....

Nach 4 km zweigt die »889« nach HAVØYSUND ab, die am Westufer der Halbinsel ihren Weg sucht, das Landesinnere wird von keiner einzigen Straße durchquert.

Wie verängstigt klebt die Straße an der Steilküste, rechts geht der Blick weit über den riesigen **Porsangen**, schon eher ein Meer als ein Fjord, links begleitet uns meist freigesprengte Steilwand. Weicht das Küstengebirge etwas zurück, so reichen doch bizarr aus dem Fels geschnittene, horizontal blätterig geschichtete und oft beängstigend ausgewaschene Felstürme bis zum Straßenrand.

Dann war auch kein Platz mehr, um einen Absatz in den Felsen zu sprengen, und die Tunnelbohrer mussten ans Werk gehen – 3 km dröhnen wir durch den **Skarvbergtunnel**, einst nur einspurig, jetzt zweispurig ausgebaut.

Die Picknickplätze waren bisher lediglich kümmerliche Ausbuchtungen am Straßenrand, um so mehr sind wir angetan von dem schönen **Picknickplatz** in der ersten Bucht nach dem Tunnelende. Er liegt rechts unterhalb der Straße, direkt am Wasser, eine Kinderrutsche krönt das Freizeitangebot – es sei denn, Sie möchten sich endlich die Füße vertreten. Dann dürfen wir Ihnen einen 15-min.-Spaziergang zu dem herrlich weiß herabstürzenden **Wasserfall** am Ende der Bucht empfehlen.

4 km freie Fahrt, dann tauchen wir hinein in den nächsten Tunnel, nur 496 m lang, auch wieder zweispurig. Und das schöne Spiel beginnt von neuem: Wiederum in der ersten Bucht nach dem Tunnelende ein schöner **Picknickplatz**, diesmal links der Straße.

Wir passieren die Abzweigung nach REPVÅG; jetzt öffnet sich der Fjord, und über kleine Inseln hinweg geht der Blick weit hinaus bis ins offene Meer. Flacher und flacher werden die Hügel, dahinter erhebt sich am Horizont ein massiver Gebirgsstock – die **Nordkapinsel Magerøya**.

Seit dem 1.6.1998 wartet man in KÅFJORD nicht mehr auf die Fähre, denn der 6,8 km lange Unterwassertunnel zur Nordkapinsel ist fertiggestellt (der längste und nördlichste Straßentunnel der Welt unter dem Meeresboden); seine Benutzung ist seit 1.7.2012 kostenlos (die Baukosten haben die Benutzer abbezahlt).

Beginn des 6870 m langen Nordkap-Tunnels

Unterirdisch dröhnen wir **Magerøya** entgegen, noch 49 km sind es bis zum Ziel aller Nordlandfahrer. Kurve über Kurve turnen wir die felsige Insel hinauf – ob wir wohl noch vor Sonnenuntergang das berühmte Nordkap-Plateau in 71°10' 9" n. Br. erreichen werden?

Wir passieren die Abzweigung nach HONNINGSVÅG (»km 0«), turnen ins Tal. Orangerot leuchtet der Himmel im Nordwesten, Herzklopfen!

Fast achtlos registrieren wir bei »km 12,0« den schönen **Picknickplatz** links der Straße mit freiem Blick auf die untergehende Sonne. Bei »km 17« führt die letzte Abzweigung nach rechts zum nördlichsten Fischerdorf der Welt, nach SKARSVÅG.

Weiter, weiter! Ein Blick auf die Uhr: Das schaffen wir noch!

Wieder dröhnen wir steil den Hang hinauf, bei »km 23,3« liegt links der Straße der **Wanderparkplatz** zum **Knivskjellodden** – und dann kommt eine grauweiße Wand!

Wir können's nicht fassen! Ich trete auf die Bremse, bleibe mitten auf der Straße stehen. Ohne Vorwarnung sind wir umhüllt von dichtestem Nebel. Schließlich tuckern wir vorsichtig weiter, es können ja nur noch wenige Kilometer sein.

Im Zahlhäuschen vor dem **Nordkap-Plateau** sitzt ein freundlicher junger Mann, fast verzweifelt hebt er die Schultern: „Diesen Nebel haben wir seit Tagen".

Widerwillig zahlen wir ca. 250 NOK pro Person Eintritt (und

können jetzt alles kostenlos genießen, tasten uns so lange über das ebene Plateau, bis vor uns die Schatten einiger anderer WOMOs auftauchen – Leidensgenossen.

(201) WOMO-Stellplatz: Nordkap

GPS: N71° 10' 08.8" E25° 46' 46.2"   **max. WOMOs:** > 5.
Ausstattung/Lage: Gaststätte, Kino, Aussicht/bei Einzelgebäude.
Zufahrt: In Olderfjord links auf die »E69« abbiegen, dann nur noch 128 km geradeaus.

Es wird eine ruhige Nacht auf dem teuersten Parkplatz Norwegens und kein Lichtschimmer durch die Rolläden stört unseren Schlaf. Auch am nächsten Morgen das gleiche Bild: Nebel, sowenig weit das Auge reicht.

Missmutig stapfen wir vor bis zur steilen Kante, versuchen vergeblich 300 m in die Tiefe zu blicken, wo angeblich das Eismeer schwappt.

Nordkaphalle

Da bleibt nur der Weg in die **Nordkap-Halle**: Drei Stockwerke tief ist sie in den Fels hineingegraben, und unter den vielen Angeboten hat uns der Super-Video-Film am besten gefallen:

Im Super-Breitformat, von fünf Kameras auf fünf Leinwände projiziert, sehen wir die schönsten Aufnahmen von **Magerøy**. Wir erleben die Insel in allen Jahreszeiten, vom Auto, vom Schiff, vom Hundeschlitten, sogar von Flugzeug aus – und immer bei schönstem Wetter. Trotzig genießen wir das 15-minütige Farbspektakel drei mal hintereinander, ohne dass sich draußen das Wetter ändert.

Manchmal bringt ein unbedachtes Wort die Lösung: „Überall ist schönstes Wetter....," meint überrascht ein Neuankömmling – und gera-

Man kann auch Glück haben!

dezu befreit hopsen wir ins WOMO, drehen den Zündschlüssel 'rum – und fahren ins schöne Wetter.

Als erstes besuchen wir SKARSVÅG, "Verdens nordligste Fiskevær". Bereits auf der Stichstraße zu dem kleinen Fischerdörfchen haben wir den herrlichsten Blick zum Nordkap-Felsen, überall scheint die Sonne, nur über dem Kap hängt eine Nebelwolke wie eine Tarnkappe.

Gleich am Ortsbeginn, noch vor der Kirche, wird nach links die größte Sehenswürdigkeit des Ortes angezeigt: "**Kirkeporten**". Wir parken links vor einem Hotel, stapfen den steilen Hang hinauf.

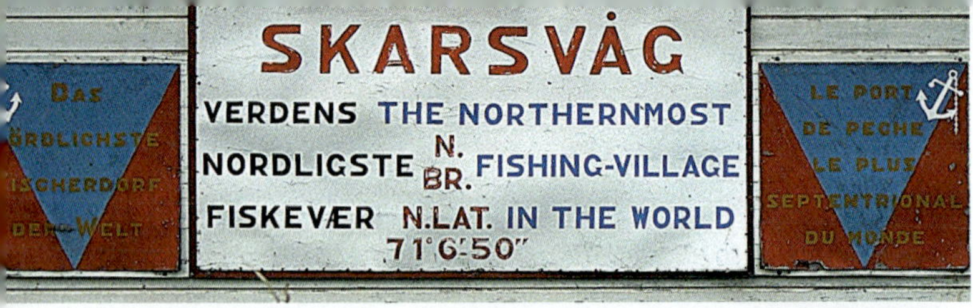
SKARSVÅG
VERDENS THE NORTHERNMOST
NORDLIGSTE N. BR. FISHING-VILLAGE
FISKEVÆR N.LAT. IN THE WORLD
71°6'50"
LE PORT DE PECHE LE PLUS SEPTENTRIONAL DU MONDE

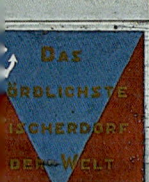

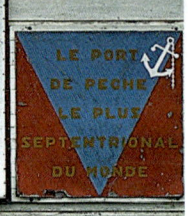

Wer wie ich und Hans guck' in die Luft nie nach dem nächsten schaut, der spaziert vielleicht auch auf dem Grat des Hügelrückens nach rechts bis zum Ende der Halbinsel, wo er außer einer riesigen Steinsäule zwar die schönste Aussicht aufs Nordkap und das Nordmeer vorfindet, aber keine "Kirchentür".
Zu ihr führt der breit ausgetrampelte Weg auf der anderen Seite des Hügels

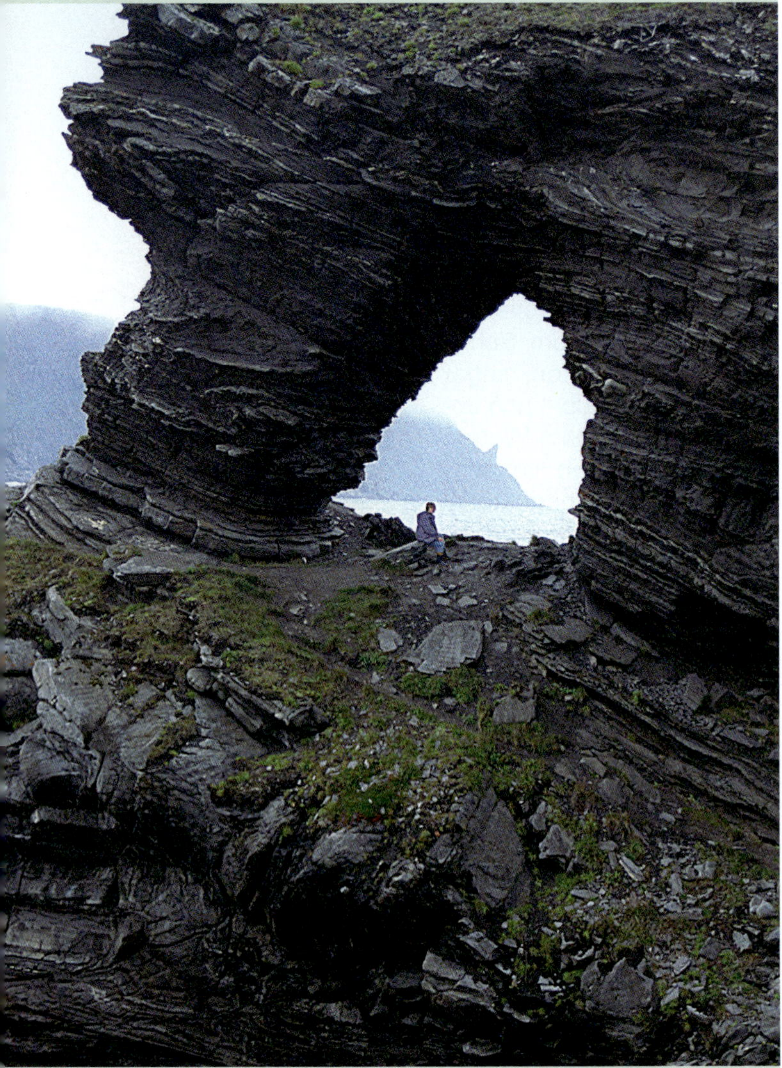

Skarsvåg: Kirkeporten mit Nordkap

wieder hinab zum Meer (15 min. Wanderzeit).

Dort allerdings sind wir überrascht, welches architektonische Meisterwerk (romanischer Stil) die Kräfte der Natur geschaffen haben: Über 6 m hoch und an der Basis genauso breit ist das Felsentor, von Wind und Wetter aus einer Gesteinswand herausgefressen. Das fotografische i-Tüpfelchen setzt man, indem man am gegenüberliegenden Hang einige Meter empor-kraxelt: Nun kann man durch das geöffnete Kirchentor hindurch – und von ihm meisterhaft eingerahmt – den Nordkap-Felsen fotografieren (zwischen Mitternacht und 2 Uhr scheint sogar die Sonnen hindurch!).

„Nach dem Kirchgang kommt das Sonntagsessen", sagen wir uns und marschieren geradewegs in den Hafen von SKARS-VÅG. Ich frage den Erstbesten, der dort herumsteht, ob man hier Fische kaufen kann. „Nei", meint der, „die musst Du Dir selber fangen" – und drückt mir eine leere Bierdose in die Hand. "Mack Arctic Øl" lese ich und starre verblüfft auf den herum-gewickelten Perlonfaden mit einem blinkenden Metallfisch am Ende. Lachend nimmt er mir die Dose wieder aus der Hand und schleudert das Fischchen, die Schnur abrollend, ins Hafenbe-cken. Ich will gerade anfangen, in mich hineinzulachen, da bekomme ich die Dose wieder in die Hand gedrückt – und schon ruckt sie in meinen Händen. Ich bin so überrascht, dass ich vor Erstaunen fast vornüber ins Hafenbecken gekippt wäre. Die Situation entwickelt sich zur Groteske: Waltraud muss die Dose sichern, ringsum halten sich "erfahrene Angler" vor Lachen die Bäuche und ich zerre an der Schnur, als hätte sich ein Wal nach SKARSVÅG verirrt. Immerhin ziehe ich einen "Sei", einen Seelachs von fast 2 kg Gewicht an Land – so einen großen Fisch hatte ich noch nie lebendig in der Hand!

Und dann geht es Schlag auf Schlag: Im Nu haben wir Fische für drei Mahlzeiten an Land befördert, werden zu SKARSVÅ-GER Ehrenfischern ernannt und bekommen zum Abschied auch noch die Bierdose samt Zubehör geschenkt.

Mann, war das ein Festessen auf dem **Wanderparkplatz Knivskjellodden**, auf halbem Wege Richtung Nordkap (und so ganz nebenbei lernte ich, wie mühsam es ist, Fischfilet herzustellen).

(202) WOMO-Wanderparkplatz: Knivskjellodden
GPS: N71° 7' 19.0" E25° 42' 28.0"   max. **WOMOs:** 2-3.
Ausstattung/Lage: Wanderweg/außerorts.
Zufahrt: Auf halbem Weg zwischen Abzweigung Skarsvåg und dem Nordkapplateau.

Sagt Ihnen eigentlich **Knivskjellodden** etwas?
Übersetzt heißt das etwa "Messermuschelbucht" und diese liegt bei N 71° 11' 7.8" **nord**westlich vom Nordkap. Richtig: **NORD**westlich vom Nordkap.
Bei der Vermessung Europas war den Geographen eben ein kleiner Fehler unterlaufen, und seitdem protzt das Nordkap

mit seinem ultimativen Namen – und verdient ihn gar nicht! Folglich stehen wir am nächsten Morgen, ausgerüstet für eine Tagestour in Gummistiefeln (oder Bergschuhen, je nach Witterung) und dickem Anorak vor dem WOMO und suchen nach dem Wanderweg.

Wanderung zum Knivskjellodden, Steinmann mit "Wegweisernase"

Inzwischen ist auch hier Nebel aufgezogen. Wir sichten das erste Steinmännchen, auch noch eine Stange, und dann irren wir wie blinde Hühner im Kreis herum, finden kaum zum WOMO zurück.

Der zweite Start ist professioneller: Jeder hat einen Kompass (noch besser wäre ein Navi) in der Hand, und die Straßenkarte ist zur Sicherheit auch dabei. In Richtung West-Nord-West (WNW) liegen die großen Steinmänner hintereinander, manchmal sind allerdings auch nur rote "T" auf Steinplatten gepinselt, die wir im Nebel natürlich erst sehen, wenn wir direkt davor stehen. So bleibt immer einer von uns am Steinmann stehen, der zweite marschiert voraus und wird in Richtung WNW dirigiert, bis er den nächsten Steinmann sieht.

Nach 30 min. laufen wir am linken Ufer eines Bächleins bergab, an seiner Mündung in einen See überqueren wir es und stapfen am rechten Seeufer weiter. Dann folgen wir dem Auslauf des Sees rechterhand, er verlässt uns jedoch, weil der Pfad stur die WNW-Richtung beibehält. Weißglänzende Marmorfelsen äffen uns, denn wir halten sie zunächst für Schneefelder. Auf einem flachen Höhenrücken, wir sind eine knappe Stunde gewandert, stehen zwei Riesensteinmänner im Format von Regenwassertonnen mit Wegweisern, die nach rechts deuten. Wir peilen über

Wanderung zum Knivskjellodden, Blick zum Nordkap

die ersten zwei Steinmänner hinweg: NNO heißt die neue Marschrichtung! Der Wind bläst uns jetzt so kalt ins Gesicht, als käme er vom Nordpol. Wir klettern hinab in eine sumpfige Senke, dann geht's wieder hinauf. Rentiere tauchen wie Schemen aus dem Nebel auf, betrachten mehr erstaunt als verängstigt die Zweibeiner, verschwinden wieder wie Nebelgeister.

Manche der Steinmänner haben eine Nase wie ein norwegischer Troll. Dies ist kein Scherz der Steinmännchenbauer; der herausragende Stein deutet immer in Marschrichtung.

Nun geht es hinauf und hinab, mal über Geröll, mal über Torfpolster, dann saftig platschend durch Bäche und über Moorwiesen. Insgesamt ist unser Wanderweg stetig abgesunken, und mit abnehmender Höhe verbessert sich auch die Sicht.

Plötzlich haben wir das Meer vor uns, können sogar, bei klarster Sicht, den Nordkap-Felsen im Osten sehen – mit geradezu obligatorischer Nebelkappe. Dann schiebt sich ein Hügelrücken dazwischen, an der Ostflanke des **Knivskjellodden** marschieren wir vor bis zu einer flachen Bucht (**Knivskjellvika**).

Wir durchqueren die Bucht, durch die ein Bächlein zum Ufer mäandert, aber immer weiter führt der Weg nach Norden, auf schrägen, rötlichen Granitplatten, die zum Meer hin abfallen. Weiter und immer weiter bleibt der Nordkap-Felsen hinter uns im Südosten zurück.

Nach gut 3 Stunden haben wir unterhalb eines kleinen, rostigen Leuchtturms den absolut **nördlichsten Punkt Europas** erreicht, sind die einzigen Menschen auf dieser windigen Klippe [N71° 11' 7.7" E25° 40' 33.0"], die genau 1450,6 m nördlicher liegt als das "Nordkap".

Zufrieden muffeln wir unser Vesper und lassen immer wieder unseren Blick schweifen von SSW bis ONO – nur Wasser. Und geradewegs vor uns, nur noch etwa 2100 km entfernt, liegt der **Nordpol**. Ganz rechts, im Südosten, klar zu erkennen, liegt das Nordkap mit seiner Nebelhaube – so weit im Süden und noch nicht einmal ein paar Meter Sicht, die Besucher da oben sind zu bedauern!

Auf dem Rückweg wiederholt sich das gleiche Spiel in umgekehrter Reihenfolge: Erst hüpfen wir fröhlich bei klarem Himmel und bester Sicht über gluckernde Bäche, am Schluss peilen wir wieder sorgsam über die Steinmänner hinweg – und landen doch gute 200 m neben unserem WOMO auf der Fahrstraße.

Für die gesamte Wanderung samt Fotografier- und Vesperpausen sollte man je nach Wetterlage 6 - 7 Stunden veranschlagen. Wasserdichtes, festes Schuhwerk, Regenkleidung sowie Kompass und Karte sind unverzichtbar (ein GPS-Gerät wäre ideal), denn das Wetter kann in dieser Region schnell umschlagen. Am nächsten Morgen kehren wir, beladen mit vielen neuen Eindrücken und Erlebnissen, der Insel **Magerøy** den Rücken, Tunnel und »E 69« bringen uns schnell zurück zur »E 6« bei OLDERFJORD (eine Hurtigrouten-Alternative zum Nordkap zeigen wir Ihnen im nächsten Kapitel).

TOUR 12 (ca. 330 km / 2-4 Tage)

Olderfjord – Trollholmen – Lakselv – Børselv – Kunes – Adamsfossen – Mehamn – Gamvik – WOMO-Nordkap – Kinnarodden (Karte siehe Tour 11)

Freie Übernachtung:	Trollholmen, Stabbursdal NP, Lakselv, Silfar-Canyon, Adamsfoss, Lebesby, Kalak, Kjøllefjord, Gamvik (WOMO-Nordkap).
Ver-/Entsorgung:	Lakselv, Mehamn.
Campingplätze:	u. a. Russenes, Lakselv.
Besichtigungen:	Trollholmen, Silfar-Canyon, Adamsfoss, WOMO-Nordkap.
Wandern:	Trollholmen, Silfar-Canyon, Roddines, Kinnarodden, Slettnes.

Die »E 6« setzt ihren Weg am Westufer des **Porsangen** fort, an dessen Südspitze LAKSELV liegt. Einige Halbinselchen ragen in den Riesenfjord hinein, werden von der nach Süden strebenden »E 6« abgeschnitten.

Auf dem ersten Halbinselchen (nach 14 km »E 6«) liegt VEIDNES, 100 m nach dieser Abzweigung finden wir rechterhand einen schönen **Picknickplatz** [N70° 25' 04.2" E25° 09' 10.5"] mit **Toilette** und Informationstafel; der Platz ist durch Büsche und Bäume von der Straße abgeschirmt.

Wesentlich interessanter ist die nächste, größere Trollholmen-Halbinsel, 15 km weiter im Süden, konnte doch auf ihr wenigstens indirekt erstmals die Existenz Norwegischer **Trolle** nachgewiesen werden. Von den meisten Skeptikern ins Reich der Fabel verwiesen, sind doch Trolle für die norwegische Kinderwelt so wichtig wie für die deutschen Kinder Zwerge und Riesen.

Aber norwegische Trolle haben es viel schwerer! Nicht nur, dass sie von einer geradezu unglaublichen Dummheit geplagt sind; wie der Teufel das Weihwasser müssen sie auch noch jeden Sonnenstrahl fürchten, denn durch ihn werden sie unweigerlich in Stein verwandelt wie weiland Lots Weib in Salz.

Drei Straßen führen auf die Halbinsel der Trolle. Die erste Abzweigung heißt SUOVDI, die zweite SANDVIK, und in die dritte Richtung KOLVIK biegen wir schließlich ein.

Nach 1800 m passieren wir die zerstreut liegenden Häuschen von KOLVIK in einer kleinen Bucht, die von auffällig weißen Felsen umrahmt wird. Dann ziehen wir zu einem Felsrücken hinauf, haben den offenen Fjord vor uns; auch hier fallen uns kleine, weiße, sehr malerische Inselchen auf.

Bei »km 5,4« prasseln wir links der Straße auf einen geschotterten **Parkplatz** mit Informationstafel und Wanderkarte. Diesen Parkplatz können wir Ihnen durchaus auch zum Übernachten empfehlen. Noch schöner, ja geradezu romantisch steht man auf dem kleinen Hügelrücken, zu dem man 300 m vorher rechts hinauffahren kann.

(203) WOMO-Wanderparkplätze: Trollholmen
GPS: N70° 17' 57.2" E25° 09' 43.9"; N70° 17' 46.5" E25° 09' 58.1" **max. WOMOs:** je 2.
Ausstattung/Lage: Wanderweg/außerorts.
Zufahrt: Von Olderfjord auf »E6« nach Süden. Links Rtg. Kolvik abbiegen, noch 5,4 km.

Am nächsten Morgen gehen wir noch 250 m bzw. 550 m weiter die Fahrstraße entlang, die bei einem großen Bauerngehöft endet. Kurz vorher führen uns durchnummerierte Pfosten mit roten Kappen rechts in einen traumhaften Wanderpfad, der nach 15 min. (1,2 km) am Meer endet.

Auf dem Wanderweg zu den Trollen

Hier stehen sie, die Traumgestalten der norwegischen Kinderzimmer: 4, 5, 6, 8 Trolle, so, wie sie von den Sonnenstrahlen erwischt wurden, verwandelt in bröseliges Dolomitgestein, verwittert von Wind, Wasser und Frost.

Bei den Trollen von Trollholmen

Wissenschaftler, die jede Ge-
fühlsregung ignorieren, werden hochnäsig ihre Lesebrille
anheben und argumentieren:
„Eindeutig Dolomitgestein,
vor 700 Millionen Jahren
primär von Kalkalgen abge-
lagert, später durch Einwan-
derung von Mg^{++}-Ionen zu
Magnesiumcarbonat trans-
formiert, nach der Eiszeit
aus dem Meer gehoben und
mechanisch zu allerdings
sehr absonderlichen Formen
abgetragen."
Wir bedauern diese Ignoran-
ten um ihre Gefühlsarmut und

kehren zufrieden zum WOMO zurück mit der festen Überzeu-
gung, echten Trollen begegnet zu sein.
Auch unser weiterer Weg auf der »E 6« wird linkerhand begleitet von weißem Dolomit, von der **Insel Reinøy** gar, die
grauweiß aus der Mitte des **Porsangen** zu uns herüberleuchtet,
behauptet der norwegische Prospekt, sie berge die größten
Dolomitvorkommen Europas. Was werden die Südtiroler mit
ihren Dolomiten wohl dazu sagen?
Aber hier in der Finnmark hat man sich eben daran gewöhnt,
in Superlativen zu denken. "Super" ist auch der **Stabbursdal-
Nationalpark** – nicht nur, weil er den nördlichsten Kiefernwald
der Welt beheimatet, in ihm finden auch viele Waldvogelarten
ihre nördlichste Heimat. Der Wanderer, der ihn auf einem 2-Tage-

Rundkurs durchstreifen kann, findet Seen, den **Wasserfall Njakkafoss** und den gewaltigen **Canyon** des **Stabburselva**. Besondere Aufmerksamkeit verdienen natürlich die Kiefern, an ihrer nördlichsten Vegetationsgrenze wachsen sie nur 3 cm pro Jahr, die ältesten von ihnen, deren Stämme zwei Menschen gerade umfassen können, schätzt man deshalb auf 500 Jahre. In STABBURSNES überqueren wir den **Stabburselva** und biegen 200 m später nach links zum **Stabbursnes-Nationalparksenter** [N 70° 10' 47.6" E 24° 54' 35.5"]. In diesem Informationszentrum mit **Museum** erfährt man alles über Natur und Kultur der Finnmark und erhält natürlich die nötigen Informationen über den **Nationalpark** und das links der Straße liegende **Vogelschutzgebiet**. Direkt vom Parkplatz aus führt ein markierter **Wanderweg** in die artenreiche Moor- und Sumpflandschaft (ziehen Sie Jacke mit Kapuze an, es ist windig dort). Rollt man 2300 m weiter, so kann man auf einem erträglichen 6 km-Schotterweg bis zu einem romantischen Kiefernwald-Wanderparkplatz am Rande des Nationalparks holpern.

(204) WOMO-Wanderparkplatz: Stabbursdalen
GPS: N70° 08' 59.7" E24° 47' 03.9"   **max. WOMOs:** > 5.
Ausstattung/Lage: Wanderwege, Camping verboten/außerorts.
Zufahrt: siehe Text.

Von hier aus sind es 10 min. zum Stabburselva (mit Toilette, Hütte und Picknickplatz), 1 1/4 Std. zum Wasserfall und 2 1/2 Std. zum Aussichtsberg Binalvarri – auf geht's!

Rast am Stabburselva

Der südlichste Teil des **Porsangen** verliert völlig seinen Fjordcharakter. Halbinseln, Inseln, Inselchen und Schärenklippen unterteilen ihn in seenartige Abschnitte, man fühlt sich wie in Finnland. Eine schöne Aussicht auf diese "Seenlandschaft" hat man von dem **Picknickplatz** [N70° 06' 17.2" E24° 55' 07.7"] aus, der gut 9 km südlich der Stabburselvabrücke direkt am Wasser liegt.

LAKSELV ist das Zentrum der Gemeinde **Porsanger**, in der auf einer Fläche von 4900 qkm 4500 Einwohner leben, 2500 davon "drängen" sich in LAKSELV. Der Rest hätte folglich, gleichmäßig verteilt, jeweils eine Grundstücksgröße von 2.450.000 qm zur Verfügung. Ich traue mich nicht, dafür einen Grundstückspreis nach deutschen Maßstäben auszurechnen.

LAKSELV gibt sich großstädtisch:

Drei Tankstellen, ein mächtiges "Varesenter", eine "Spare-bank", wo man Geld umtauschen kann und am Ortsende die Gaststätte "Gobiten" (Pizza & Grill), mehr hat die Stadt dem eiligen Touristen nicht zu bieten? Doch!

Natürlich haben wir für Sie einen ruhigen Stellplatz gesucht. Man findet ihn vor dem Stadion, wenn man nach der Statoil-Tankstelle zweimal rechts bis zum Ende des Idrettsveien fährt.

---

(205) WOMO-Stellplatz: Lakselv (Stadion)
GPS: N70° 02' 54.1" E24° 57' 50.7"   max. **WOMOs:** 2-3.
Ausstattung/Lage: keine/Ortsrand.
Zufahrt: In Lakselv hinter der Statoil-Tankstelle rechts im Idrettsveien bis zum Ende.

Am Ortsende, beim großen Kreisverkehr, sagen wir "unserer" »E 6« für über 200 km Ade und fahren auf die »98« Richtung IFJORD. Erst nach 211 km trifft sie in TANA BRU wieder auf die Europastraße, die inzwischen über KARASJOK einen Ausflug in den Süden gemacht hat und deshalb 255 km unterwegs war. 44 km Abkürzung – da steckt doch beim Schulz etwas dahinter!? Sie haben Recht, aber dazu später.

Die »98« führt nun am Ostufer des **Porsangen** wieder nach Norden. Hohe Berge ragen vor uns auf, aber sie sind nicht spitz und scharfgratig, wie die "jungen" Alpen, sondern dick und rundkloßig, wie ins Gigantische aufgeblasene Schären-buckel. Genau wie diese kleinen Erhebungen links im Fjord sind auch diese Giganten von der Last des wandernden Eises rund geschliffen.

Nach 11,0 km auf der »98« kann man links auf eine große, schotterige, mit Gras durchsetzte Fläche fahren. Hier steht man schön am Wasser, auch wenn die Sitzbank nur eine an-geschwemmte Bahnschwelle auf zwei Steinbrocken ist.

---

(206) WOMO-Stellplatz: Porsangen »km 11«
GPS: N70° 05' 21.0" E25° 13' 08.3"
max. **WOMOs:** 3-4.
Ausstattung/Lage: keine/außerorts.
Zufahrt: In Lakselv links auf die »98«, dann noch 11 km.

Der Komforttourist wartet noch bis »km 16,0« und findet dort rechts der Straße einen eingerichteten **Picknickplatz** mit Toilette auf einem Wiesenfleckchen und gegenüber, am Wasser, einen großen Schotterplatz.

---

(207) WOMO-Picknickplatz: Porsangen »km 16«

GPS: N70° 07' 57.7" E25° 15' 21.9"   **max. WOMOs:** 3-4.

Ausstattung/Lage: Tisch & Bank, Toilette/außerorts.

Zufahrt: In Lakselv links auf die »98«, dann noch 16 km.

Vor etwa 10.000 Jahren lag diese Stelle noch weit unter der Meeresoberfläche, in Jahrtausenden von der Last des Eises ins Erdmagma hinabgedrückt. Das Eis schmolz weg, die Erde erhob sich wie ein müder Wanderer, der sein schweres Gepäck abgestreift hat. Nach und nach erschienen immer neue Felsabschnitte über der Wasseroberfläche und konnten schließlich nicht mehr von der Brandung abgetragen werden. So entstand eine stufige Küstenlandschaft, nicht unähnlich einem Amphitheater, die an manchen Stellen noch gut erhalten ist. Oft ist das primäre Bild jedoch durch abgerutschte Schutt- und Geröllmassen verdeckt, unsere Straße durchquert gerade solch ein riesiges Geröllfeld. Bei »km 22,2« schwenken wir links zu einem kleinen Birkenwäldchen, wo der Wanderweg in das "**Roddenes Naturreservat**" beginnt. Er führt zur Küstenlinie, wo man die nacheiszeitlichen Geländehebungen anhand der Stufenlandschaft studieren kann. Die auffälligste Stufe (Tapec-Level) entstand vor 6.500 Jahren und liegt nun 41,5 m über dem Wasser. Folglich stieg das Land seit Ende der Eiszeit Jahr für Jahr rund 6 mm an. Dieser Anstieg setzt sich auch jetzt noch, allerdings in geringerem Maße, fort.

(208) WOMO-Wanderparkpl.: Roddenes Naturreservat

GPS: N70° 10' 39.0" E25° 17' 47.9"

max. WOMOs: 2-3.

Ausstattung/Lage: Tisch & Bank, Klo, Rundwanderweg 2,7 km/außerorts.

Zufahrt: In Lakselv links auf die »98«, dann noch 22 km.

7600 m nach unserer Exkursion können wir gegenüber der weißen Dolomitinsel Reinøya links auf ein weites Schotterplateau fahren und uns direkt vorn ans Wasser stellen [**209:** N 70° 13' 49.0" E 25° 24'28.4"].

Mit einem eindrucksvollen Schäreninselpanorama verabschiedet der **Porsangen** die »98«, nachdem sie in BØRSELV die Mündung des **Silfarelva** überquert hat.

Zunächst setzt die Straße ihren Weg nach Nordosten fort, rechts neben ihr fließt breit und behäbig der **Silfarelva** (Aussichts-

Picknickplatz 4 km nach der Brücke [N70° 20' 35.2" E25° 38' 10.3"]). Dahinter erhebt sich ein kahler, runder, grauweißer Gebirgsrücken, uralt.

4,8 km nach dem Picknickplatz führt ein mieser 250-m-Geröllweg (Wegweiser: Parkplatz Silvar-Canyon) zu einer versteckten

Parkplatzwiese im Niederwald. Neben dem "Herzhäuschen" beginnt ein Pfad, der uns nach 5 min. direkt zum Ende der Schlucht führt. Dort schwenkt er links und führt am steilen Schluchthang flussaufwärts bis zu den schönsten Foto-Stopps.

(210) WOMO-Wanderparkplatz: Silfar-Canyon

GPS: N70° 22' 12.2" E25° 43' 00.1"   max. **WOMOs:** > 5.
Ausstattung/Lage: Klo, Wanderweg 2,7 km/außerorts.
Zufahrt: 8,8 km nach der Silvarelva-Brücke rechts (ausgeschildert).

Blick in den Silfar-Canyon

Ein weiterer **Parkplatz** [N 70° 21' 56.2" E 25° 45' 32.9"], 2,5 km später, bietet ebenfalls einen schönen Blick in den Beginn des Canyons, wo die Wassermassen sich hinabschäumend im Schluchtgrund zusammendrängen.

Die »98« steigt im Børselvfjell nur bis 177 m über NN. an, zieht zunächst durch dichten Birkenwald.

Kahle Höhen blicken auf uns herab, senden leblose Schotter-

halden aus, die schließlich bis zu unserer Fahrbahn heranrei-
chen. Nach und nach wandelt sich der Gesamteindruck in eine
menschenfeindliche Mondoberfläche. Erst als der **Storelva**
mit uns gemeinsam zur Küste hinabzieht, wird die Landschaft
wieder freundlicher, belebter, bewaldeter.

Gemütlich liegt KUNES an hintersten Ende des **Storfjords**, der
auch noch fast von der **Insel Brattholmen** verstopft wird, wie
eine Flasche von einem Korken. Holpert man vor bis zur Küste,
so findet man schnell Anschluss bei einigen Angler-WOMOs.

(211) WOMO-Stellplatz: Kunes

GPS: N70° 21' 01.1" E26° 30' 19.7"   **max. WOMOs:** 2-3.
Ausstattung/Lage: Klo/außerorts.
Zufahrt: In Kunes links (Wegweiser: Post), dann den bequemsten Weg zum Ufer.

Hinter KUNES steigt die Straße wieder an, kaum, dass sie
Meeresniveau erreicht hatte. Mindestens 37 m müssen wir
aufsteigen, denn aus dieser Höhe stürzt der touristenfreudliche
Adamsfoss ins Meer. Was aber kann touristenfreundlicher sein,
als ein Schauspiel, das man direkt vom WOMO-Fenster aus
begucken kann. Um jedoch keinen Verkehrsstau hervorzurufen,
biegen wir 8,3 km nach KUNES, direkt hinter der Brücke über
den Wasserfall, nach rechts in einen idyllischen **Picknickplatz**
im Birkenwald und laufen die paar Schritte zurück zur Brücke.

(212) WOMO-Picknickplatz: Adamsfoss

GPS: N70° 22' 56.5" E26° 38' 03.2"
max. WOMOs: 2-3.
Ausstattung/Lage: Wasserfallblick, Tisch
& Bank, Klo/außerorts.
Zufahrt: 8,3 km hinter Kunes rechts.

Adamsfoss

Nun können wir in aller Ruhe hinab auf das tosende Nass blicken, das von senkrecht stehenden Felsplatten aufgehalten, umgelenkt und zur Bildung von Strudeln gezwungen wird; **Jettegryter** zeigen den Erfolg der endlosen Strudelarbeit an.

Versäumen Sie auch nicht, einen Blick auf die grünen Wiesen zu werfen, die wie angelegte Terrassen unten neben dem Wasserfall liegen. Sie sind ein besonders schönes Beispiel für die Geländehebungen nach dem Ende der Eiszeit. Im kleinen Fjord unterhalb des Wasserfalls rasten regelmäßig Zugvögel, so der Sandregenpfeifer und die Eiderente, deshalb hat man dieses Areal unter Naturschutz gestellt.

Der **Adamsfjord** ist ein Seitenarm des **Storfjords**, dieser ein Anhängsel des **Ifjords**, der schließlich zum **Laksefjord** hinausführt, der mit dem **Porsangen** zusammen in die **Barentsee** mündet – Sie sehen, der Küstenverlauf wird nicht gerade eintönig. Auch unsere Straße bekommt das zu spüren, sie müht sich Kurve auf Kurve um Felsen herum, obwohl ihr die Straßenbauer schon die unangenehmsten Hindernisse weggesprengt haben.

Hatten Sie gesehen, dass der **Adamselva** unter der Brücke vor dem Wasserfall angestaut war? Mit diesem einfachen Trick leitet man den größten Teil seiner Fluten um und lässt sie im Kraftwerk Adamselv Strom erzeugen. 500 m hinter seinen Hochspannungsleitungen sichten wir rechts an der Steilwand den wohl eigentümlichsten **Wasserfall** Norwegens: Im oberen Drittel tritt er aus dem Felsen aus, stürzt den Hang hinab und verschwindet im unteren Drittel auf Nimmerwiedersehen in einer Höhle.

In IFJORD, 34 km seit KUNES, müssen wir Ihnen den Grund für unsere »98«-Abkürzung gestehen: Wir möchten Sie nämlich zu einem 130-km-Abstecher verführen, der Ihnen ein Erlebnis bieten soll, vergleichbar nur dem am **Nordkap**! Bekanntlich liegt ja das **Nordkap** auf einer Insel, kann eigentlich nicht als nördlichster Punkt des europäischen Festlandes gezählt werden. Dieser ist mit 71° 8' 00" **Kinnarodden**, der nördlichste Punkt der **Nordkinnhalbinsel**. Östlich von ihm, beim Leuchtturm **"Slettnes fyr"**, liegt das **Felsenkap Varnesodden**, mit 71° 5' 47", der absolut nördlichste Punkt, den ein Wohnmobil auf dem europäischen Festland erreichen kann – und gleichzeitig der schönste Mitternachtssonnenplatz, den wir kennen!

Hiermit ernennen wir **Varnesodden** zum alternativen **WOMO-Nordkap**, hier muss man gewesen sein!

Die »888«, in die wir bei IFJORD Richtung MEHAMN nach links abbiegen, ist der berühmt-berüchtigte **Nordkinnvei**, der Star in den winterlichen Verkehrsnachrichten. Die Landschaft macht uns von Anfang an klar, dass sie sich der Erschließung durch eine Straße mit aller Gewalt widersetzt hat: Die schmale Bahn windet und quält sich mal durch die Täler und Schluchten des Landesinneren, mal an den Buchten und Halbinseln der Küste entlang. Eine Atempause legt sie in LEBESBY ein, im Tal des **Storelva**. Neben der neuen schwarzen Kirche mit dem schwarzen Schieferdach steht der **Minnestein** für den Lebesby-Mann: Der Fischer und Wahrsager Anton Johansen wurde über die norwegischen Grenzen hinweg bekannt für seine prophetischen Voraussagungen über den I. Weltkrieg.

Genau 2600 m nördlich der Kirche von LEBESBY liegt links der Straße ein unscheinbarer, holpriger **Picknickplatz** mit verteilten Stellplätzen im Gelände. Die Bedeutung dieses Platzes liegt in der freien Sicht durch den **Laksefjord** nach Norden – ein Mitternachtssonnenplätzchen!

(213) WOMO-Picknickplatz: Lebesby

GPS: N70° 35' 39.7" E26° 59' 31.3"   max. WOMOs: 3-4.
Ausstattung/Lage: Tisch & Bank, Mülleimer, Mitternachtssonnenblick/außerorts.
Zufahrt: Auf »888« bis 2,6 km hinter der Kirche von Lebesby, dann links zur Küste.

Kurz darauf schlängelt sich die Straße durch ein wildes, bizarres Felsengewirr, das letztmals einen fotogenen Vordergrund für Ihr Mitternachtssonnenfoto böte. Dann schneidet die Straße ein Halbinselchen ab; hier liegt geschützt die Fährstation KALAK, die nur winters in Betrieb ist, falls der Nordkinnvei unpassierbar wird. Für den Sommertouristen ist dort ein ruhiger, ebener Übernachtungsplatz (jedoch meist mit Gerümpel verunstaltet).

(214) WOMO-Stellplatz: Kalak
GPS: N70° 36' 51.3" E27° 03' 29.0"   **max. WOMOs:** 2-3.
Ausstattung/Lage: keine/außerorts.
Zufahrt: 3,5 km nach dem Picknickplatz Lebesby links.

Jetzt knickt die Straße nach Südosten ab, führt am Südrand des **Bekkarfjords** bis zu seinem Ende. Hier sammelt man im Winter die Fahrzeuge zu Konvois, folglich findet der Sommertourist einen großen, völlig leeren **Picknickplatz** samt Warteraum mit Toilette und Waschbecken.

(215) WOMO-Picknickplatz: Bekkarfjord
GPS: N70° 35' 15.0" E27° 16' 52.7"   **max. WOMOs:** > 5.
Ausstattung/Lage: Tisch & Bank, Toilette, Waschbecken, Wärmeraum/außerorts.
Zufahrt: Am rechten Ende des Bekkarfjords, ausgeschildert.

Wieder steigt die Straße aufs öde Fjell. Öde heißt aber nicht einsam, denn allein auf dem **Ifjordfjell** weiden im Sommer 9000 Rentiere.

Wir erreichen den großen **Reinoksvatten**, an seinem Beginn wartet ein in der unwirtlichen Umgebung geradezu futuristisch anmutender Picknickplatz.

(216) WOMO-Picknickplatz: Ifjordfjell
GPS: N70° 41' 52.9" E27° 28' 53.2"
max. WOMOs: 3-4.
Ausstattung/Lage: Tisch & Bank, überdacht/außerorts.
Zufahrt: Auf dem Ifjordjell, unübersehbar.

Hinter dem Reinoksvatten wird die Landschaft völlig leblos, Steine, Steine, nichts als Steine; eine Welt, der dritte Tag der Schöpfung ist hier noch nicht zu Ende (allerdings führt weiterhin eine äußerst gepflegte Asphaltbahn durch die Wildnis!).

Zwei Fjordfinger, der **Hopsfjord** von Osten und der **Eidsfjord** von Westen, greifen nun tief ins Land, schnüren fast den nördlichen Teil ab, nur eine winzige, flache Landbrücke führt hinüber zur **Nordkinn-Halbinsel**.

Die »888« windet sich zu dieser Engstelle hinunter, begleitet von einem Flüsschen, aber was für einem: Eigentlich sind es stufig angelegte Seen, die, durch purzelnde Kaskaden und brausende Wasserfälle verbunden, schließendlich in einer besonders bizarren Schlucht zum **Eidsfjord** hinabstürzen.

Ein paar einsame Bauernhöfe bewirtschaften das **Hopseid-Tal** zwischen den beiden Fjorden; an der Engstelle liegt rechts der Straße ein **Rastplatz** [N 70° 48' 03.5" E 27° 43' 16.1"] mit Informationstafel. Dann zieht die »888« wieder steil die Hangflanke hinauf, jetzt wieder breit, fast im Bundesstraßenformat. Das Fjell auf der **Nordkinn-Halbinsel** wirkt wesentlich freundlicher, dicht bedeckt von flacher Vegetation bietet es Sommernahrung für 4000 Rentiere. Einsam auf weiter Flur eine letzte Straßengabelung; nach links sind es 22 km bis KJØLLEFJORD.

Blick auf Kjøllefjord

Blick von Kjøllefjord zur Finnkjerka

Dort gibt es einiges zu tun!

Man könnte z. B. eine Wanderung zur "Finnkjerka" machen (wird auch von der Info-Stelle organisiert). Oder mit der Hurtigroute zum Nordkap fahren (und dabei auch diese eigentümlich geschichtete Felsformation aus der Nähe begucken):

3.00 Uhr ab KJØLLEFJORD mit der Hurtigroute nach HONNINGSVÅG; dort 10.45 Uhr per Bus zum Nordkap, Aufenthalt 1-2 Std.; per Bus zurück nach HONNINGSVÅG; 14.45 Uhr mit dem Schiff zurück nach KJØLLEFJORD (Gesamtkosten/Person ca. 800 NOK).

Natürlich gibt es in Kjøllefjord auch einen WOMO-Stellplatz!

(217) WOMO-Stellplatz: Kjøllefjord
GPS: N70° 56' 54.9" E27° 19' 55.9"   **max. WOMOs:** > 5.
Ausstattung/Lage: Strom, Dusche, Entsorgung/Ortsrand (Gebühr 100 NOK + Strom 100 NOK). **Zufahrt:** Am Ortsbeginn links zum Hurtigroutenkai (Moloveien).
Info-Stelle: Im Ort [N70° 56' 44.3" E27° 20' 53.1"] mit (kostenlosem) Internetzugang.

Zurück auf der »888« lassen wir uns von einem Flüsschen zur Nordküste bei MEHAMN hinabbegleiten.

MEHAMN ist gar nicht so klein, besitzt gar einen Flughafen, eine richtige Bäckerei, eine Tankstelle, eine WOMO-Ver-/Entsorgung und einen (kostenpflichtigen) WOMO-Stellplatz!

(218) WOMO-Stellplatz: Mehamn (Adventure Camp)
GPS: N71° 02' 17.0" E27° 50' 06.7"   **max. WOMOs:** > 5.
Ausstattung/Lage: Trinkwasser, Strom, Dusche, usw. (Gebühr)/Ortsrand.
Zufahrt: Am Ortsbeginn links (Holmeveien).
Hinweis: Ver-/Entsorgung und Trinkwasser am Beginn des Holmeveien links.

Nordwestlich von GAMVIK liegt **Kinnarodden**, Europas nördlichster Festlandspunkt, eine wilde, einsame Klippe.

Herr Vidar Karlstad, der Besitzer des Adventure Camps, organisiert auch diese Wanderung. Wer den 8-Stunden-Marsch

z. B. nur in einer Richtung zurücklegen möchte, kann bei ihm eine Bootsfahrt zum **Kinnarodden** (oder zurück) buchen.

Wir gönnen MEHAM nur einen flüchtigen Blick, rollen nach rechts weiter Richtung GAMVIK. Zwei kleine Fjorde berühren uns auf den letzten 20 km; am zweiten, dem **Steinvåg-Sandfjord** wartet rechts der Straße ein großer Schotterplatz und links, am Wasser, kann man ebenfalls bequem stehen und direkt nach Norden aufs offene Meer schauen [N71° 02' 50.4" E28° 03' 20.3"].

Dann heißt uns GAMVIK "Velkommen": Kleine, bunte Häuschen an der einzigen Straße, rechts ein Bootshafen, dann ein zweiter, auf den Hügeln Stockfischgestelle und ganz oben die große Kirche – das ist der nördlichste Ort auf dem europäischen Festland.

Am zweiten Hafenbecken biegen wir links nach SLETTNES, die Schotterstraße führt durch felsiges Gelände, Reste von Bunkern erinnern auch hier oben, im äußersten Norden, an den II. Weltkrieg. Und dann sehen wir ihn schon, den rotbraunen Gesellen mit den zwei weißen Bauchbinden, "**Verdens nordligste Fastlandsfyr**", gelegen auf dem gleichen Breitengrad wie die Nordspitze Alaskas (kann von 11-14/17-23 Uhr besichtigt werden; Café). Wir passieren die Abzweigung zum Leuchtturm und 1300 m später, beim **Kap Varnesodden**, endet der Fahrweg, wir haben unser Ziel erreicht!

(219) WOMO-Picknick- und Wanderparkplatz: WOMO-Nordkap
GPS: N71° 05' 26.2" E28° 11' 18.2"   max. **WOMOs:** 8.
Ausstattung: Tisch & Bank, Wanderwege, Mitternachtssonnenblick, Müllcontainer.
Zufahrt: Über Mehamn und Gamvik bis Slettnes. 1300 m später endet die Piste.
Hinweis: Inzwischen in der Saison überlaufen, weitere Parkplätze neben der Piste.

Hier kann man fein parken und hat eine herrliche Meersicht, die sich zu einem unglaublichen Panorama erweitert, wenn man die paar Schritte zu einem kleinen Steinmann aus flachen Steinplatten hinaufsteigt. Von Südwest über Nord nach Südost reicht der Blick frei über die **Barentsee**, deutlich kann man die Krümmung der Horizontlinie und damit die Kugelform der Erde erkennen. Wir suchen uns eine flache Schiefertafel (die Umgebung ist voll von ihnen), verewigen uns darauf und erhöhen den Steinmann um eine weitere Platte. Jetzt können wir uns sicher sein, dass wir einst hierher zurückkehren werden! Hinab zum Meer, wo zwischen felsigen Klippen schwarzweiß gesprenkelte **Sandstrände** eingelagert sind, geht es über Torfwiesen, dort könnten Sie neben weidenden Rentieren bei immerhin 10,5° C Wassertemperatur ein Eismeerbad nehmen.

Blendend weißer Sandstrand am Alternativen WOMO-Nordkap

Diesen garantiert nördlichsten Festlandspunkt Europas, den man mit einem Fahrzeug erreichen kann, wo Ihnen niemand Eintritt abverlangt und Sie weder eine Urkunde noch eine Mitgliedschaft verliehen bekommen, haben wir zum **Alternativen WOMO-Nordkap** ernannt.

Und Ihnen, die Sie die Mühen auf sich genommen haben, bis hierher vorzudringen, verleihen wir den Titel: **Alternativer WOMO-Nordkap-Fahrer** (ist Ihnen das eine Postkarte an uns wert?)!

Aber Sie können auf der **Nordkinn-Halbinsel** viel mehr tun, als sich auf Ihren Lorbeeren auszuruhen:

Zunächst empfehlen wir eine kleine **Wanderung** auf dem "Kultursti" (beginnend in Verlängerung des Fahrweges). Schon nach wenigen hundert Metern werden Sie erstaunt sein über einen Bergrücken an der Horizontlinie vor Ihnen – täuschend ähnlich bildet er das Profil des Polarforschers **Roald Amundsen** mit der markanten Hakennase nach. Setzen Sie Ihren Weg nach Westen fort, so kommen Sie entlang der Klippenküste, nunmehr über Stock und Stein, nach einem knappen Stündchen in die nächste, größere Bucht, die einst der Ortschaft STEINVÅG Schutz bot. Nur drei Hütten überdauerten die Zeiten, weitere Mauerreste lassen noch erkennen, dass der Ort einige Bedeutung im Pomorenhandel hatte. Nimmt man den direkten Weg zurück nach Osten, erreicht man, an zwei Seen vorbei, nach einer weiteren halben Stunde wieder das Wohnmobil – um einen geradezu unglaublichen Mitternachtssonnenblick zu genießen.

Alternatives WOMO-Nordkap, Mitternachtssonne

Dann wenden wir unser Interesse dem Fischerdörfchen GAMVIK zu, ehemals der wichtigste Ort der Halbinsel.

Vieles zur Geschichte der Gegend erfahren wir im **GAMVIK-Museum** (man findet das große dreistöckige Gebäude am ersten Hafenbecken, es steht wie alle anderen fast vollständig auf Holzpfählen im Wasser), davor wartet ein Wasserhahn mit Schlauch auf leere WOMO-Tanks. Täglich von 10-16 Uhr werden dort die Besucher durch die Ausstellungen geführt und bekommen alles in Englisch und zeitweise sogar in gutem Deutsch erläutert.

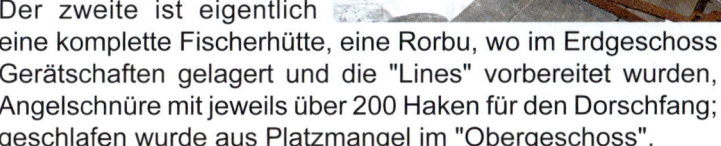

Besonders gut haben uns neben der zoologischen Abteilung zwei komplett eingerichtete Räume gefallen: Der erste ist eine typische Küche mit Originalgegenständen aus dem Jahre 1930; alles steht an seinem Platz, als sei es noch in Benutzung.

Der zweite ist eigentlich eine komplette Fischerhütte, eine Rorbu, wo im Erdgeschoss Gerätschaften gelagert und die "Lines" vorbereitet wurden, Angelschnüre mit jeweils über 200 Haken für den Dorschfang; geschlafen wurde aus Platzmangel im "Obergeschoss".

Besonderer Museums-Service: Kostenloser Internet-Zugang! Jetzt meldet sich der Magen! Dürfen wir Ihnen das "Leuchtturmcafé" empfehlen? Dort gibt's zum Kaffee leckere Waffeln oder hausgemachten Fischkuchensandwich – und kostenloses WIFI (offen: täglich 11 - 18 Uhr).

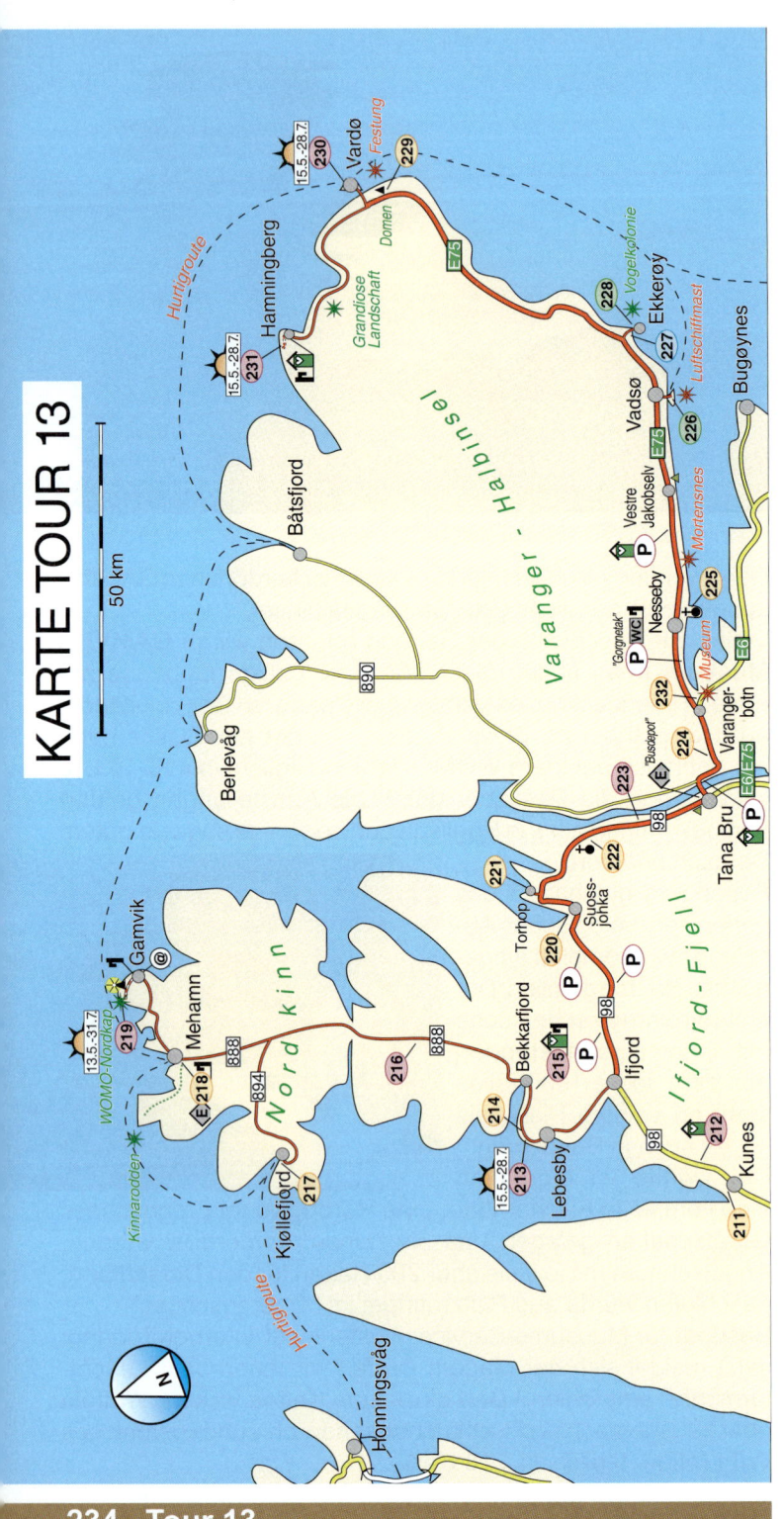

KARTE TOUR 13

50 km

Festung

Vardø

230 15.5.-28.7.

229

Hurtigroute

Hamningberg

E75

Domen

Grandiose
Landschaft

Vogelkolonie

228

Ekkerøy

231 15.5.-28.7.

227

Luftschiffmast

Bugøynes

Båtsfjord

Vadsø

E75

226

Vestre
Jakobselv

P

Mortensnes

V a r a n g e r - H a l b i n s e l

890

Nesseby

225

P WC

"Gorgnetak"

Museum

Berlevåg

"Busstopp"

232

224

Varanger-
botn

(E)

E6 E75

P

223

98

Tana Bru

222

E6

Gamvik

@

221

Torhop

Suoss-
johka

Mehamn

219 13.5.-31.7.

WOMO-Nordkap

220

P

P

216

888

Bekkarfjord

215

P

Ifjord

I f j o r d - F j e l l

N o r d k i n n

E 218

894

888

214

98

212

Kunes

Kinnarodden

217

Kjøllefjord

213 15.5.-28.7.

Lebesby

98

211

Hurtigroute

Honningsvåg

N

TOUR 13 (ca. 450 km / 3 Tage)

Mehamn – Ifjord – Tana Bru – Nesseby – Vadsø – Ekkerøy – Vardø – Hamningberg

Freie Übernachtung:	Suossjohka, Torhop, Tana-Fluss, Nesseby, Vadsø, Ekkerøy, Domenberg, Vardø, Hamningberg.
Ver-/Entsorgung:	Tana Bru.
Campingplätze:	u. a. Tana Bru, Vestre Jakobselv.
Besichtigungen:	u.a. Mortensnes, Vogelfelsen, Luftschiffmast, Vardø.
Wandern:	Vadsø, Ekkerøy, Hamningberg.

Mit "Takk for besøket" verabschiedet sich GAMVIK von uns. Ein zweites Mal sind wir beeindruckt von der Urnatur der Landschaft, durch die uns die »888«, der **Nordkinnvei** zurück nach IFJORD trägt. Dann machen wir uns nach links daran, die "Nordkinnblume samt Stiel" vom Festland abzuschneiden. 370 m muss die Straße Richtung TANA BRU emporklettern, um das **Ifjordfjell** zu erreichen. Diesmal geht es kurz und zackig, nur 5 km zwischen Birken, auch ein paar Vogelbeerbüsche und Weiden sind dazwischen, dann ist nur das kahle Fjellweideland um uns herum.

Kahl heißt aber nicht eintönig: Die Grüntöne der Moose, Flechten und Zwergbüsche, sommers Nahrungsgrundlage für etwa 9000 Rentiere, werden immer wieder unterbrochen von dunkelblau glänzenden Seen, während der kahle Felsgrund dazwischen grau herausschimmert.

Rentierscheidung auf dem Ifjordfjell

6,5 km nach IFJORD werden Sie links oberhalb der Straße vermutlich ein verwaistes Rentiergatter entdecken. Wir kommen gerade zurecht, um beim aufregenden Geschehen der herbstlichen Rentiermarkierung Zuschauer zu sein. Die ausgewählten Tiere sind bereits in eine runde Arena getrieben worden, wo sie ängstlich im Kreis herumhetzen. In der Mitte stehen die Fänger, nordamerikanischen Cowboys nicht unähnlich. Nach und nach greifen sie sich ein Jungtier nach dem anderen, zwingen es am Hals zu Boden, ziehen den scharfen Finnendolch und schlitzen ihm mit flinken Bewegungen die Markierungen des Besitzers in die Ohren. Außer einem dumpfen Blöken, aus dem mehr Angst als Schmerz spricht, hört man nur die kurzen Zurufe der Fänger. Trotzdem ist mir das Geschehen zu blutig; ich finde, eine Plastikmarke im Ohr, wie bei unseren thüringischen Weidekühen, tät's auch.

Auf dem Ifjord-Fjell

Nach 10,5 km links der Straße der erste **Picknickplatz**. Ein weiterer folgt bei »km 24,0« links der Straße am Ende eines Sees [N70° 25' 56.2" E27° 38' 50.8"; 333 m] (Foto), Veränderungen durch Straßenneubau möglich. Dann beginnt die Straße schon wieder mit dem Abstieg in den **Tanafjord**, dessen Südteil mehrere Zipfel hat, die auf der Karte wie die Parkplätze von Ozeanriesen aussehen.

Sofort erobern erneut Birken das Land, vereinzelt zuerst, aber schnell vereinigen sie sich zu bewaldeten Flächen. Folglich liegt der nächste **Picknickplatz** (»km 28,0«, Tisch-Baum-Symbol) bereits wesentlich idyllischer am Rande eines Birkenwaldes [N 70° 26' 3.2" E 27° 43' 50.9"; 159 m].
Bei SUOSSJOKHA (SJURSJOKK) erreichen wir den ersten Fjordzipfel, den **Vestertana**. Ein Schottersträßchen führt auf

die paar Häuser des Ortes zu. Unterwegs, direkt am Strand, kann man auf Wiesenflächen einparken (oder am Ende der Straße beim Kai) und den Blick über den Fjord genießen. Wuchtige Tafelberge versperren allerdings den Blick hinaus ins offene Meer.

(220) WOMO-Stellplatz: Suossjohka

GPS: N70° 26' 47.9" E27° 49' 24.4"   **max. WOMOs:** 2-3.
Ausstattung/Lage: keine/Ortsrand.   **Zufahrt:** Von der »98« aus ausgeschildert.

Die »98« umrundet den ersten Fjordzipfel, einen zweiten – und schon führt wieder eine Schotterstichstraße 700 m zu dem kleinen Hafenkai von TORHOP mit Dörrfischgestell.

(221) WOMO-Stellplatz: Torhop

GPS: N70° 29' 06.1" E27° 59' 14.0"   **max. WOMOs:** 1-2.
Ausstattung/Lage: keine/Ortsrand.
Zufahrt: Von der »98« aus sichtbar, 12,5 km nach Platz 220.

Die Straße steigt auf, streift den **Smalfjordvatn** (mit Picknickplatz samt feiner Grillstelle und Feuerholz bei [N 70° 25' 39.6" E 28° 4' 39.4"]) hält daraufhin nach Süden auf einen 'Fjord' zu, der zwar immer schmaler und schmaler wird, aber gar nicht enden will: Es ist die fjordartig verbreiterte Mündung des großen **Tana-Flusses**, die den Straßenbauern ein unüberbrückbares Hindernis bietet. Von der **Tana-Kirche**, bei der wir auf den Fluss treffen, lassen

Tana-Kirche

sie uns noch 24 km nach Süden fahren, bis sie bei TANA BRU einen passenden Übergang gefunden haben.

Die Tanakirche mit dem unheimlich spitzen Pyramidencampanile bietet dem WOMO-Touristen einen großen **Kiesplatz**, an den sich Rasenflächen mit Birken anschließen zum Rasten.

(222) WOMO-Stellplatz: Tana-Kirche

GPS: N70° 23' 56.9" E28° 11' 05.5" **max. WOMOs:** 2-3.
Ausstattung/Lage: Wiese, Gedenktafeln/Ortsrand. **Zufahrt:** siehe Text.

Sie wollen aber sicher den Tanafluss begucken! Sein weites Tal ist landwirtschaftlich intensiv genutzt, links der Straße liegen Wiesen und Felder, Baumstreifen versperren uns die Sicht. Eingerichtete Picknickplätze finden Sie 3,5 km nach der Tanakirche (direkt an der Straße oberhalb des Flusses) und bei »km 10,4« (Tisch-Baum-Symbol 1 km vorher angekündigt).

Tana-Fluss - die Sahara lässt grüßen!

(223) WOMO-Picknickplatz: Tanafluss »km 10,4«

GPS: N70° 18' 33.7" E28° 09' 55.7"   max. WOMOs: 2.
Ausstattung/Lage: Tisch & Bank, Sandstrand/außerorts.
Zufahrt: Nach der Tana-Kirche noch 10,4 km am Tanas-Fluss entlang.

Dieser Platz, abseits der Straße und eingehüllt von einem Birkenwald, ist eher zu empfehlen. Nur wenige Schritte, und wir stehen staunend am Flussufer. So, als käme er direkt aus der Sahara, hat der Tana beide Seiten seines Bettes und weite Schwemmlandinseln aus leuchtend gelbem Sand aufgeschüttet. Rechts und links wachsen sogar Dünen im Birkenwald empor, aber bevor die ersten Kamele auftauchen, erblicken wir das Ortschild von TANA BRU (**Entsorgung** 50 m vor der Shelltankstelle links und rechts am Busdepot vorbei zum Fluss [N70° 12' 06.6" E28° 11' 33.1"]).

Hier stößt unsere »98« auf die »E6 / E75«, nach links überqueren wir den Tanafluss Richtung KIRKENES/VADSØ. Dahinter liegt rechts ein gut besuchter **Picknickplatz** (max. 6 Std.), der von einer Riesenangel überragt wird. Nein, dies ist kein Zeichen für die Größe der Tana-Lachse, sondern eine Erinnerung an die alte Tanabrücke, die im II. Weltkrieg beim Rückzug der Deutschen zerstört wurde).

Picknickplatz an der Tanabru

4 km begleitet die »E 6/E 75« die andere Seite des Tanaflusses, dann knickt sie nach Osten ab. 6,6 km nach diesem Knick liegt abseits der Straße ein nicht gekennzeichneter **Rastplatz** an einem Schotterwegbogen nahe dem **Rovvejávri-See**.

(224) WOMO-Stellplatz: Rovvejárvi-See

GPS: N70° 10' 46.0" E28° 23' 21.8"   max. WOMOs: 1-2.
Ausstattung/Lage: keine/außerorts, sichtgeschützt.   **Zufahrt:** siehe Text.
Hinweis: Ein ähnlicher Platz rechts der Straße 500 m später.

In VARANGERBOTN sind wir 18 km auf der "Zwillings-E" gefahren, da gabelt sie sich. Wir folgen nach links der »E 75« (Wegweiser: VADSØ). Natürlich werden wir an diese Stelle zurückkehren, denn nach 180 km, in HAMNINGBERG, endet für die »E 75«-Fahrer die Welt in der Arktis.

Bereits nach 800 m, dort, wo Sie links der Straße eine Parkspur vor einem Torbogen aus zwei Pottwalkiefern sehen [N 70° 10' 28.1" E 28° 34' 31.1"] stand früher die **Amtmannsgamme** ein sehenswertes Torfhaus (neuere Ausführungen finden Sie in der **Kulturminneområde** MORTENSNES am Meeresufer und im Varanger Samiske Museum).

Der nächste Stopp führt auf ein Halbinselchen mit der weißen **Kirche** von NESSEBY. Direkt vor dem alten Friedhof, der sie umgibt, finden wir einen ruhigen, ja friedvollen Kies- und Wiesenplatz neben einem flachen Sandstrandbogen.

Ein Naturreservat schließt sich an, das dem Schutz der Vogelwelt dient. Es ist ein schönes und geruhsames Plätzchen für die Nacht oder für ein Picknick mit Vogelbeobachtungen vom WOMO-Fenster aus.

(225) WOMO-Stellplatz: Nesseby-Kirche

GPS: N70° 08' 43.9" E28° 51' 42.6"   **max. WOMOs:** 1-2.
Ausstattung/Lage: Spazierweg zum Naturreservat/Ortsrand.
Zufahrt: Von Varangerbotn auf »E75« nach Osten bis Nesseby, dort rechts zur Kirche.
Hinweis: Weitere Stellplätze gibt es beim kleinen Fischerhafen in Sichtweite.

Wer den Vögeln beim Brutgeschäft zuschauen möchte, fährt weiter bis zur **Kulturminneområde** MORTENSNES. Das sehr weitläufige **Freilichtmuseum** wird bereits 3 km vorher angekündigt. Wendet man sich vom Parkplatz [N 70° 7' 40.8" E 29° 2' 30.2"] aus links, so führt ein geschotterter Weg und ganz am Schluss ein kettengesicherter Felsensteig hinab zum Fuße der Steilküste. Dort, am **Fugleberg**, kann man während der Brutzeit den Vögeln direkt ins Nest schauen. Der eigentlichen Bestimmung der Anlage, uns einen Eindruck von den historischen Siedlungen der Gegend zu vermitteln, konnten wir keine Freude abgewinnen. Fast eine Stunde tappten wir durch ödes Gelände und sahen, außer der bereits erwähnten Gamme – fast nichts! Vielleicht fehlte uns nur die kundige Hand eines Guide, der an den durchnummerierten Plätzen des ehemaligen Siedlungsgeländes erklärt, was man sehen würde, wenn man etwas sehen könnte (Ausstellung geöffnet von 10 - 16 Uhr).

Weiter geht es auf VADSØ zu, immer weiter öffnet sich der **Varangerfjord** in die **Barentsee**. An der Südmündung des Fjords liegt die Grenze nach Russland, das ehemals **finnische Karelien**.

Viele Dörfer am **Varangerfjord** wurden von ausgewanderten Finnen gegründet, man erkennt sie an einem etwas anderen, verspielteren Baustil und der geringeren Entfernung der Häuser zueinander, als es bei norwegischen Ortschaften üblich ist. VESTRE JAKOBSELV (**Campingplatz**) ist ein gutes Beispiel dafür.

Schnell hätte man das Kleinstädtchen VADSØ durchquert und ebenso schnell wieder vergessen, gäbe es hier nicht einen Masten zu besichtigen, der ohne seine historische Bedeutung wenig auffälliger wäre als ein alter Hochspannungsmast ohne Drähte. Am Ende des Ortes, am Kreisverkehr vor einer STATOIL-Tankstelle biegen wir rechts (Wegweiser: **Luftskipsmasta**). Wir parken hinter der Brücke zum Inselchen **Vadsøy** links mit schönem Blick über das Kleinstädtchen, dessen Holzhäuser in verschiedenen Farben angestrichen sind.

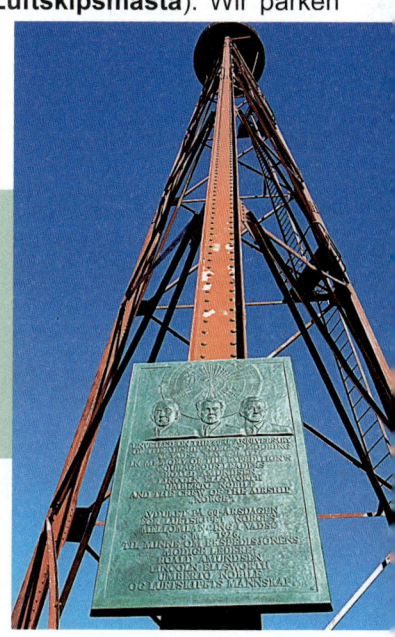

(226) WOMO-Wanderparkplatz: Vadsø
GPS: N70° 04' 03.7" E29° 44' 57.3"
max. WOMOs: 2-3.
Ausstattung/Lage: Spazierweg zum Luftschiffmast/Ortsrand.
Zufahrt: Von Varangerbotn auf »E75« nach Osten bis Vadsø, dort rechts (ausgeschildert).

Dann marschieren wir auf den einsamen Metallgittermasten am Ostrand der Insel zu, vorbei an den Resten eines Pomorenfriedhofes. Ein alter Film fällt mir ein: Fahnen flattern, eine Kapelle schmettert die schmissige italienische Nationalhymne und General Umberto Nobile grüßt militärisch, während sich das Luftschiff "Italia" vom Haltmasten zur großen Arktisexpedition erhebt, eine riesige Menschenmenge winkt ihm begeistert nach.

Bereits zwei Jahre zuvor hatte Nobile zusammen mit Roald Amundsen im Luftschiff "Norge" erstmals den Nordpol überflogen, jetzt sollten die Forschungen fortgesetzt werden ....

Wenig später: Ein heulender Schneesturm, peitschende Fetzen des notgelandeten Luftschiffes, vermummte Gestalten, die Verletzte tragen....

Glück im Unglück hatten die Männer von Nobiles gescheiterter Expedition, wurden sie doch in einer aufregenden, ja tragischen Rettungsaktion unter Leitung von Roald Amundsen vor dem sicheren Tod in der Arktis bewahrt (Roald Amundsen kehrte von einem der Rettungsflüge nicht zurück!).

Ganz gut erhalten ist der Mast aus dem Jahre 1926 noch, und wer sich traut, kann auf seiner Spitze auf das nächste Luftschiff warten....

14 km östlich VADSØ, die Straße durchquerte eine immer kargere, zum Teil völlig vegetationslose Steinplattenwüste, liegt die Halbinsel **Store Ekkerøy**. Ein flacher Sandstrandbogen führt zu ihr hinüber, an seinem Ende steigt die Landschaft langsam in schrägen Terrassen an, um an der Südostküste steil zum Meer hin abzubrechen.

Am Ende des Sandstrandbogens mit komplett ausgestattetem **Badeplatz** legen wir eine Pause ein und wünschen uns, dass diese Küste jetzt südlich von Athen läge ...

(227) WOMO-Badeplatz: Ekkerøy

GPS: N70° 04' 37.7" E30° 05' 55.6"   **max. WOMOs:** 2.
Ausstattung/Lage: Sandstrand, Tisch & Bank/Ortsrand.
Zufahrt: Von Varangerbotn auf »E75« nach Osten und rechts nach Ekkerøy.

Dann rollen wir weiter bis zu den ersten Hafengebäuden von EKKERØY (jetzt Museum) und lassen uns von einem Wegweiser mit zwei Vögeln nach links bis zu einem kleinen **Wiesenparkplatz** mit Informationstafel am Fuße der steilen Felsen führen. Nach wenigen Schritten beginnt das EKKERØY-Naturreservat und ein Wanderweg, der zur Kante der Steilküste hinaufführt.

(228) WOMO-Wanderparkplatz: Ekkerøy

GPS: N70° 04' 14.7" E30° 06' 14.0"   max. **WOMOs:** 3-4.

Ausstattung/Lage: Ornithologischer Wanderweg/Ortsrand. **Zufahrt:** Von Varangerbotn auf »E75« nach Osten bis Ekkeroy, dort dem Vogel-Wegweiser folgen.

Hinweise: Stellplatzwiese zeitweise weich und tiefgründig. Empfehlenswerte Gaststätte "Havhesten" mit Museum im alten Hafengebäude.

Statt von fröhlich kreischenden Vogelstimmen werden wir zunächst von den stummen Zeugen deutscher Vergangenheit begrüßt: Das Inselplateau ist vollgepflastert mit alten Geschützstellungen.

Wir marschieren immer an der Hangkante entlang; die Küste wird steiler und steiler, schließlich können wir – vorsichtig, mit langem Hals – von oben in die Nester blicken, die auf winzigen Vorsprüngen an der senkrechten Wand kleben. Was muss hier während der Brutzeit dem Hobbyornithologen das Herz höher schlagen (die Brutzeit endet Mitte Juli).

Aber auch in die Ferne schweift der Blick, in die eisige Weite der **Barent-see**. Bei schönem Wetter und Windstille ist der Spaziergang hier oben ein Genuss.

Noch 60 km sind es nach VARDØ, der östlichsten Stadt Norwegens und der einzigen in der arktischen Klimazone. Während wir Arktis automatisch gleichsetzen mit Kälte und gewaltigen Schneebergen, überrascht uns die Landschaft mit weiten Sandbuchten, hinter denen sich ausgedehnte Sanddünen erheben.

Bei SKALLELV und KOMAGVÆR ist diese beeindruckende Landschaft Naturschutzgebiet. Dort, wo die Straße den geschützten Bereich durchquert, sind **Parkplätze** mit erklärenden Hinweistafeln eingerichtet.

Einen letzten Bergsporn schneidet die Straße ab, das Fischerdorf KIBERG (mit Partisanenmuseum) liegt an seinem Südrand, dann zieht sie hinauf zum **Domen**, dem Teufelsberg. Allein zwischen 1621 und 1692 wurden in VARDØ achtzig Hexen verbrannt, die sich auf dem Domengipfel oder in einer Höhle des Berges mit dem Teufel eingelassen haben sollten.

Wir schwenken bei »km 5,6« nach rechts in eine Schotterpiste, die erst auf den letzten Metern (wir haben genug Schwung) steil zum Plateau des **Domen** hinaufführt.

(229) WOMO-Stellplatz: Domen

GPS: N70° 20' 01.4" E31° 02' 04.8"   **max. WOMOs:** > 5.
Ausstattung/Lage: Tolle Aussicht, windig/außerorts.
Zufahrt: Auf der »E75« bis kurz vor Vardø, bei »km 5,6« rechts steil hoch.
Hinweis: Nach 400 m, vor dem sehr steilen (**?**), letzten Stück, kann man auch parken.

Heute erscheint hier der Teufel nicht mehr persönlich, er hat seine Verführungskünste Spezialisten übertragen: Ein Wald von Fernsehantennen ist auf die 3200 Einwohner von VARDØ gerichtet. Wer sich die Mühe macht, die Schotterpiste zu bezwingen, wird mit einer grandiosen Rundumsicht in stürmischer Höhe belohnt: Zu unseren Füßen die drei Inseln **Reinøy**, **Hornøy** und **Vardøy** und dann – nichts als Wasser in einem Winkel von einem Dreiviertelkreis. Die Horizontlinie ist gebogen wie ein umgekehrter flacher Teller.

Hinter dem Domen sinkt die Straße wieder ab, und von einem **Picknickplatz** aus hat man einen informativen Blick hinüber zur **Insel Vardøy**, zu der weder eine Brücke noch eine Fähre führt. Wieder musste die Unterwelt zu Hilfe genommen werden: Der 2890 m lange **Ishavstunnel** führt bis zu 88 m unter dem Meeresspiegel hindurch geradewegs ins Zentrum von VARDØ.

Vor dem Rathaus biegen wir links und rollen direkt auf den Eingang der **Festung Vardøhus** [N70° 22' 20.9" E31° 05' 53.3"] zu. Der flache, sternförmige Bau mit den acht Spitzen, von denen uns uralte Kanonen androhen, ist viel zu alt, um militärisch zu wirken. Eher hat man das Gefühl, vor einer Spielzeugfestung zu stehen. Fein kann man auf den Mauern der Bastion das Gelände umrunden und von einem Türmchen aus den "Angriff" auf imaginäre Feinde leiten.

Fährt man an der Festung vorbei, so erreicht man nach 500 m des **Vardøhusmuseum**. Außer natur- und kulturgeschichtlichen Ausstellungen hat man sich besonders auf die Ergebnisse der Polarforscher Fridtjoff Nansen und Willem Barents (>>> Barent-See) spezialisiert.

Gen Norden wird die Straße schlechter, die Gegend jedoch menschenleer. Nach 1300 m erster **Picknickplatz** [N 70° 23' 10.0" E 31° 4' 42.7"]; nach 2 km kann man rechts abbiegen und auf der anderen Seite der Halbinsel wieder nach VARDØ zurückkehren. Kurz vor dem Ort links ein zweiter **Picknickplatz** [N 70° 22' 53.9"; E 31° 5' 26.4"] mit Blick auf den Hafen.

Vardø, Brodtkorbsjåene

Dort schlendern wir über die **Brodtkorbsjåene** mit alten Hafengebäuden aus dem 19. Jahrhundert (hier brüten die Möwen sogar in den Fensterhöhlen). Wasserhahn bei der i [N70° 22' 24.9" E31° 6' 11.9"]. Gegenüber kann man zur Nordspitze der östlichen Halbinsel rollen bis zu unserem Lieblings-**Picknickplatz**.

(230) WOMO-Picknickplatz: Vardø

GPS: N70° 22' 46.5" E31° 07' 04.1"   max. **WOMOs:** 2.

Ausstattung/Lage: Tisch & Bank, Mitternachtssonnenblick/außerorts.

Zufahrt: In Vardö hinter dem Hafenbecken links bis zum Ende der Strandgata.

Durch Neptuns Unterwelt kehren wir zum Festland zurück – der Höhepunkt unseres Arktisabstechers steht uns bevor.

Wir biegen rechts Richtung HAMNINGBERG in eine einbahnstraßenschmale, aber bestens asphaltierte Straße, werden zunächst begleitet von grünen Hügeln. Dort, wo die Pflanzendecke abgerutscht ist, tritt der pure Sandkern zutage.

Da wandelt sich die Landschaft schlagartig: Schroffe Felsen, spitz wie Scherenschnitte, flankieren die Straße. Schnell erkennen wir, warum kein Erosionsprozess den Felsspitzen ihre Schärfe und Kantigkeit nehmen kann: Unter Druck und Hitze wurden ehemals horizontal gelagerte Schichten um 90 Grad gedreht und ragen nun wie Haifischzähne steil in die Höhe.

Felsenchaos an der Straße nach Hamningberg

Zwischen ihnen wirken die kleinen Ferienhäuschen wie Wohnungen von Hexen, die um sich herum alles Lebendige zu Stein verwandelt haben.

Immer phantastischer wird die Szenerie, bricht plötzlich übergangslos ab. Wie in einer Theatervorstellung bekommen wir als zweiten Akt eine riesige halbkreisförmige Sandbucht geboten, in die mit monotonem Rhythmus der Wind die Brecher hineintreibt, weiter über den Sand fegt und ihn zentimeterhoch auf der Straße ablagert. Am Ende des Sandstrandbogens mischen sich beide Naturphänomene zu einer unglaublichen Synthese aus Sandmeer und daraus herausragenden Saurierfelsenzacken.

Aber das ist nur der Vorgeschmack! Immer höher und höher werden die Felsenklippen, türmen sich zu Bergen, durch die sich unser Sträßchen wie ein schmales Würmchen windet.

Ein Farbenwechsel tritt ein. Glänzten die ersten Felszacken

noch in rostrotem Porphyr, gehen sie jetzt über grau in mattes schwarz über.

Nochmals umfährt das Sträßchen weit durchs Hinterland einen herrlichen Sandstrandbogen, hinter dem die Dünenberge vom hineinstürmenden Wind aufgerissen werden: Erst wäscht er flache Mulden aus, dann ist das Profil halbkreisförmig, schließlich hat er einen parabolischen Graben in den Sandberg hineingeblasen.

Als Abschiedsvorstellung lässt sich die Natur etwas ganz Neues einfallen: Durch Geröllschichten, die in Terrassen angeordnet zur Küste absinken, rollen wir auf das letzte Örtchen der Straße zu, das Fischerdorf HAMNINGBERG. Nach vergeblichem Streit um die Erweiterung des Hafens verließen die letzten Fischer vor Jahren ihre Heimat, zogen nach VARDØ um. Inzwischen belebt sich das Dörfchen, das im Krieg nicht zerstört wurde, wieder. Viele Häuser sind restauriert, frisch gestrichen, neue kamen dazu.

Die wenigen Häuser von Hamningberg

Am Ortsbeginn verzweigt sich der Weg. Hier können Sie an einem kleinen **Rastplatz** mit **Wasserhahn** und **Toilette** über Aufstieg und Niedergang HAMNINGBERGs nachlesen. Biegt man rechts, so findet man nach 100 m am rechten Wegrand eine Holzsäule mit einem weiteren, recht eigentümlichen **Wasserhahn**. Nach insgesamt 700 m haben Sie ganz HAMNINGBERG gesehen, und der Weg endet blind an der Mole. Einkehren konnte man im Café, dort gab es "die besten Waffeln der Welt" (geschlossen?).

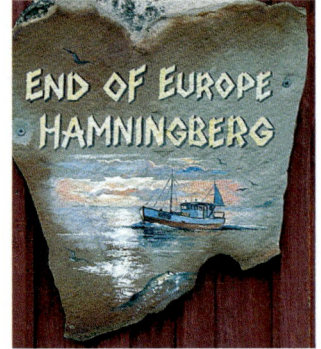

Geradeaus führt vom Rastplatz vor dem Ort ein „**Tursti**" nach Hardbakken (Harbaken), dem felsigen Nordende der Halbinsel (mit Überresten aus trauriger deutscher Vergangenheit). Biegt man links, so kommt man, am alten Friedhof vorbei, nach 600 m zum absoluten Höhepunkt unseres Arktisabstechers:

Dort, am Ende der Schotterstraße, breitet sich vor uns **Skjåvika** aus, eine herrliche Meeresbucht, die umgeben ist von lieblichem Wiesengelände. Neben der Schotterstraße ist ein **Picknickplatz** eingerichtet; man kann allerdings auch zum linken Teil der Bucht fahren und hat dort schönsten **Mitternachtssonnenblick**. Wir finden: **Skjåvika** ist neben **Varnesodden**, dem alternativen WOMO-Nordkap, das schönste Plätzchen in der **Finnmark**.

(231) WOMO-Picknickplatz: Hamningberg (Skjåvika)

GPS: N70° 32' 34.3" E30° 35' 26.5"   **max. WOMOs:** > 5.
Ausstattung/Lage: Tisch & Bank, Wanderwege (Toilette, Wasser 600 m)/außerorts.
Zufahrt: Von Varangerbotn auf »E 75« bis Vardø, weiter 40 km bis zum Ende der Straße.
Hinweis: Gegenüber vom Friedhof neuer, riesiger Picknickplatz ohne Meerblick.

Auch Aktivitäten sind angezeigt:
Nach links führt ein **Tursti** auf dem Strandgeröll (Treibgutsucher-Paradies) zum verlassenen Fischerdorf SYLTEVIK und geradeaus, in Verlängerung des Schotterweges, kommt man ins Felsenchaos von **Harbaken**. Falls Sie dort siedeln möchten, dürfte das angespülte Treibholz für ein bescheidenes Blockhaus sowie als Feuerholz für den ersten Winter ausreichen, dann kommt sicher Nachschub. Weniger Verwendung hätten wir für die große Anzahl riesiger, verrosteter "Kanonenkugeln" die wie verstreute Riesenperlen am Strand herumliegen. Überall an den norwegischen Küsten haben wir diese verlorengegangenen Schwimmkörper für Fischernetze gesehen.

Hamningberg; Felsküste bei Harbaken um Mitternacht

KARTE TOUR 14

50 km

N

Berlevåg

Hurtigroute

Båtsfjord

Hamningberg

15.5.-28.7.
231

15.5.-28.7.
230

Vardø
Domen

229

Varanger - Halbinsel

E75

"Gorgnetak"
P **WC**

Varanger-
botn
E6/E75

225

P

Vestre
Jakobselv

Vadsø

228

Vogelkolonie

Tana bru

Museum

232

Nesseby

P

E6

P

226 **227**
Ekkerøy

Hurtigroute

Gandvik

234

235

Stadtbild

P

233

Bugøynes

P

243

16.5.-27.7.

Grense-
Jakobselv

236

237

239

238

@

E
240

242

S

Skoltefoss

893

Neiden Kirkenes

241

886

Storskog

E6

E105

Andersgrotte

971

Sevettijärvi

P

FIN

Svanvik

МУРМАНСК

Murmansk

246

244 **@**

Höhe 96

Nikel

245

885

247

Vaggatem

Noatun

RUS

*Øvre Pasvik
Nasjonalpark*

248

Nyrud

Treriksrøysa

249

250

TOUR 14 (ca. 610 km / 3-5 Tage)

Hamningberg – Varangerbotn – Bugøynes – Neiden – Skoltefoss – Kirkenes – Grense-Jakobselv – Øvre Pasvik Nationalpark – Treriksrøysa

Freie Übernachtung:	Varangerbotn, vor + in Bugøynes, Neiden, Kirkenes, Grense-Jakobselv, Höhe 96, Øvre Pasvik NP, Wander-P Treriksrøysa.
Ver-/Entsorgung:	Kirkenes.
Campingplätze:	u. a. Vestre Jakobsvik, Neiden, Svanvik.
Baden:	An der Stichstraße nach Bugøynes, Grensefoss.
Besichtigungen:	Varangerbotn (Museum), Bugøynes, Skoltefoss, Neiden (Kirchen), Kirkenes, Höhe 96, Øvre Pasvik NP, Treriksrøysa.
Wandern:	Neidenelva, Øvre Pasvik NP, Treriksrøysa.

Ein zweites Mal umfängt uns der Zauber der Märchenstraße HAMNINGBERG – VARDØ, sie verabschiedet sich mit einem furiosen, roten Porphyrzauber, der uns wie im Traum die restliche Strecke über VADSØ bis zur »E 6« bei VARANGERBOTN gefangen hält (hochmoderner Picknickplatz "Gorgnetak" 6 km vorher).
Bereits 100 m nach dem Kreisverkehr liegt links das **Varanger Samiske Museum** (offen: 10 - 18 Uhr); auf dem weiträumigen Gelände kann man fein parken und übernachten.

(232) WOMO-Stellplatz: Varangerbotn (Museum)
GPS: N70° 10' 21.2" E28° 33' 34.2"   max. WOMOs: 2-3.
Ausstattung/Lage: Museum/Ortsrand.
Zufahrt: Von der »E75« nach links in die »E6« und sofort wieder links.

Die Ausstellungen informieren in erster Linie über die küsten-samische Besiedlung der Gegend, sowohl im Außengelände als auch in der großen, interaktiven Innenausstellung.

Wir ziehen weiter nach Südosten, auf die russische Grenze zu. Die Südküste des **Varangerfjords** hat während der Eiszeit eine völlig andere Entwicklung genommen als das Nordufer. Während dort flache Küste und Sanddünen vorherrschen, sieht man hier dem harten Fels bis hinaus zu den letzten Schärenklip-pen im Fjordwasser die

glättende Wucht des Eises an.

Nach 11,2 km können Sie rechts der Straße auf einem schön einge-richteten **Picknickplatz** [N70° 06' 07.6" E28° 37' 50.5"] mit Kinderwippe ihren Anhang zurück-lassen und auf den umliegenden Schären-kuppen herumklettern. Wie poliert sind an manchen Stellen die Felsen, kein Krümchen Erde kann sich darauf halten, keine höhere Pflanze, lediglich bunte Flechtenmuster haben sich als erste Besiedlungspioniere in den Granit geätzt. Zu einer Hefe-kloßorgie steigert sich die Atmosphäre bei GRASBAKKEN und NYELV, (in beiden Orten zusätzlich schöne Sandstrandbögen). Auch GANDVIK schätzt die Sicherheit einer tiefen Bucht, die »E 6« führt unmittelbar hinter ihrem Kiesstrand entlang – und im Scheitelpunkt der Bucht wartet links der Straße, direkt über dem Kiesstrand, versteckt hinter Birken, ein **Rastplatz**.

4 km später, wir haben inzwischen die Bucht wieder verlassen, finden Sie links der Straße einen komfortabler eingerichteten Picknickplatz. Er schaut, hoch über der Küstenlinie, weit hinaus ins offene Meer.

Genau 800 m später machen wir nach links einen Abstecher nach Klein-Finnland (km 0). BUGØYNES steht auf dem Weg-weiser, die Stichstraße führt weiter am Varangerfjord entlang, während die »E 6« nach Süden abweicht.

Auf zwei Rastplätze entlang der 19 km langen Straße sei hingewiesen: Nach 14,4 km kann man zum Ende eines klei-nen Sees abzweigen. Man steht schön versteckt hinter einer Birkengruppe.

(233) WOMO-Stellplatz: Richtung Bugøynes »km 14,4«
GPS: N69° 58' 49.3" E29° 31' 27.9"   max. WOMOs: 2.
Ausstattung/Lage: Feuerstelle/außerorts.
Zufahrt: An der Stichstraße nach Bugøynes nach 14,4 km rechts.

Nur 400 m weiter kann man (scharf nach links zurück) in einen Schotterweg einschwenken. Diesen haben wir 600 m abgefahren und dabei eine ganze Reihe von aussichtsreichen Plätzchen entdeckt.

(234) WOMO-Stellplatz: Richtung Bugøynes »km 14,8«
GPS: N69° 59' 02.3" E29° 31' 42.3"
max. WOMOs: >5.
Ausstattung/Lage: Aussicht/außerorts.
Zufahrt: An der Stichstraße nach Bugøynes nach 14,8 km links.

Auch hier ist die Landschaft eiszeitgeprägt. Auffallend sind Tausende von Findlingen, die wie Warzen die runden Bergkuppen bedecken. Dort liegen Sie wahrscheinlich seit 10.000 Jahren, als sie vom schmelzenden Eis sanft abgesetzt wurden.

Nach genau 19 km erreichen wir das Ortsschild von BUGØYNES. Als Karelien an Russland fiel, siedelten sich hier ausgewanderte Finnen an, bewahrten ihren Baustil, ihre Sprache und ihre Kultur bis heute. Hinter dem Ortsschild kann man rechts auf dem **Picknickplatz** parken und auf das farbenprächtige Örtchen hinter einem geschützten Sandstrand hinabblicken.

300 m später gabelt sich die Straße. Hält man sich an der Gabelung links, so kommt man an der Kirche vorbei zur Ortsmitte. Wendet man sich dort links, so kommt man zum offiziellen WOMO-Stellplatz am Buchtende.

Bugøynes – Klein Finnland

GPS: N69° 58' 27.0" E29° 38' 00.5"   **max. WOMOs:** >5.
Ausstattung/Lage: Klo, Tisch & Bank, Strom, Gebühr 150 NOK + 50 NOK Strom,
Sauna/Ortsrand.   **Zufahrt:** In Bugøynes immer links halten zum Ende der Bucht.

Wendet man sich rechts, so landet man am großen Hafenbecken mit der **Touristeninformation**. Rechts daneben Über-
nachtungsgelegenheit [N69° 58' 22.2" E29° 38' 40.6"] und
50 m vorher rechts Wasserhahn. Im Gebäude der Touristen-
Information bietet das alteingesessene Restaurant "Lassi-
Garden" Außergewöhnliches zu zivilen Preisen an wie z. B.
ein Königskrabbenmenü.

Aber das ist nicht alles:
Gegenüber residiert
"Norway King Crab".
Diese Firma kauft von
den Fischern die Kö-
nigskrabben (lebend)
auf, päppelt sie eine
Weile in riesigen La-
gertanks und versen-
det sie dann, bestens
gewappnet für 48 Std.
ohne Wasser, in alle
Welt, vorzugsweise zu den Gourmettempeln der Neureichen
in China... Wenn Sie freundlich fragen, macht man vielleicht
eine Führung für Sie!

Die **Königskrabbe** oder Kamtschatkakrabbe (Paralithodes camtschaticus),
gelegentlich aufgrund ihrer Größe auch Monsterkrabbe genannt, ist eine große
Steinkrabbe, die zuerst nur im nördlichen Pazifik (vor allem vor Japan und
Alaska) vorkam, bis sie Ende der 1960er Jahre von russischen Forschern in
der Barentssee nahe Murmansk ausgesetzt wurde; inzwischen ist sie bis zu
den Lofoten vorgedrungen.
Der Rückenpanzer der Königskrabbe erreicht eine Größe von 25 cm, während
sie insgesamt ein Gewicht von 10 Kilogramm erreichen kann. Die Beinspann-
weite kann bis zu 180 cm betragen. Sie ernährt sich von fast allem, was sie
finden kann, hauptsächlich von Muscheln, Seesternen, Algen und Aas. Königskrabben müssen sich häuten, um zu wachsen, weil sie ein Außenskelett
haben. Die Tiere haben als Zehnfußkrebse fünf Beinpaare, von denen das
erste Scheren trägt. Die Lebenserwartung beträgt ungefähr 30 Jahre.
Die Weibchen der Königskrabbe legen zwischen 400.000 und 500.000 Eier.
Davon erreichen etwa 2 Prozent das Erwachsenenalter, d. h. pro Weibchen
gibt es 8.000 bis 10.000 Nachkommen. Die Jungtiere verstecken sich in
Bodengewächsen, bis sie groß genug sind.
Ausgewachsene Königskrabben haben kaum natürliche Feinde und konnten sich vor allem deshalb derartig schnell in der Barentssee und an der
norwegischen Küste ausbreiten. Es wird oft vermutet, dass die Tiere eine
ökologische Katastrophe auslösen könnten, Beweise dafür gibt es bisher
aber nicht. Wegen ihrer Schmackhaftigkeit ist die Krabbe in Russland und
Asien begehrt. In Norwegen wird darum ähnlich der Lachszucht Potential für

Fährt man an der Gabelung am Ortsbeginn rechts, so landet man am südlichen Rande des Hafenbeckens. Auch hier blüht das Geschäft mit den Königskrabben. Allerdings werden die Tiere geschlachtet, gekocht, zerlegt, die Beine längs halbiert und tiefgefroren kiloweise verkauft (z.B. im Supermarkt "Nesse butik", 100 m von der i-Stelle entfernt); lecker!

Picknickplatz in der Hafenbucht von Bugøynes

Haben Sie die große Wiese hinter dem Hafenbecken gesehen? Das ist unser (manchmal etwas feuchter) Picknickplatz in BUGØYNES [N69° 58' 14.6" E29° 38' 17.8"].

Weiter geht es auf der »E 6« Richtung KIRKENES. Sie zieht nach Süden, verlässt also die zerklüftete und tief eingeschnittene Küste so weit, dass sie genau an den Südzipfeln der Fjorde vorbeiführt.

Nach 5,0 km und 10,8 km liegen rechts der Straße zwei **Picknickplätze**. Besonders witzig sind beim zweiten [N69° 54' 51.2" E29° 17' 01.6"] die präzise ausgerichteten Holzpalisaden, die man als Windschutz neben jeder Sitzbank aufgepflanzt hat.

Seit dem 14. Jahrhundert machte man erste Versuche, die heidnischen Samen der **Finnmark** zum Christentum zu bekehren; bald kamen sich dabei russisch-orthodoxe und evangelisch-lutherische Missionare in die Quere. Im Örtchen

NEIDEN bekommen wir zu diesem Thema ein interessantes "Kirchenpaar" geboten.

100 m vor dem Ortsschild registrieren wir noch einen schönen **Picknickplatz** (mit **Toilette**). Seitlich führen Pfade zu den Picknickplätzen, von denen aus man einen fachmännischen Blick auf den Lachsfluss **Neidenelva** werfen kann.

(236) WOMO-Stellplätze: Neiden
GPS: N69° 42' 06.8" E29° 22' 05.8"; N69° 42' 12.3" E29° 22' 02.7" **max. WOMOs:** je 2-3.
Ausstattung/Lage: Toilette, Tisch & Bank, Info-Tafel; Camping unerwünscht/außerorts.
Zufahrt: Von Varangerbotn auf »E6« nach Osten bis 100 m vor dem Ortsschild Neiden.
Hinweis: Alternativer Platz gegenüber Richtung Schießstand (Skytebane) im Birkenwald.

800 m nach dem Ortsschild von NEIDEN biegen wir links zum ruhigen **Picknickplatz** (Camping verboten) vor der Kirche von NEIDEN (offen vom 21.6.-31.7. tgl. 16-19 Uhr). 1902

Evangelische Kirche von Neiden

wurde sie im östlichsten Zipfel der Finnmark als auffallend "norwegische" **Stabkirche** errichtet, um die (evangelische) norwegische Präsenz zu demonstrieren (15 Schritte links vom Eingang zum Kirchhof kann man sich den **Wasserschlauch** durch den weißen Holzzaun reichen lassen).

(237) WOMO-Picknickplatz: Neiden (ev. Kirche)
GPS: N69° 42' 07.4" E29° 23' 18.4"   max. WOMOs: 1-2.
Ausstattung/Lage: Tisch & Bank, Camping verboten/außerorts.
Zufahrt: In Neiden 500 m nach dem Campingplatz links noch 1000 m.

Fährt man an der Kirche vorbei Richtung MIKKELSNES, so geht die schmale, wellige Asphaltstraße, die den Neidenelva begleitet, bald in eine ordentliche Schotterbahn über.
Nach 6,7 km Stichstraße stehen wir auf dem Parkplatz des **Neiden- und Munkefjord Naturreservates**, von dem aus wir naturforschend durch das Feuchtgebiet von "großem botanischen und ornithologischen Interesse" spazieren können.

(238) WOMO-Wanderparkplatz: Neiden (Naturreservat)
GPS: N69° 42' 18.6" E29° 32' 53.5"   max. WOMOs: 3-4.
Ausstattung/Lage: Info-Tafel, Wanderweg/außerorts.
Zufahrt: In Neiden 500 m nach dem Campingplatz links 6,7 km Richtung Mikkelsnes.

1200 m später endet die Straße bei einer winzigen Bootsanlegestelle mit Picknickplatz. Die Mole ist ideal für die Angelfreunde.

(239) WOMO-Picknickplatz: Mikkelsnes
GPS: N69° 42' 35.6" E29° 34' 33.6"   max. WOMOs: 2.
Ausstattung/Lage: Tisch & Bank, Angelspot/außerorts.
Zufahrt: In Neiden 500 m nach dem Campingplatz links 7,9 km bis zum Straßenende.

Nach der Abzweigung zur Kirche sollten Sie unbedingt den Parkplatz [N69° 41' 39.1' E29" 22' 15.2"] rechts der Straße anfahren.
Läuft man rechts der Straße auf einem Fußweg weiter, so steht man nach weiteren 150 m **auf** einem **Wasserfall**: Direkt oberhalb und unter der Brücke schießt und sprudelt das Wasser des **Neidenelva**, lockt jährlich hunderte von Besuchern an, wenn es

Skoltefoss

nach der Sommersonnenwende mit dem traditionellen **Käpelä-fisk**, einer speziellen Netzfischerei, den Neiden-Lachsen an den Kragen geht. Aber auch ohne Fischer ist der **Skoltefoss** ein atemberaubender Anblick. Wenn man gar durch das Gitter der Brücke nach unten schaut, werden die Schritte immer länger und schneller.

Unmittelbar hinter der Brücke über den **Neidenelva** zweigt nach rechts die »893« Richtung IVALO ab. Diese Stelle müssen Sie sich merken für Ihre Heimreise durch Finnland und Schweden.

400 m hinter der Brücke geht's zur "Kirchenkonkurrenz"!

Man parkt links auf einem großen Schotterplatz [N 69° 41' 20.2" E 29° 22' 33.4"], ein schmaler Fußweg führt zu der **Kapelle** am Neidenfluss. Es ist nur ein kleines Hüttchen aus gelbbraunen Blockbohlen, gekrönt mit dem St. Georgskreuz, aber das einzige russisch-orthodoxe Gotteshaus der Finnmark (zumindest auf norwegischem Boden!?).

Neiden; Sankt-Georg-Kapelle

Die »E 6« überquert nun einen Hügelrücken, zielt genau auf die Südspitze des **Munkfjords**, den sie dann an seinem Ost-ufer begleitet. Wenn Sie in der Fjordmitte das kleine Inselchen erblicken, sollten Sie den letzten **Picknickplatz** beachten, denn auf den nächsten 8 km ist (aus militärischen Gründen) Fotografieren und sogar das Anhalten verboten.

2,9 km nachdem wir den **Langfjord** überquert haben, passieren wir in HESSENG die Abzweigung der »885«, die uns später zum **Øvre Pasvik Nationalpark** und zum **Dreiländereck Norwegen/ Finnland/Russland** führen wird. Bereits 600 m später knickt die »E 6« nach links Richtung KIRKENES ab, geradeaus führt die »E 105/886« nach GRENSE-JAKOBSELV und – wirklich und wahrhaftig – nach MURMANSK.

Wir beenden zunächst unsere lange Reise auf der »E 6«, rollen hinab zu der Stadt, die am meisten von den norwegischen Städ-ten unter dem II. Weltkrieg zu leiden hatte: Über 300 Luftangriffe flog die sowjetische Luftwaffe, um den deutschen Aufmarsch gegen MURMANSK zu stören, die Stadt wurde dabei total zerstört.

Dieser Zeit vor allem ist das neue Grenseland-Museum am Ortsbeginn rechts gewid-met [N 69° 43' 4.3" E 30° 2' 37.4"]. "Star" der Ausstellung ist eine Iljushin IL-2 M3, die abgeschossen 40 Jahre auf dem Grunde eines Sees lag. Heute ist KIRKENES eine mo-

derne Kleinstadt, die sich erfolgreich vom alles beherrschenden Einfluss ihres einstigen Hauptarbeitgebers, der **Syd Varanger Eisenerzgrube**, gelöst hat (1995 geschlossen, 2009 Wiederin-betriebnahme). Man setzt auf die neue Zeit, auf die Möglichkeit, eine Brücke zum Osten schlagen zu können.

Wir rollen immer Richtung Sentrum, stehen unvermittelt vor einem Hafenbecken, in dem russische Fischtrawler nur noch von ihrem Rost zusammengehalten werden. Am Kai entlang nach rechts geht es, vorbei am großen **Parkplatz** [N69° 43' 43.4" E30° 02' 38.4"] zwischen Kirche und Polizei, zum (häss-lichen) Wohnmobilstellplatz am Hurtigroutenkai.

---

(240) WOMO-Stellplatz: Kirkenes (Hurtigroutenkai)
GPS: N69° 43' 39.3" E30° 04' 21.9"; Havneveien/Kaiveien.   **max. WOMOs:** >10.
Ausstattung/Lage: Ver- und Entsorgung/Ortsrand.   **Zufahrt:** siehe Text.

Vom o. a. Polizeiparkplatz sind es nur wenige Schritte bis zur Touristeninformation, der Bibliothek (mit kostenlosem Internetzugang) und zur Fußgängerzone (Dr. Wessels Gate), wo auch das Reisebüro "Pavikturist AS" seine Dienste anbietet:

„Wie wär's mit einem Wochenende in MURMANSK?" fragen wir. „Kein Problem!" antwortet man lächelnd und rechnet uns mit flinken Fingern vor:
Normalvisum (6 Tage Wartezeit) .... 1175 NOK
Paketpreis (Busfahrt, 2 Ü im DZ, Frühstück) .... 2950 NOK
Macht summa summarum für zwei Personen flotte .... **925 EUR**
Ein Expressvisum (das Konsulat ist nur 200 m entfernt) würde mit 800 NOK zusätzlich zu Buche schlagen. Wer Interesse hat, sollte folglich das Visum schon in Deutschland besorgen.
Kurz zusammengefasst gilt auch weiterhin für alle Privatreisen nach Russland: Wer keine Einladung vorweisen kann, muss für jeden Tag seines Aufenthalts ein Hotelzimmer buchen und darf sich nur in der Region aufhalten, die er als Zielgebiet angegeben hat (Infos: www.pasvikturist.no).

Von unserem Parkplatz sind es hundert Schritte nach Osten zum **Denkmal für die Rote Armee**. Im Herbst 1944 befreite sie die Finnmark von den deutschen Besatzern. Geht man am Denkmal vorbei und hält sich dann rechts, so findet man den Eingang zur **Andersgrotta**. Dies ist einer der Bergwerksstollen, die direkt unter dem Stadtzentrum liegen und der Bevölkerung während der Fliegerangriffe Schutz boten. Eine Filmvorführung in der **Andersgrotta** lässt die Geschehnisse in KIRKENES während des II. Weltkrieges wieder lebendig werden.

Fährt man von unserem Stellplatz bei der Polizei weiter nach Süden (Presteveien/Langørveien) bergwärts, vorbei am Sportplatz, dem Schwimmbad und dem Friedhof, so kommt man auf das **Prestefjell** zu einem schönen Plätzchen mit Blick über Stadt und die Barentsee.

(241) WOMO-Stellplatz: Kirkenes (Prestefjell)
GPS: N69° 43' 01.4" E30° 04' 17.9"; 83 m; Langørveien.   **max. WOMOs:** 2-3.
Ausstattung/Lage: Aussicht, Wandermöglichkeit/außerorts.   **Zufahrt:** siehe Text.

Eigentlich ist die »E 105/886« die Fortsetzung der »E 6«. Nach 5 km überqueren wir hinter ELVNES den **Bøkfjord**.

Genau 700 m nach der Brücke (linkerhand steht ein gelbes Haus) kann man rechts auf einem kurzen Parkstreifen [N69° 40' 33.3" E30° 07' 50.5"] anhalten und den Fjord hinaufschauen. Nur verschwommen erspäht man in der Ferne die **orthodoxe Kirche Boris Gleb**, eine Missionskirche aus dem 16. Jahrhundert. Für das Kirchenareal erhielten die Russen ein Stück Land auf der norwegischen Seite des Fjords. Boris und Gleb waren die ersten ostslawischen Heiligen (1072 heilig gesprochen) und gehören immer noch zu den populärsten altrussischen Heiligen.

4 km weiter stößt die stößt die »E 105« auf die russische Grenze – und dort war bis vor wenigen Jahren die (westliche) Welt zu Ende. Inzwischen ist am Grenzübergang STORSKOG wieder ein recht beachtlicher Verkehr erwacht. Mehr als 100.000 Fahrzeuge rollen jährlich zwischen Norwegen und Russland hin und her, die Zahl der Reisenden stieg auf über 325.000.

Wir rollen am Grenzübergang vorbei, die »886« führt bis zum allerletzten norwegischen Landzipfel an der Mündung des **Jakobselva**. Dort ließ König Oscar II. im Jahre 1869 eine **Kapelle** am Felshang errichten, um die Souveränität Norwegens zu unterstreichen.

Die breite, aber wellige Straße trägt uns immer weiter nach Osten. Am Beginn des **Store Kobbholmvatn** (23,8 km seit STORSKOG) passieren wir einen schönen **Stellplatz** links am See (Tisch & Bank sind leider verschwunden).

(242) WOMO-Stellplatz: Store Kobbholmvatn
GPS: N69° 43' 10.4" E30° 39' 52.0"   max. **WOMOs:** 2.
Ausstattung/Lage: Feuerstelle, Mülleimer/außerorts.
Zufahrt: Von Kirkenes auf der »E 105/886« weiter, am Grenzübergang Storskog links vorbei bis zum See.

4,8 km später ein großer Stellplatz (mit Toilette) rechts der Straße [N 69° 42' 21.8" E 30° 46' 08.9"].

In BJØRNSTAD haben wir den **Jakobselva** erreicht und die Asphaltdecke endet. 800 m später führt die Straße direkt am Grenzflüsschen entlang, am gegenüberliegenden Ufer steht der rot-grün gestreifte, russische Grenzpfahl Nr. 367 mit dem silbernen Adler.

Nun begleitet das Schottersträßchen den Grenzfluss bis zu seiner Mündung, auf der russischen Seite sieht man Wachtürme und Zäune, aber keine Menschenseele. Vorbei an der verschlossenen **Kirche** Oskar II. erreichen wir das offene Meer, dort endet die Straße bei einem **Picknickplatz** mit Tisch, Bank und **Toilette**, hier (Grense-Jakobselv) ist die Welt zu Ende.

(243) WOMO-Picknickplatz: Grense-Jakobselv
GPS: N69° 47' 25.7" E30° 47' 36.8"   max. WOMOs: 4-5.
Ausstattung: Toilette, Tisch & Bank, Info-Tafel, Mülleimer.
Zufahrt: Von Kirkenes auf der »E 105/886« bis Storskog, dort links noch 44 km.

Norwegen hat noch einen weiteren, wesentlich schöneren östlichsten Zipfel – den **Øvre Pasvik Nasjonalpark**.
Wir fahren auf der »E 105« zurück bis zur »E 6«, rollen genau 700 m auf ihr Richtung NARVIK und biegen dann zwischen einer STATOIL- und einer ESSO-Tankstelle links auf die »885« (Wegweiser: **Pasvikdalen**).
Fast 100 km führt diese Straße am Grenzfluss **Pasvikelva** zu Russland entlang, man bezeichnete sie deshalb auch als

"**Iron-Courtain-Road**". Zunächst bekommen wir jedoch keine Russen zu sehen, sondern berghohe Abraumhalden. Hier hat die Firma **Sydvaranger Jerngruver**, der KIRKENES ihre Entstehung verdankt, die Abfälle ihres gigantischen Eisenerz-tagebaus angehäuft.

Der liebevoll angelegte **Picknickplatz**, den Sie nach genau 10 km auf der »885« finden, blickt netterweise in die entge-gengesetzte Richtung, hinab in den **Langfjord**.

Die Natur zieht alle Register ihres Könnens, um uns die Fahrt zu verschönern. Nach und nach mischen sich zwischen die weißen Stämme des Birkenwaldes wieder die rostroten der Kiefern, ihre dunkelgrünen Nadeln bilden bereits einen auffäl-ligen Kontrast zu den sich über leuchtendes Gelb nach Orange verfärbenden Birkenblättern. Die Büsche und Polsterpflanzen zu ihren Füßen übertreffen sie noch in ihrem Farbenspiel, dessen Palette bis zum tiefen Weinrot reicht.

In RØDSAND verlassen wir die »885« nach links Richtung FURUMO/BJØRGLUNDGÅRD. 6500 m später halten wir links auf dem kleinen Parkplatz [N 69° 27' 41.2" E 30° 3' 59.0"] vor dem **Bjørglund-Hof**, einer der ersten Ansiedlungen im **Pasvik-dal**. Jetzt ist er ein Teil des **Sørvarangermuseums**, erhalten sind sämtliche Gebäude mit der kompletten Einrichtung. Ein Spazierweg führt zu dem herrlich gelegenen Anwesen.

1200 m später haben wir SVANVIK erreicht, und wir legen rechts der Straße einen Stopp ein, um die **Kirche** zu bewundern, deren massive Bohlenwände den Eindruck erwecken, als sei sie für die Ewigkeit gebaut. Links führt uns eine Birkenallee zum **Nasionalparksenter** mit großem **Parkplatz [244: N 69° 70' 15.5" E 30° 2' 24.8"]**. Hier erfährt man alles, kann durch eine kleine, aber feine Ausstellung schlendern und kostenlos eMails nach Hause schicken ...

Wir stoßen wieder auf die »885«, biegen links Richtung NYRUD. Bald sehen wir ihn vor uns, den berühm-ten Wachturm auf der **Höhe 96**, von dem aus man einen weitreichenden Blick über die Grenze hinweg bis zur russischen Bergbaustadt NIKEL hat. Der Wegweiser "**96 høyden**" zeigt nach links in einen Schotterweg. Nach 700 m stehen wir auf einem Plateau neben dem ehemaligen militärischen Wachturm (Foto), der jetzt ein Café beherbergt. Hier oben hat man nicht nur einen tollen Blick in die Runde, der natürlich auch NIKEL mit seinen Plattenbauhochhäusern à la Berlin-Marzahn und schlimm qualmende Schlote einschließt. Auch als Picknick- oder ruhiger Übernachtungsplatz wäre die „Höhe 96" geeignet (der Name bedeutet nicht, dass noch 95 weitere folgen, sondern er gibt seine tatsächliche Höhe an).

(245) WOMO-Picknickplatz: Höhe 96
GPS: N69° 26' 56.4" E29° 55' 31.3"   **max. WOMOs:** 2-3.
Ausstattung/Lage: Café (10-18 Uhr), Aussichtsturm, Toilette, Tisch & Bank/außerorts.
Zufahrt: Auf »885« bis 5,5 km hinter Svanvik. Dann Schotterpiste 700 m links hoch.

Falls Sie statt einer russischen Industriestadt lieber einen norwegischen See betrachten möchten, finden Sie 500 m nach der Abzweigung zur **Höhe 96** rechts der Straße ein **Picknick-platzidyll** [**246:** N69° 26' 44.2" E29° 54' 11.8"] mit **Toilette**, Tischen und Bänken direkt am See.

7 km nach der **Höhe 96** kann man der russischen Grenze besonders nahe kommen. Folgt man nach links dem Wegweiser MELKEFOSS, so steht man nach genau 1100 m auf einem **Parkplatz** [**247:** N69° 24' 14.8" E29° 47' 36.3"] oberhalb des Grenzflusses. Gegenüber ist Mischwald, der auch nicht anders aussieht als der norwegische, ein hoher Wachturm, der verlassen wirkt und ein grün-roter Grenzpfosten mit der Nummer 131. Wir verlassen eine Weile den seenartig verbreiterten Grenzfluss, ziehen durch den bunten Mischwald; dann begleitet er uns wieder als weites, sumpfartig verlandetes Seengebiet.

Der Weiler VAGGATEM besitzt ein Café, ein Postamt und, 1,8 km später, die Zufahrt zum **Øvre Pasvik Nasjonalpark**.

9 km haben wir Zeit, uns zu überlegen, was wir machen würden, wenn uns ein Braunbär gegenüberstünde. Die holprige Forststraße (anfangs mit Schlaglöchern und etwas schmal) führt durch ein Naturidyll aus kleinen Seen, Moorflächen – und immer dichter werdendem Kiefernwald! Der Nationalpark ist sozusagen der westlichste Ausläufer der Russischen Taiga und passender Lebensraum für Vielfraß, Luchs, Wolf und Bär. 10 bis 20 dieser so tapsig wirkenden Petze streifen durch den Nationalpark, man sollte sich auf eine Begegnung einstellen. Nach knapp 9 km endet der Weg an einem weitläufigen **Parkplatzareal** mit **Toilette,** Feuerstellen mit Bänken und umfangreicher Informationstafel mit Wanderkarte.

(248) WOMO-Wanderparkplatz: Øvre Pasvik NP
GPS: N69° 09' 33.0" E28° 58' 44.8"   **max. WOMOs:** > 5.
Ausstattung/Lage: Toilette, Feuerstellen mit Bänken, Wanderweg/außerorts.
Zufahrt: Auf »885« bis Vaggatem, 1800 m später rechts noch 9 km auf Forststraße.

Wir suchen uns den schönsten Platz direkt am Ufer des **Sortbrysttjern** aus, dort, wo Vorgänger schon einen prächtigen Steinring fürs abendliche Lagerfeuer angelegt haben.

Dann folgen wir dem "**Kultursti**", der 3,5 km am linken Seeufer entlang führt und an dessen Ende man auf die Grenze des Nationalparkes stößt (nach einer weiteren Viertelstunde endet der Pfad im Nationalpark am Ellenvatn bei der offenen Wandererhütte Ellenvannskoja; sonstige Wanderwege gibt es im Nationalpark nicht).

Rechnen Sie bitte für die einfache Strecke ein bequemes Stündchen, denn unterwegs weisen Informationstafeln auf die bescheidenen Reste derer hin, die früher hier lebten: Jäger, Rentierhirten und Fischer nutzten die Natur, ohne sie zu beeinträchtigen, die Spuren ihrer Anwesenheit zerfallen wieder ohne Rückstände.

Der schmale Pfad ist mit roten und blauen Farbklecksen markiert, bei feuchter Witterung sind Gummistiefel unbedingt angeraten. Falls Sie sich unterwegs ärgern, dass sie für das reiche Heidelbeer- und Preiselbeerangebot keine Behälter dabei haben, können wir Sie trösten: Rings um den Parkplatz, speziell aber auf dem Halbinselchen hinter seinem rechten Ende, können Sie zentnerweise Beeren sammeln.

Wir beenden diesen herrlichen Tag in der "Russischen Taiga" mit einem Lagerfeuer am stillen See und sind uns einig: Dies ist einer der **schönsten Plätze** unserer Norwegenreise.

Ein letzter Höhepunkt unserer langen Nordlandreise steht uns noch bevor – und der will erwandert sein!

9 km kehren wir durch die wie Flammen lodernde Farbenpracht des beginnenden norwegischen Herbstes zur »885« zurück,

noch knapp 9 km sind es bis zum Endpunkt der Teerstraße bei NYRUD. Dies ist kein Ort, sondern eine Polizeistation, allerdings hat man bei ihrem Anblick den Eindruck, das Gelände eines Freilichtmuseums zu betreten, so alt und gediegen sind die schwarzen Holzbohlengebäude.

Unser Wanderziel heißt **Treriksrøysa** und markiert das **Dreiländereck Norwegen/Finnland/Russland**. Zum Ausgangspunkt der Wanderung führt eine Schotterstraße, die 7,1 km nach der Abzweigung zum Nationalpark nach rechts von der »885« abzweigt. Die Abzweigung (Wegweiser: Treriksrøysa), kommt 1800 m nach dem Weiler NOATUN; man sieht bereits die Gebäude der Grenzwachstation, die am Beginn dieser Schotterstraße liegt. Vor wenigen Jahren durften nur die Fahrzeuge der Grenzwache über den zeitweise grenzwertig schlechten (**??**) Schotterweg mit sehr wenigen Ausweichstellen holpern, der uns zur nordöstlichsten Spitze Norwegens führt. Nach 19,7 km endet der Weg, wie es sich in Norwegen gehört, an einem **Wanderparkplatz** mit **Toilette**, Tisch und Bank und Informationstafel.

(249) WOMO-Wanderparkplatz: Treriksrøysa

GPS: N69° 01' 28.1" E29° 01' 44.9"   max. **WOMOs:** > 5.
Ausstg./Lage: Klo, Tisch & Bank, Wegweiser, Warnschilder, Wanderweg/außerorts.
Zufahrt: Von Kirkenes auf »885« nach Süden ins Pasvikdal bis 1800 m hinter den Weiler Noatun, dann nach rechts noch 19,7 km auf mieser Grenzerpiste.

Wir folgen dem Wegweiser "Treriksrøysa 5 km" und kehren bereits nach 3 min. wieder um, denn schon am Beginn des Wanderweges sind knöcheltiefe Moorpfützen zu durchwaten.

Bald haben wir noch mehr Freude an unseren hohen Gummistiefeln. Zwar sind die schlimmsten Passagen mit Laufplanken oder Knüppeldämmen überbrückt, aber zwischendurch stapfen wir immer wieder durch schmatzen-

de, triefende Sumpfbereiche. Der "Weg" ist auffallend häufig markiert, alle paar Meter sind blaue Kleckse an die Bäume gepinselt. Bald entdecken wir, dass man für die Touristen einen neuen Weg angelegt hat, der 50 bis 100 m Abstand von der Grenzschneise hält, er ist bereits ziemlich ausgetrampelt.

Der Grenzerweg ist mit gelben Holztäfelchen gekennzeichnet, die an die Bäume genagelt sind, streckenweise führt er unmittelbar am Rande des Grenzstreifens entlang.

5 km bedeutet in Norwegen 1 1/2 Stunden zu Fuß, und auch wir stellen auf dieser schwierigen Wanderstrecke keinen Rekord auf.

Nach gut 1 1/2 Stunden stehen wir neben der mannshohen Säule aus Felsblöcken [N69° 03' 07.4" E28° 55' 44.9"], gekrönt von einer weißen, dreiseitigen Pyramide: NORGE, SUOMI und ROSSIJA lesen wir auf ihren drei Flächen und in drei Richtungen führt jeweils eine breite baumlose Schneise bis zum Horizont. Keine Menschenseele ist außer uns zu erblicken, kein Grenzzaun, keine Wache, und doch müssen wir an den ehemaligen Grenzstreifen zur DDR denken. Wir vespern, suchen uns zum Nachtisch norwegische (!) Heidelbeeren **neben** dem Grenzstreifen und treten den Rückmarsch auf dem gelb markierten Pfad der norwegischen Grenzwache an. Dieser ist wesentlich trockener als der Touristenweg, wir bemühen

uns aber, wegen ein paar Heidelbeeren oder einer besonders sumpfigen Stelle nicht aus Versehen in Russland zu landen!

Info: Auch heute noch könnte eine "Grenzverletzung" zu hohen Strafen und weiteren Komplikationen führen!

Der genaue Grenzverlauf wird von Holzpfosten markiert, jeweils wie ein Pärchen stehen sich ein gelber mit schwarzem Kopf und dem norwegischen Löwen und ein rot-grün gestreifter mit dem russischen Adler gegenüber. Der Pfad führt direkt zu einem grauen, norwegischen Wachturm, dem ein grüner, russischer gegenübersteht. Von hier aus leitet uns ein Jeepweg nach links zurück zum Parkplatz.

Nun müssen wir uns noch den **Grensefoss** anschauen, zu dem eine Abzweigung 900 m **vor** dem Wanderparkplatz führt. Nach 500 m durchquert man die Reste des norwegischen Grenzzaunes und landet an großen **Parkplätzen** [250: N 69° 1' 04.1" E 29° 2' 39.8"], direkt am Fluss. Einen "Foss" konnten wir nicht entdecken. So suchen wir uns das schönste Plätzchen zum Parken und trinken einen Norwegen-Abschieds-Kaffee. „Wie bitte?" fragt Waltraud entsetzt. „Hier willst Du mit dem Buch aufhören? Sollen unsere Leser vielleicht in der Taiga überwintern?"

Nein, das kann ich Ihnen nicht zumuten! Folglich kommt jetzt noch ein Kapitel für eine bequeme und schnelle Heimreise.

KARTE TOUR 15/I

250 km

N

Kirkenes

Murmansk

E6

251

Sevettijärvi

252

RUS

E75

971

92

253

Inari

N

Lemmenjoki-
Nationalpark

254

255

955

256

Pokka

FIN

257

Kiistala

258

Sodankylä

79

Sirkka

80

Band 41:
Mit dem Wohnmobil
nach Finnland

Muonio

80

Kittilä

S

259

Kolari

79

260

403

Pajala

E10

261

392

Ohtanajärvi

Rovaniemi

262

E10

263

E75

Jokkfall

392

E8

Överkalix

E10

66° 32.850′ Polarsirkel

E4

E75

Oulu

Töre

Råneå

264:Kängsön

265

Gammelstad

Kyrkstad

Luleå

Autogas "OK" Oktanvägen 4

Band 55:
Mit dem Wohnmobil
nach Nord-Schweden

"Harrbacken" E

Piteå

266

Skellefteå

267:Bureå Havsbad

Bureå

E4

E12

Ånäset

268:Killingsand

Storuman

"Täfteböle" E P

Ratan

269

Umeå

Vasa

272

270-71:Normjöle Havsbad

E4

KARTE TOUR 15/II

250 km

S

FIN

Band 41:
Mit dem Wohnmobil
nach Finnland

E10

Överkalix

Töre E4

Råneå

Oulu

265

264:Kängsön

Gammelstad
Kyrkstad

Luleå

"Harrbacken" **E** **P**

Autogas "OK" Oktanvägen 4

266

Piteå

E75

Band 55:
Mit dem Wohnmobil
nach Nord-Schweden

Skellefteå

267:Bureå Havsbad

Bureå

8

Storuman

E4

E12

"Täfteböle"
E **P**

268:Killingsand

E

Ratan

269

Umeå

272

270-71:Normjöle Havsbad

Vasa

Örnsköldsvik

273

Bjästa

Bergom

274

NSG Skuleskogen

8

E4

Härnösand

E14 "Bölesjön" **E** **P**

275:Frölandssand

Sundsvall

Svartvik

276

Autogas/Flaschenfüllung

277

278

Strömsbruck

Hudiksvall

Turku

"Alebosjön" **E** **P**

Söderhamn

"Högbacka" **E** **P**

279-80:Norrsundet

Gävle

281

Björklinge

"Torsberget" **E** **P**

Uppsala

E4

Band 54:
Mit dem Wohnmobil
nach Süd-Schweden

STOCKHOLM

N

E4

Norrköping

TOUR 15 (ca. 2100 km / 4-8 Tage)

Øvre Pasvik – Neiden – Inari – Kittilä – Kolari – Pajala – Överkalix – Luleå – Umeå – Sundsvall – Söderhamn – Gävle – Uppsala – Stockholm

Ganz schön lange haben wir Sie durch Norwegen geschleppt, nicht wahr? Einigen von Ihnen wird nun die Zeit knapp werden; deshalb haben wir einen kurzen und schnellen **Rückreisevorschlag** ausgearbeitet und am Wege praktisch gelegene **Übernachtungsmöglichkeiten** gesucht:

Die »885« führt uns aus dem **Pasviktal** wieder hinaus, dann folgen wir der »E 6« 38 km nach Westen bis zum **Skoltefoss** in NEIDEN. Vor der Brücke über den Neidenfluss biegen wir links in die »893« Richtung IVALO/**Finnland** (nach 3,4 km rechts der Straße **Picknickplatz** mit Blick hinab auf den lachsreichen **Neiden**).

Nach 10 km heißt die Straße plötzlich »971«, ohne Stopp haben wir die norwegisch-finnische Grenze überfahren – und sind in der Rohland-Zone (Mit dem Wohnmobil nach Finnland). Unvermittelt ist die Landschaft so, wie wir uns Finnland vorgestellt haben: Alles ist flach, der Bewuchs auf den moorigen, nährstoffarmen Flächen ist spärlich, am auffälligsten sind die riesigen Wasserflächen: Seen, so weit das Auge reicht.

Die Straße, winzig dünn auf unserer Karte, ist in einem blendenden Zustand und führt im Riesenslalom zwischen unzähligen Seen hindurch. **Parkplätze** liegen regelmäßig rechts und links der Straße. Einige Plätze seien hervorgehoben:

In SEVETTIJÄRVI links der Straße See mit Sandstrand unter Kiefern, rechts **Campingplatz** mit Sauna.

Badeplatz in Sevettijärvi

200 m nach dem Campingplatz rechts großer **Parkplatz [251: N 69° 30' 33.4" E 28° 35' 49.5"]** mit WC im hohen Kiefernwald, von hier aus führt ein Fußweg zur benachbarten griechisch-orthodoxen **Kirche** der Skoltlappen, die aus dem ehemals finnischen PETSAMO westlich MURMANSK auswanderten.
15 km nach SEVETTIJÄRVI 300 m rechts der Straße, hinter einem See, herrlich ruhiger **Picknickplatz [252: N 69° 24' 39.7" E 28° 23' 38.8"]** mit Toilette zwischen Dünen.

Picknickplatz am See (Sevettijärvi + 15 km)

Westlich des **Inarisees** treffen wir auf die »E 75«, nach links sind es 24 km bis INARI.
Am Ortsbeginn biegen wir links auf den großen **Parkplatz** vor dem sehenswerten **Freilichtmuseum** der Samen. An seinem Ende können Sie in einem Souvenirshop für knapp 22 Euro eine zweistündige Kreuzfahrt auf dem **Inarisee** buchen (tgl. 13 + 17 Uhr), dieser "Heilige See der Samen" ist 1386 qkm groß, also dreimal so groß wie der Bodensee und hat etwa 3000 Inseln und Schären.
Fährt man vor dem Samenmuseum links, so findet man eine interessante **Wandermöglichkeit**: Man rauscht 1700 m auf der Teerstraße entlang, biegt dann nach links in einen Schotterweg und landet nach weiteren 600 m auf einem ruhigen **Wanderparkplatz [253: N68° 55' 16.9" E27° 3' 28.9"]** mit Klo. Von hier aus führt ein gekennzeichneter Pfad zur 4,5 km entfernten **Wildniskirche Pielpajärvi [N 68° 57' 4.8" E 27° 6' 56.5"]**.
200 m nach dem Museums-Parkplatz verlassen wir die »E 75« nach rechts in die »955« Richtung KITTILÄ. Gleich nach der Abzweigung links ein Supermarkt (finnische €-Münzen sind ein beliebtes Mitbringsel!) und eine Tankstelle, wo man statt Diesel billiges, steuerfreies Heizöl (Polttoöljy) tanken könnte (aber nicht darf!).

Nach 36 km machen wir nach rechts einen Abstecher Richtung LEMMENJOKI, der Pforte zum **Lemmenjoki-Nationalpark**. Nach 9,5 km findet man einen großen Parkplatz [N 68° 45' 43.0" E 26° 14' 34.9"], ein ausgezeichnet ausgestattetes Informationszentrum mit Diashow und einer umfangreichen Ausstellung. 400 m später kommt man zu zwei Cafés, die Bootstouren auf dem **Lemmenjokifluss** zum Naturschutzgebiet anbieten. Biegt man hier links, so kommt man zum großen, ruhigen **Wanderparkplatz** [**254**: N 68° 45' 05.5" E 26° 13' 11.1"] im Wald. An der Informationstafel können Sie sich ganz nach Bedarf einen kurzen oder langen Spazier- oder Wanderweg aussuchen.

Wanderparkplatz im Lemmenjoki-Nationalpark

Weiter auf der »955« kommt der nächste, interessante Stopp nach 36,4 km. Dort liegt rechts der Straße der **Wanderparkplatz „Sallivaara"** [**255**: N68° 26' 58.4" E25° 57' 14.8"], von ihm aus führt ein 6 km langer, markierter Wanderweg zu diesem historischen Rentierscheidungsplatz.

Beginn des Sallivaara-Wanderweges

Nach weiteren 34,5 km, in POKKA, führt eine Schotterstraße nach rechts Richtung KAALIMAA (weitere, kleinere Schilder: TAATSINTIE/TAATSIJÄRVI), nach 700 m liegt links der Straße ein idyllischer **Badeplatz** [**256:** N 68° 10' 4.1"; E 25° 45' 36.4"] mit **Toilette** und Umkleidekabine am winzigen See mit Sandstrand.

Badeplatz bei Pokka

1200 m nach POKKA wird aus der Teerstraße eine breite, gut zu befahrende Naturstraße und 5 1/2 km später gabelt sich die Straße – wir haben natürlich beide Varianten ausprobiert: Die linke Variante (»9552«) führt über KIISTALA nach KITTILÄ (83 km). Nach 43 km seit der Gabelung, 8 km vor KITTILÄ, beginnt wieder die Ashaltstraße und unmittelbar vor einer Brücke liegt rechts der Straße ein schöner **Picknickplatz** [**257:** N67° 51' 31.0" E25° 20' 37.4"] mit überdachtem Grillpavillon, Feuerholz, Tisch & Bank und Toilette.
Die recht Variante (»955/956«) führt über SIRKKA nach KITTILÄ (80 km) und passiert dabei den beliebten Skiberg Levi. 2 km, nachdem wir in die »79« eingemündet sind, können wir zu ihm hinauffahren und finden dort aussichtsreiche Übernachtungsplätze (Foto) [**258:** N67° 47' 17.4" E24° 51' 32.4"].

Beide Wegvarianten stoßen in KITTILÄ wieder zusammen. Nur die linke führt uns durch den Ort, man passiert Supermärkte und den Alko-Laden (wo man wieder zu zivilen Preisen Rotwein bekommt). Nördlich des Orts schwenken wir zusammen in die »80« Richtung KOLARI.

Deren neu angelegte Trasse führt uns flott voran; nach 22,5 km links ein einfacher **Stellplatz** [**259:** N67° 34' 35.1" E24° 28' 47.8"], blickgeschützt von der Straße. Wir stoßen auf die »E8«. 1400 m geht's auf ihr nach Süden, dann rechts nach KOLARI und 4500 m südlich des Ortes wieder rechts zum **Muonio-Fluss** (Wegweiser: RUOTSI).

Verblüfft starren wir auf eine neue Brücke (unsere Karte ließ uns eine Fähre erwarten) und ohne einen Grenzer zu sichten, rollen wir auf schwedischer Seite weiter nach PAJALA auf der »403«. Nach 10,0 km kann man links zum Fluss abbiegen und findet dort ein beschauliches **Übernachtungsplätzchen** [**260:** N67° 16' 03.0" E23° 34' 18.4"]. Falls der Platz gesperrt sein sollte, schwenkt man statt links nach rechts [**260a:** N67° 16' 07.9" E23° 34' 05.5"].

Übernachtungsplätzchen 260a, 10 km nach der finnischen Grenze

Vor PAJALA überqueren wir den **Torneälv**, folgen dem Weg-weiser ÖVERKALIX, der uns auf einer Umgehungsstraße um PAJALA herum und dann links in die »392« führt.

Die Straße ist Spitzenklasse, die Parkplätze sind spärlich. Als Ausgleich finden wir nach 36,5 km (links geht es Richtung OHTANAJÄRVI/AAPUA) nach rechts einen breiten Schotterweg zu einem tollen **Badeplatz** am See [**261:** N66° 55' 15.1" E23° 08' 22.9"] mit kompletter Ausstattung; für die Grillstelle lagert das Feuerholz in einer Hütte.

9 km später passieren wir KORPILOMBOLO. Wer sich für den **Wasserhahn** an der Friedhofsmauer [N 66° 51' 08.5" E 23° 3' 04.7"]) oder den ausgeschilderten **Husvagnplatz** [**262:** N66° 50' 59.0" E23° 02' 28.4"] (mit Strom + Wasser) interessiert. muss nach rechts in den Ort abbiegen.

Wiederum 8,2 km später, am Flüsschen **Finijoki**, liegt rechterhand ein **Badeplatz** [**263:** N66° 47' 41.0" E22° 56' 27.4"], gegenüber ein **Picknickplatz**.

Badeplatz am Finijoki-Fluss

Der spektakuläre Jokkfall

32 km später müssten wir auf der »392«, nach links abbiegen. Wir gönnen uns nach rechts einen Abstecher zum **Jokkfall**,

einem gewaltigen Katarakt des **Kalixälv** [N 66° 39' 01.3" E 22° 42' 41.0"].
Zum Übernachten findet man einen **Campingplatz**.
Nun düsen wir nach Süden, überschreiten völlig unspektakulär den Polarkreis (Foto) und treffen 26 km später auf die breite »E 10«, die uns nach weiteren 50 km im Nu an die Ostsee getragen hat. Hier, bei TÖRE, stoßen wir auf die »E 4«, die Ostsee-Rennstrecke, auf der wir auf schnellstem Wege nach Süden eilen wollen (Wegweiser: SUNDSVALL).

Bereits nach 17 km verlassen wir die »E 4« nach rechts Richtung NIEMISEL, schwenken dann nach links, rollen bis zum Jachthafen von KÄNGSÖN.

Am Meer halten wir uns rechts, passieren eine daueroffene Schranke und suchen uns das schönste Plätzchen [264: N65° 50' 26.6" E22° 22' 12.5"] auf einem aufgelassenen Campingplatz (ohne Einrichtungen) aus.

Der aufgelassene Campingplatz von Kängsön

Nach weiteren 25 km auf der »E 4« verlassen wir sie in RUTVIK nach rechts Richtung GAMMELSTAD, wo Schwedens größtes **Kirchendorf** mit über 400 Kirchhütten besichtigt werden muss. Zunächst machen wir nach 2900 m rechts der Straße einen Stopp: Bereits Carl von Linné besichtigte 1732 die **Helsokälla**, wo wir einen gesunden Schluck mit dem Eimer aus dem tiefen Brunnen schöpfen. Sie werden vielleicht eher die Ruhe des **Waldparkplatzes** [N65° 39' 25.2" E22° 02' 33.7"] schätzen.

Kurz darauf stoßen wir in der **Kyrkstad** von GAMMELSTAD auf die Kirche, biegen zweimal links und rollen zwischen den kleinen Kirchenhütten durch die Gamla Hamngata bis zum großen **Parkplatz** [265: N 65° 38' 51.2" E 22° 2' 10.8"] vor dem **Freilicht-museum**. Weitere ruhige

Parkplätze entdecken wir vor und hinter dem **Friedhof** bei der Rückfahrt zur »E 4« Richtung PITEÅ.

Flott trägt uns die »E 4« weiter nach Süden, in PITEÅ überquert sie den **Piteälv**. Direkt vor der Brücke geht's Richtung Zentrum und nach 500 m kann man rechts bei OK [N 65° 19' 6.3" E 21° 26' 12.8"] Autogas tanken.

Hinter der Brücke zweigt die »373« Richtung ARVIDSJAUR ab. Bereits nach 500 m auf der »373« biegen wir nochmals rechts nach HEMLUNDA und landen nach 2700 m bei zwei großen **Badeplätzen** [266: N 65° 19' 49.7" E 21° 21' 50.0"] rechts und links der Sackgasse im Wald hinter schönen Sandbadesträndern.

Badeplatz Piteå/Hemlunda

Weiter führt uns die »E 4« Richtung SUNDSVALL. Knapp 90 km weiter im Süden liegt SKELLEFTEÅ mit vielen Ampeln und Tankstellen.

17 km weiter auf der »E 4« geht es links Richtung BUREÅ; man fährt im Ort vor dem Friedhof links, folgt immer dem Schwimmersymbol und landet nach 5000 m am **Bureå Havsbad**, einem gebührenfeien Gemeindecampingplatz mit Liegewiesen, Toilette und Wasserhahn [267: N 64° 36' 35.5" E 21° 14' 29.8"] hinter einem herrlichen Sandstrand (Spende erwünscht).

Wieder »E 4«, breit, bequem, aber langweilig. Fast übersehen wir 10 km südlich ANÄSET und unmittelbar vor dem Ortschild von GRANBERGET den kleinen Wegweiser nach links: KIL-LINGSAND – es wäre schade gewesen!

Nach 700 m hält man sich links und landet 2200 m später an einem Freizeitgebiet in einem riesigen Sandstrandrund, wo für die Wohnmobile eine **Parkbucht** nach der anderen eingerichtet ist [**268**: N64° 10' 40.8" E21° 02' 23.0"], noch nicht einmal eine **Toilettenentsorgung** und eine **Trinkwasserpumpe** fehlt – oder interessieren Sie sich mehr für die schöne **Grillhütte**?

Killingsand

Nicht nur für Geologen interessant ist 20 km weiter im Süden die Abzweigung nach RATAN. Dort findet man im Hafen [N 63° 59' 28.2" E 20° 53' 25.7"] **Toiletten**, einen **Wasserhahn** – und einen achteckigen Holzpavillon. Darin stand einst eine Apparatur, mit der die genaue Höhe des Wasserstandes gemessen wurde.

Die ersten Messungen reichen zurück ins Jahr 1749. Rollt man am Hafen vorbei und biegt beim "Tullgarden" links in einen Schotterweg, so kommt man nach 400 m zu einem Wanderparkplatz [**269**: N63° 59' 12.2" E20° 53' 21.2"]. Von hier sind es 5 min. zu Fuß zu den alten Wasserstandsmarkierungen.

Mitten in der Großstadt UMEÅ überqueren wir den **Umeälv** und 2 km südlich

davon nehmen wir die Ausfahrt nach NORRMJÖLE. Dort haben wir drei **Parkplätze** für Sie entdeckt. Nach 15 km, am Ortsschild von NORRMJÖLE, schwenken wir links, dem Wegweiser **Norrmjöle Havsbad** folgen. Am Golfplatz vorbei kommen wir zu großen **Parkplätzen [270:** N63° 39' 29.9" E20° 07' 41.3"] am Waldrand, durch diesen stapft man 80 Schritte zum herrlich angelegten, komplett ausgestatteten **Badestrand** in einem riesigen Dünengelände.

Norrmjöle Havsbad

Ein weiteres Badeplätzchen finden Sie, wenn Sie noch 400 m weiter in den Ort hineinfahren. Dort geht's links 1800 m zum fußballplatzgroßen **Badeparkplatz [271:** N63° 39' 52.6" E20° 05' 53.6"] von BETTNÄSSAND. Zum Traumsandstrand mit Komplettausstattung sind es 350 Schritte bergab.

Am Sandstrand von Bettnässand

Knapp 2 km weiter können Sie rechts zu den monumentalen **Grabhügeln** von **Rösen** abzweigen, ein holpriger Waldweg führt nach 600 m zu einer Weggabelung [**272:** N63° 40' 53.8" E20° 04' 34.4"], von dort aus führt ein Pfad nach rechts zu den gewaltigen Begräbnishügeln und in reiche Heidelbeerfelder.

Norrmjöle, Grabhügel Rösen

Dauernd sollen wir in der kalten Ostsee baden, dabei sind die schwedischen Seen doch viel wärmer!

Lange haben wir nach einem schönen Süßwasserbadeplätzchen für Sie gesucht. Erst südlich von ÖRNSKÖLDSVIK, 110 km südlich von UMEÅ, wurden wir fündig. 16 km südlich von ÖRNSKÖLDSVIK (wo mitten im Ort die Skischanze direkt auf die »E 4« zu zielen scheint), verlassen wir die Europastraße nach links Richtung BJÄSTA.

Nach 1500 m, noch vor der Kirche, halten wir uns links Richtung DOMSJÖ/BERGOM. Nach 4 km liegt links der erste See, der **Näsjö**, dann folgt rechts der zweite. Zu ihm biegen wir nach 6 km, 400 m hinter dem Ortsschild von BERGOM rechts (noch vor der Marzipanfabrik) und entdecken einen wirklich süßen

Badesee von Bergom (Inre Bergomssjön)

Badeplatz, der außer der schwedischen Komplettausstattung sogar noch eine große Holzkiste bietet, wo Sandspielsachen parat liegen. Keine Frage, dass für das Wohnmobil schöne **Parkplätze [273:** N63° 13' 45.0" E18° 34' 25.6"] vorhanden sind. Biegt man in BJÄSTA vor der Kirche nicht links, sondern fährt geradeaus und am Ortsende links nach KÖPMANHOLMEN,

so kann man dort nach rechts den Wegweisern zum NP Skuleskogen folgen. Nach 6 km erreicht man den schönen **Wanderparkplatz** vom Nationalpark **[274: N63° 08' 11.3" E18° 31' 04.3"],** berühmt durch seine Slåtterdalsskrevan-Schlucht.

Die »E 4« überquert den 1,8 km breiten **Ångermanälv**, 21 km später passieren wir HÄRNÖSAND. 1 km nach dem Ort verlassen wir die »E 4« nach links (Wegweiser: SVARTVIK/YTTERFÄLLE). An der Abzweigung YTTERFÄLLE vorbei erreichen wir nach 3 km das Meer (**Parkgelegenheit** links), aber erst bei »km 4,9« sind wir zufrieden: Großer **Waldparkplatz [275: N62° 34' 37.6" E17° 54' 38.6"],** 120 Schritte zur weißsandigen Badebucht **Frölandssand**, markierte Wanderwege.

Die »E 4« passiert die Großstadt SUNDSVALL, nun ist "STOCKHOLM" unser Wegweiser. 12 km südlich, in SVARTVIK, kann man nicht nur Autogas tanken oder seine Gasflasche füllen lassen (Wegweiser: Gasol [N 62° 18' 52.0" E 17° 22' 17.4"], geöffnet werktags 8-17 Uhr, samstags 8-14 Uhr), sondern auch wenige Schritte vorher zu den vielen anderen WOMOs auf dem großen renaturierten Wiesenplatz am Wasser (mit einer einzigen Tisch-Bank-Kombination) fahren **[276: N62° 19' 10.8" E17° 22' 12.9"].**

Badeplatz bei Stocka

57 km südlich SUNDSVALL biegen wir in HARMÅNGER links Richtung STRÖMSBRUK, überqueren nach 3 km die Bahnlinie, nach 6,9 km zweigt eine Seitenstraße nach STOCKA ab und 300 m später liegt rechts der Badeplatz [**277:** N61° 53' 10.9" E17° 17' 58.7"].

Über STRÖMSBRUK wollen wir zur »E 4« zurückkehren (Wegweiser: HUNDIKSVALL). Biegt man nach 7,5 km jedoch rechts in die <u>dritte</u> Abfahrt Richtung BRYTTE, so entdeckt man nach 950 m links der Straße einen idyllischen und ruhigen **Badeplatz** [**278:** N61° 50' 13.9" E17° 13' 35.2"] am **Långsjö**; das WOMO parkt unmittelbar daneben unter Birken.

Badeplatz am Långsjö

4500 m später münden wir in die »E 4« ein, man könnte also auch von hier aus (zweite Zufahrt nach STÖMSBRUK) zum **Långsjö** fahren.

Die »E 4« führt an SÖDERHAMN vorbei, nach 40 km verlassen wir sie Richtung NORRSUNDET. 6 km immer diesem Wegweiser folgend überqueren wir zweimal die Bahnlinie, zweigen

Totrabadet - sehr beliebt

dann nach rechts Richtung **Badplats/Totrabadet**, ein drittes Mal überqueren wir ein Gleis; unmittelbar dahinter liegt rechts ein besonders beliebter **Badeplatz** [279: N60° 54' 50.2" E17° 05' 41.4"] mit schönem Sandstrand.

Rollt man auf der Teerstraße weiter nach NORRSUNDET und biegt bei der Tankstelle nach rechts, so führen einen die Badplats-Wegweiser 600 m geradeaus, dann rechts 600 m durch den Wald zu einem weiteren **Badeplatz** [280: N60° 55' 33.5" E17° 09' 30.4"]. Bringen Sie sich 'was zum Grillen mit - das Feuerholz ist schon aufgeschichtet.

Die »E 4« führt um die Großstadt GÄVLE herum, ohne dass wir ein Haus zu sehen bekommen.

Badeplatz von Norrsundet

Mit Riesenschritten nähern wir uns nun UPPSALA und STOCK-HOLM, und wir dürfen uns von Ihnen verabschieden. Direkt in UPPSALA, bei den berühmten Königshügeln, münden Sie in die Tour 12 unseres Süd-Schwedenbuches ein.

Halt, einen schönen Abschiedsplatz haben wir noch für Sie! 18 km vor UPPSALA verlassen wir die »E 4« an der Ausfahrt VATTHOLMA, rollen nach rechts Richtung BJÖRKLINGE. Nach 3,5 km biegen wir nochmals rechts, folgen dem Badeplatzwegweiser zum großen **Parkplatz** [281: N60° 01' 34.7" E17° 34' 14.8"] der **Sandvikens-Friluftsområde**. Hier ist viel Parkraum und nach 200 Schritten finden Sie Sandstrand, Lie-gewiesen, Kinderspielplatz, Duschen und Wasserhahn.

War es nicht toll, was wir alles gemein-sam erlebt haben?
Könnte man nicht gleich wieder von vorne anfangen!?

Tipps und Tricks – alphabetisch geordnet

Abwasser siehe Toilette
Abwassertank
Adressen
Ärztliche Hilfe
Auto siehe Fahrzeug
Autofahrer siehe Einreise
Autohilfsdienste
Autopapiere siehe Einreise
Autowerkstätten s. Autohilfsdienste

Baby
Babykost siehe Baby
Benzin siehe Treibstoffe
Bergwandern/Wildniswandern

Campingplätze s. Freies Camping
Chemikaltoilette siehe Toilette

Devisen
Diesel siehe Treibstoffe

Einreise/Ausreise
Entsorgung siehe Toilette

Fähren
Fahrzeug
Fernsehen siehe Rundfunk
Filmen/Fotografieren
Flora/Fauna
Freies Camping

Gas siehe auch Treibstoffe
Gaststätten siehe Lebensmittel
Geld siehe Devisen
Geschwindigkeitsbegrenzung siehe
   Verkehr
Getränke
Gewicht siehe Fahrzeug
GPS siehe Zauberei

Haustiere

Insektenplage
Internet siehe Rundfunk

Jedermannsrecht s. Freies Camping

Kartenmaterial
Klima/Kleidung
Konserven siehe Lebensmittel

Krankheit siehe ärztliche Hilfe
Kühlschrank

Lebensmittel
Literatur

Maut siehe Verkehr
Medikamente
Mücken siehe Insektenplage

Nachrichten siehe Rundfunk

Öffnungszeiten
Oktanzahl siehe Treibstoff

Packliste
Pflanzen siehe Flora/Fauna
Preise siehe Lebensmittel

Redewendungen/Verständigung
Rundfunk/Fernsehen/Internet

Speisen siehe Lebensmittel
Sprache siehe Redewendungen
Straßenverhältnisse siehe Verkehr

Telefon
Temperaturen siehe Klima
Tierwelt siehe Flora/Fauna
Toilette
Treibstoffe
Trink-, Wasch-, Spülwasser

Urlaubszeit siehe Klima

Verkehr
Verständigung s. Redewendungen

Wandern siehe Bergwandern
Wassertemperaturen siehe Klima
Wasserversorgung s. Trinkwasser
Wechselstuben siehe Devisen
Wetter siehe Klima
Wohnmobil siehe Fahrzeug

Zauberei –
   Outdoornavigation mit GPS
Zoll siehe Einreiseformalitäten
Zum Schluss: In eigener Sache

ABWASSERTANK

Nicht jedermann betrachtet WOMOs mit wohlwollendem Auge! Mit Sicherheit beschwört man jedoch Ärger herauf und versaut den Ruf der ganzen Sippe, wenn man sein Abwasser seelenruhig unter dem Fahrzeug heraustrielen lässt!

Tipps:
>> *Für eine sichere Entleerung sollte man ruhig einige Übungskurven drehen, bis man gelernt hat, die Auslauföffnung direkt über dem Gully oder der Öffnung der Entsorgungsstation zu platzieren.*
>> *Steht man längere Zeit an einem Platz, so muss man zwischendurch entweder eine Tankstelle aufsuchen (die haben immer groß dimensionierte Abwassergullys) oder im Notfall einen abgelegenen Wald- oder Wiesenweg.*
>> *Besitzer zu klein dimensionierter Abwassertanks sollten einen Faltkanister als Abwasserlunge umfunktionieren. Den kann man geschickt in die allgegenwärtigen Toiletten entleeren.*
>> *Sehr zu empfehlen ist auch das Spülen der Toilette mit dem Abwasser, das man anschließend ebenfalls in die Toilette kippen kann.*
>> *Wie verhält sich der "erfahrene" WOMO-Urlauber, wenn ein Nachbar sein Abwasser einfach auf den Stellplatz laufen lässt? Die Antwort ist schwierig, sehr schwierig! Trifft man auf einen Anfänger, wird er sich gerne belehren lassen. Aber es gibt auch "bockige Altsünder", die man vielleicht mit Hinweis auf den guten Ruf der WOMOs gegenüber den Einheimischen mit dem Argument: "Die denken sonst, Sie lassen das Klo leer laufen!" überzeugen könnte.*

ADRESSEN

Kurz vor der Grenze holen wir Pässe und Grüne Karte aus dem Geheimfach. Was tun, wenn der Pass beim Geldholen auf der Bank liegenblieb? Was tun, wenn die Polizei bei einem Verkehrsunfall den Pass einzieht und man sich ungerecht behandelt fühlt? Was tun, wenn das ganze Geld oder sogar das Auto geklaut wurde? Was tun, wenn man einfach nicht mehr weiter weiß?

Tipps:
>> *Jeder größere Ort hat seinen Verkehrsverein ("Reiselivslag" oder "Reiselivsforeningen"). Dort erhält man nicht nur Prospektmaterial und Stadtpläne, sondern von den stets fremdsprachenkundigen (meist englisch, manchmal deutsch) Angestellten auch Rat und Hilfe.*
>> *Die Konsulate tun in solchen Fällen wirklich alles, manchmal sogar mehr und vor allen Dingen erfolgreicheres, als man sich vorstellen kann:*

Deutsche Botschaft:	*N-0285 OSLO, Oscars gate 45*
	Tel. 0047 - 23 27 54 00, Fax: 22 44 76 72
Österreichische Botschaft:	*N-0244 OSLO, Thomas Heftyesgt. 19-21*
	Tel. 0047 - 22 55 23 48, Fax: 22 55 43 61
Schweizer Botschaft:	*N-0268 OSLO, Bygdøy Allé 78*
	Tel. 0047 - 22 54 23 90; Fax: 22 44 63 50
Norwegische Botschaft:	*10787 Berlin, Rauchstraße 1*
	Tel. 030 - 50 50 50
	Fax 030 - 50 50 55; emb.berlin@mfa.no

>> *Außerdem gibt es in weiteren Städten deutsche Honorarkonsulate:*
N-8006 Bodø, Sjøgata 21, Tel.: 0047 - 75 52 88 55
N-9915 Kirkenes, Dr. Wessels Gate 9, Tel.: 0047 - 78 99 50 80
N-8302 Svolvaer, Rich. Withs Gate 7, Tel.: 0047 - 76 07 34 00
N-9008 Tromsø, Sjøgate 2, Tel.: 0047 - 77 61 78 00

N-7002 Trondheim, Sivert Thronstadsveien 7, Tel.: 0047 - 41 41 83 68
>> Sie möchten sich zu Hause noch genauer über Ihr Urlaubsziel informieren:
Norwegisches Fremdenverkehrsamt Innovation Norway,
Postfach 11 33 17, 20433 Hamburg,
Mundsburger Damm 45, 22087 Hamburg
Tel. 040 / 22 94 15-0 bzw. 01805 00 15 48
Fax 040 / 22 94 15 88
www.visitnorway.com; germany@ntr.no
>> Reichhaltiges Informationsmaterial verteilen auch die Automobilclubs.

ÄRZTLICHE HILFE

Krank im Urlaub? Das ist so ziemlich das letzte, was man sich wünscht.
Manchmal ist es jedoch nur das kleine Unwohlsein, das den Tag vermiest
oder es ist ein Medikament ausgegangen. Was tun?

Tipps:
>> *Alle norwegischen Ärzte sprechen französisch, englisch oder deutsch.
Auskunft erteilt Ihnen das Touristenbüro, im Telefonbuch suchen Sie
"legevakt". Dieser ärztliche Notdienst vermittelt Sie weiter. Sie können
auch direkt zur nächsten Poliklinik fahren. Im Notfall wenden Sie sich an
die Polizei, sie spielt in Norwegen "Mädchen für alles".*
>> *1992 trat ein Sozialabkommen zwischen Norwegen und Deutschland in
Kraft. Bisher musste man Arzt und Medikamente bar zahlen.*
>> *Genauere Auskunft über dieses Sozialhilfeabkommen sowie über die
Mitnahme von nötigen Papieren erteilt die AOK. Privatpatienten sei
angeraten, außer einer ausführlichen Rechnung die Umtauschquittung
einer Bank bei der Krankenkasse einzureichen. So kann bequem von
Norwegischen Kronen in Euro umgerechnet werden.*
>> *Das Arzneimittelgesetz wird in Norwegen sehr streng gehandhabt! Ohne
Rezept gibt's in der Apotheke (apotek) kaum etwas.*
>> *Medizinische Reisetipps im Internet: www.fit-for-travel.de*
>> *ADAC-Arzt: 0049-89-22 22 22.*

AUTOHILFSDIENSTE

Irgendwann passiert es jedem einmal: Das Auto gibt keinen Mucks mehr
von sich.

Tipps:
>> *Obwohl Norwegen dünn besiedelt ist, sind Sie bei einer Panne nie allein.
Dafür sorgen u. a. die Straßenwachtfahrzeuge des Automobilclubs NAF.
Alarmzentrale des NAF: 810 00 505 (Ortstarif), Falken: 800 33 880 (ge-
bührenfrei), Viking: 800 32 900 (gebührenfrei).*
>> *Einheitlich Notrufnummern gibt es auch in Norwegen: Feuerwehr: 110,
Polizei: 112, Krankenwagen: 113, Telefonauskunft: 180.*
>> *An vielen Hauptstraßen stehen wie bei uns Notruf-Telefone.*
>> *Anschrift des Norwegischen Automobilclubs:
Norges Automobil-Forbund, N-0105 Oslo, Storgatan 2,
Tel.: 0047-22341400, Fax: 0047-22428830.*
>> *Trotzdem sollten Sie sich vor dem Urlaub von Ihrer Autowerkstatt ein
internationales Kundendienstverzeichnis besorgen lassen. Sie können ja
Glück im Unglück haben und in der Nähe einer Reparaturwerkstätte Ihrer
Automarke sein.*
>> *Die ADAC-Notrufzentrale in München ist rund um die Uhr besetzt:*
Tel. 0049-89-22 22 22.

BABY

Mit einem Baby oder Kleinkind in den WOMO-Urlaub? Wir haben nur gute Erfahrungen gemacht. Kinder ändern ihr Verhalten im Urlaub wesentlich weniger als Erwachsene, sie kämen z. B. nie auf die Idee, sich wie Fleisch in der Sonne braten zu lassen. Vorsicht ist jedoch stets bei Sonnenschein, speziell im Gebirge und am Meer, angeraten. Magen- und Darmkomplikationen bleiben meist aus, wenn man noch Babykost füttert.

Tipps:
>> *Sie werden staunen: Kinder baden auch in kaltem Wasser!*
>> *Im Norwegenurlaub erleben Sie mit Ihrem Kind jedoch alle vier Jahreszeiten. Decken Sie sich vor allem mit ausreichend warmer Kleidung ein.*
>> *Im Gebirge liegt noch reichlich Schnee. Sie haben im – oder auf dem WOMO doch sicher Platz für einen Schlitten!?*
>> *Babykost, Windeln und spez. Medikamente (Kinderarzt fragen!) von zu Hause mitbringen. Selbstverständlich erhält man alles auch in Norwegen, aber Vertrautes erspart Ärger.*
>> *Buggy oder Babyrückentrage sind für Besichtigungen und Wanderungen unentbehrlich. Kein noch so geduldiges Kleinkind trippelt freiwillig durch Gegenden, denen es kein Interesse abgewinnen kann.*
>> *Getränkewünsche unbedingt erfüllen und zwar mit schwach gesüßtem Tee (als Pulver mitnehmen). Gekaufte Getränke sind oft zu zuckerhaltig, um erfrischend zu wirken.*
>> *Wasser unbedingt entkeimen (siehe "Trinkwasser").*
>> *Wichtigste Urlaubsutensilien für Ihr Kind sind: Lieblingsschmusetier, Ball, Sandspielsachen, Schwimmflügel, Schwimmreif, Malsachen für die Fahrt.*
>> *Landschaften erleben Kinder unter 15 Jahren nicht als Erlebnis, das sollten Sie bei einer Rundreise beachten.*
>> *Machen Sie öfter Station: Ein Kletterhügel, ein Sandstrand, ein Spielbach, ein Streicheltier, das sind die Erlebnisse, die Ihre Kinder brauchen!*

BERGWANDERN/WILDNISWANDERN

Norwegen besteht zum größten Teil aus – Wildnis. Diese ist jedoch seit Jahrzehnten vom norwegischen Wanderverein (DNT) für Interessenten zugänglich gemacht worden – tausende von Kilometern Wanderwege wurden von ihm markiert, Gletschertouren werden organisiert, Berghütten gebaut und unterhalten.

Tipps:
>> *Zu jeder Fjell-Tour gehören vernünftiges Schuhwerk, regendichter Anorak (oder Regencape), Rucksack mit Feldflasche, Proviant, Wanderkarte und Kompass.*
>> *Beim vernünftigen Schuhwerk streiten sich die Fachleute: Gummi- oder Bergstiefel (es gibt auch Kombinationen aus beiden)? Wir werden uns in diesen Streit nicht einmischen, lassen Sie Ihre Füße entscheiden !*
>> *Die Wanderwege sind mit Hinweisschildern und Farbklecksen markiert, an den Winterwanderwegen und Loipen stehen lange Stangen mit roten Kreuzen an der Spitze.*
>> *Abseits der Haupttrampelpfade begegnen Sie kaum einem Menschen. Gehen Sie deshalb nie allein auf Tour. Wenn Sie sich verirren oder verletzen, findet Sie so bald niemand!*
>> *Gebirge haben nie beständiges Wetter. Brechen Sie eine längere Tour lieber ab, wenn das Wetter umzuschlagen beginnt. Regen, ja sogar Schneefall oder Hagelschauer, aber auch dichter Nebel können zu wahrhaft ungemütlichen, mit Kindern zu unverantwortlichen Situationen führen.*

>> Jede Wandertour, sei sie ein Gipfelsturm oder eine mehr gemütliche Rund-wanderung, belohnt Sie mit atemberaubenden Blicken auf eine grandiose Landschaft.

>> Für die erforderlichen Wanderkarten siehe "Kartenmaterial", eine erste Übersicht bieten auch die Autokarten, denn auf ihnen sind die wichtigsten Wanderwege rot markiert.

>> Weitergehende Fragen beantwortet Ihnen gerne die:
Den Norske Turistforeningen (DNT), Youngstorget 1, N-0181 Oslo, Tel.: 0047-4000 18 68, info@turistforeningen.no; www.turistforeningen.no DNT-Vertretung in Deutschland: Tel.: 0251-32 46 08, Fax: 0251-32 68 46.

>> Wir haben bei unseren Touren nicht nur Fjellwanderungen ausprobiert! Auch Wanderungen im Flachland, durch Naturschutzgebiete und Urwäl-der sind unvergessliche Erlebnisse.

DEVISEN

Bargeld in einheimischer Währung oder der des Urlaubslandes, Euroschecks, Reiseschecks oder, oder? Vor jeder Reise das gleiche Problem?

Tipps:
>> Für die An- und Rückfahrt durch Deutschland muss genügend Bargeld vorhanden sein, um Treibstoff sowie eventuelle Gaststätten- und Über-nachtungskosten bezahlen zu können. Ein Blick auf Ihre Karte oder die Entfernungstabelle zeigt Ihnen, wie viele Euro Sie dafür brauchen.

>> Ob Sie Ihre Norwegischen Kronen in Deutschland oder in Norwegen einkaufen, gegen Bargeld, Reiseschecks oder ec-Karte, spielt kaum eine Rolle, was den Umtauschkurs anbetrifft. Überall wird man Sie jedoch mit Gebühren traktieren (wenn man per ec-Karte und Geheimzahl am Auto-maten Geld abholt, zahlt man unabhängig von der Höhe der Abhebung ca. 3 Euro).

>> Wir haben die besten Erfahrungen mit unserer Visa-Karte gemacht! Man kann damit nicht nur in den allermeisten Geschäften bezahlen, son-dern auch an den vielen vollautomatisierten Tankstellen (ohne Personal) zu jeder Tages- und Nachtzeit tanken.
Hinweis: Unbedingt die entspr. Telefonnummer für die Kartensperre notieren (bei Verlust oder Diebstahl), z. B. hier: _____

EINREISE/AUSREISE

Für Urlauber aus Deutschland, Österreich oder der Schweiz gilt folgendes: Personalausweis (oder Reisepass), Führerschein, Kraftfahrzeugschein, Grüne Versicherungskarte (obwohl nicht vorgeschrieben) und Nationalitäten-kennzeichen nicht vergessen.

Tipps:
>> Reisebedarf für den persönlichen Gebrauch kann zollfrei eingeführt wer-den, als Reiseproviant darf jede Person ab 12 Jahren 10 kg mitschleppen, davon max. 3 kg Fleisch und Fleischprodukte. Die Einfuhr von Pflanzen, Eiern und Kartoffeln ist verboten.

>> Bei unserer letzten Norwegenreise verließen wir als erste die Fähre und stellten uns neben die Zollstation: Von ca. 500 Fahrzeugen wurden 2 kontrolliert; beim Grenzübertritt Schweden - Norwegen bekommt man überhaupt keinen Zoll zu sehen.

>> Besonders ärgerlich sollen die norwegischen Zollbehörden bei Alkohol-schmuggel reagieren, denn dieser wird nur in staatlichen Läden (Vinmo-nopolet) und dort zu Wucherpreisen verkauft. Erlaubt sind bei Personen über 18 Jahren 2 Liter Wein und 2 Liter Bier, bei Personen über 20 Jahren

statt der 2 Liter Wein auch 1 Liter Wein und 1 Liter Schnaps.

>> Die Mitnahme von CB-Sprechfunkgeräten ist erlaubt, wenn diese der CEPT-Norm entsprechen, ebenso die von Ihrem Handy.

>> Die hohen Preise in Norwegen beruhen nicht zuletzt auf dem Mehrwertsteuersatz von bis zu 25 %. Durch das Taxfree-System wird Ausländern, die (unbenutzte) Waren ausführen, diese Mehrwertsteuer (abzüglich einer Gebühr) bei der Ausreise zurückerstattet. An fast jedem Geschäft hängen die blau-gelben Taxfree-Fähnchen, dort erhalten Sie auch Informationsbroschüren.

FÄHREN

Norwegen ist im wesentlichen durch Fähren mit dem Rest Europas verbunden. Deshalb ist der Fährverkehr perfektioniert.

Tipps:

>> *Die meisten Fährverbindungen können Sie selbst buchen, ohne Gebühr und Reisebüro, per Postkarte, Telefonanruf, Fax, e-Mail oder Internet.*

>> *Lassen Sie sich nicht einreden, vor Ort bekäme man seine Tickets billiger. Zur Hauptsaisonzeit könnte das zu einer unfreiwilligen Übernachtung im ungemütlichen Hafengelände führen.*

>> *Sie haben Bedenken, ob Sie auch pünktlich an der Fähre sind (Unfall, Krankheit)? Dafür gibt es Reiseausfallversicherungen.*

>> *Kommen Sie frühzeitig (2 Std. vor Abfahrt) zum Fährhafen. Wer als erster auf das Schiff rollt, verlässt es meist auch als erster.*

>> *Haben Sie auf der Fähre Ihr WOMO verlassen, können Sie während der Überfahrt oft nicht hinein (Enge, Verbote). Machen Sie sich schon vorher eine Liste, was Sie an Deck alles brauchen (Ausweise, Geld, Verpflegung, Kinderspielzeug, Lektüre, Badeklamotten für Schwimmbad oder Sauna) und packen Sie alles vor an Bord gehen in eine Tasche.*

>> *Schließen Sie das WOMO gut ab, schalten Sie die Alarmanlage ein, für Wertsachen haben Sie hoffentlich gute Verstecke oder einen angeschraubten Tresor.*

>> *Laut Vorschrift ist der Betrieb von Gasanlagen auf Fähren verboten, das gilt auch für Kühlschränke! Leider sind selten 220-V-Steckdosen vorhanden, um den Absorber auf Stromversorgung umschalten zu können. Löbliche Ausnahme: DFDS (Kopenhagen - Oslo), Verlademeister fragen! Colorline stellt kostenlose Tiefkühltruhe zur Verfügung.*

FAHRZEUG

Wenn das Auto nicht mehr läuft, "läuft" gar nichts mehr im Urlaub. Nur das beruhigende Gefühl, alles getan zu haben, damit Motor, Zündanlage, Reifen und Fahrgestell mehrere tausend Kilometer ohne Murren durchhalten, kann stressfreie Urlaubstage garantieren.

Tipps:

>> *Kundendienst vor dem Urlaub nicht vergessen.*

>> *Ersatzteile mitnehmen:*
   * Reservezündkerzen
   * Reserve-Birnenset komplett?
   * Reserve-Keilriemen
   * Ersatz-Sicherungen

>> *Pannenausrüstung komplett?*
   * Reservekanister 20 Liter, voll?
   * 1-2 Liter Öl
   * Reserverad mit Profil, Luftdruck o. k.?
   * Ersatzschlauch (auch bei schlauchlosen Reifen!)

* Abschleppstange, ausprobiert?
* passender Wagenheber, ausprobiert?
* Klappspaten
* Warndreieck/Warnblinkleuchte
* Luftpumpe
* Erste-Hilfe-Koffer komplett?
* Werkzeugkoffer komplett?
* Verzeichnis der Auslandskundendienststätten meiner Automarke, neu!

>> *Scheibenwaschanlage gefüllt, "Scheibenkratzer" mit Gummilippe und Schaumstoffwulst (Insekten!), Ersatzscheibenwischer vorhanden?*

>> *Feuerlöscher o. k.?*

>> *Am Tag vor der Abfahrt mit allen Teilnehmern und dem fertig gepackten WOMO auf die öffentliche Waage fahren (z. B. Raiffeisenlager). Übergewicht, wenn möglich, vermindern. Jedes Kilo zusätzliches Gepäck erhöht nicht nur den Treibstoffverbrauch, sondern beeinflusst Fahrverhalten, Bremsweg, Lenkbarkeit und Steigfähigkeit negativ.*

FILMEN/FOTOGRAFIEREN

Zweifelsohne verstärken die mitgebrachten optischen oder sogar akustischen Urlaubserinnerungen die Vorfreude auf die nächste Reise. Für jegliches Film- bzw. Videomaterial gilt: Reichlich von zu Hause mitbringen, die Preise in den Urlaubsländern sind stets höher, von der Auswahl ganz zu schweigen.

Tipps:

>> *Kaufen Sie rechtzeitig Fotomaterial, nutzen Sie Sonderangebote im Frühjahr. Im Kühlschrank halten die Filme jahrelang, ohne zu altern.*

>> *Ihre Digitalkamera ist neu? Dann bedenken Sie: Die mitgelieferte Speicherkarte ist ein (schlechter) Witz. Sie brauchen pro Bild etwa 1 MB!*

>> *Nicht nur die Natur und Ihre Lieben sind fotografierenswert. Für Innenaufnahmen brauchen Sie einen kräftigen Elektronenblitz, ein Stativ wäre auch nicht schlecht.*

>> *Denken Sie an einen Vorrat der benötigten Batterien (am besten aufladbare NiMH-Akkus) für Blitzgerät und Kamera.*

>> *Ein 12-V-Ladegerät für die Batterien der Digitalkamera, Videokamera usw. sollte immer an Bord sein (oder ein Wechselrichter).*

>> *Schauen Sie öfter nach dem Objektiv. Seeseitiger Wind bläst Salzwasserspritzer auf die Linse. Vorsichtig mit einem angefeuchteten Läppchen abtupfen, dann trockenwischen.*

>> *Machen Sie Ihre Fotos möglichst vor 10 und nach 16 Uhr, andernfalls hilft nur ein UV-Filter gegen Verschleierung.*

FLORA/FAUNA

In Norwegen haben Sie dauernd Kontakt zur Natur, genießen Sie diese Freiheit, die Ihnen aber auch besondere Pflichten auferlegt.

Tipps:

>> *Der überwiegende Teil Norwegens ist Wildnis, dabei dominiert tundraartige, baumlose Steppe – Fjell und Vidda genannt.*

>> *Im Wald überwiegen Nadelbäume (70 %): Tannen, Fichten und Kiefern. In den Wäldern dürfen Sie Beeren sammeln (Heidelbeeren, Moltebeeren, Preiselbeeren, Brombeeren), Pilze suchen und Blumen pflücken, sofern sie nicht unter Naturschutz stehen.*

>> *Für Ihr Lagerfeuer dürfen Sie Äste auflesen, falls Sie zwischen dem 16. September und dem 14. April im Lande weilen. Im Sommer ist offenes Feuer streng verboten.*

>> *Im Fjell, der norwegischen Gebirgsregion, ist die Flora alpin. Hier bestim-*

men Moose, Flechten, Wacholder und Zwergbirken, in den sumpfigen Senken Wollgras und Sauergräser das Bild, dazwischen blühen im Sommer die fleischfarbenen Doldentrauben der Alpenazaleen und die weißen Glöckchen der Preiselbeeren.

>> *Die Tierwelt hält sich versteckt, außer den auch bei uns vorkommenden Hirschen, Rehen, Füchsen und wilden Kaninchen stößt man nur durch Zufall auf einen aufgescheuchten Elch. Wesentlich gefährlicher wäre er bei einer nächtlichen Kollision, denn der mächtige Schaufler bringt bis zu 800 kg auf die Waage.*

>> *In Norwegen gibt es eine große Zahl quasi wildlebender Rentierherden. Je weiter man in den Norden kommt, desto "normaler" werden Begegnungen mit ihnen. Aufpassen! Ganze Rudel könnten plötzlich die Straße überqueren.*

>> *Im Øvre Pasvik Nationalpark wurden wieder Braunbären angesiedelt. Da sie nicht gejagt werden, entwickelten sie eine u. U. gefährliche Zutraulichkeit. Man sollte sich singend durch den Wald bewegen, um einen verschlafenen Petz nicht erst im letzten Moment aufzuschrecken.*

>> *Gerne und ohne Gefahren lassen sich die Seevögel in den großen Brutkolonien beobachten. Wr wandern mit Ihnen zu einer ganzen Reihe von Vogelfelsen.*

FREIES CAMPING

Der Begriff des freien Campings ist in Norwegen mit dem Begriff des "Allemansrätten", dem **Jedermannsrecht** verknüpft. Dieses Gewohnheitsrecht, das noch nicht gesetzlich fixiert ist, regelt doch seit Menschengedenken die Rechte und Pflichten aller Menschen in Skandinavien, und damit auch der Touristen, gegenüber der Natur. Natürlich ist es nicht direkt für WOMO-Urlauber verfasst worden! Da diese in immer größerer Zahl nach Norwegen kommen, sollten sie sich bei längerem Aufenthalt an einem Ort einen Campingplatz suchen.

Die wesentlichen Punkte des Jedermannsrechts lauten:
Es ist überall erlaubt, eine Nacht zu zelten, sofern das Grundstück nicht landwirtschaftlich genutzt wird oder in der Nähe eines Wohnhauses liegt. Je näher (Hör- oder Sichtweite) Sie anderen Personen kommen, um so größer ist der Grund, um Erlaubnis zu fragen.

Es ist verboten, mit Motorfahrzeugen außerhalb der dafür bestimmten Straßen und Plätze zu fahren, Sie dürfen jedoch neben der Straße parken, wenn Sie niemanden behindern.

Sie dürfen überall baden sowie Wasser aus Quellen und Seen entnehmen. Sie müssen Ihren Unrat in die Abfallbehälter werfen oder wieder mitnehmen. Es ist verboten, Chemikaltoiletten in der Natur auszuleeren.

Sie dürfen kostenlos an allen Küsten und in den Fjorden angeln, für andere Gewässer brauchen Sie (ab 16 Jahren) eine staatliche Angellizenz (gibt's bei allen Postämtern) und einen örtlichen Angelschein (gibt's in Sportgeschäften, Kiosken, Touristenbüros, Hotels, auf Campingplätzen).

Sie dürfen wilde Blumen und Beeren pflücken und Pilze sammeln.

Tipps:
Nach unseren Erfahrungen interpretieren wir das Gewohnheitsrecht für Wohnmobilisten folgendermaßen:
>> *Das Parken von Wohnmobilen und das Übernachten ist für einzelne Tage gestattet.*
>> *Auf Rastplätzen an Hauptstraßen ist das Übernachten verboten. Wegen des Verkehrslärms und Kriminalität würden wir Ihnen diese Plätze ohnehin nicht empfehlen.*
>> *Für die einmalige Übernachtung bieten sich an:*

* *Wanderparkplätze, * Parkplätze bei Sehenswürdigkeiten,*
* *Parkplätze der Supermärkte (außerhalb von Ortschaften),*
* *Badeparkplätze (sind auf Autokarten mit einem roten "B" markiert),*
* *Parkplätze von Boots- und Jachthäfen,*
* *Parkplätze von Sportplätzen (Idrettsplass).*

>> *Befindet sich Ihr ausgewähltes Plätzchen in der Nähe eines Grundstückes, so fragen Sie, falls jemand zu finden ist, um Erlaubnis. Näher als 150 m sollten Sie keinem Haus kommen. Viele Norweger pochen geradezu verbissen auf ihre "privatområde", die oft so weit wie ihr Auge reicht.*

>> *Wir haben in ganz Norwegen keinen Badeplatz gefunden, wo nicht mindestens Klo und Mülleimer aufgestellt waren. Es gibt also keinerlei Entschuldigung für "griechische Verhältnisse", will heißen, Kackhaufen hinter den Büschen und Plastikmüllbeutel an den Straßenrändern.*

>> *Manches Toilettenhäuschen enthält nur einen Plastikeimer mit Sitz und Deckel, viele sind jedoch richtige Plumpsklosetts mit Absaugestutzen für die Kanalreinigung. Hier kann man auch seine Campingtoilette entleeren.*

>> *Im Verlauf unserer Touren haben wir von jedem aufgesuchten Platz Zufahrt, Lage, Ausstattung und die GPS-Koordinaten beschrieben.*

Campingplätze in Norwegen:

>> *Unterhaltene Campingplätze gibt es in Norwegen überreichlich (über 1.400), sie sind leider nicht mehr so preiswert wie noch vor wenigen Jahren. Für einen Stellplatz (incl. aller Personen) reicht die Preisspanne von etwa 160-350 NOK/Tag, Strom, falls vorhanden, extra.*

>> *Bescheidener ausgestattete "Bobilplätze" (Wohnmobilstellplätze) verlangen auch schon 80-250 NOK, Strom, falls vorhanden, extra.*

>> *Die meisten Campingplätze sind durch ein rotes Zeltsymbol auf den o. a. Straßenkarten gekennzeichnet, je mehr das Zelt mit roter Farbe ausgefüllt ist, desto höher sind Ausstattung und Preis.*

Den Norwegischen Campingführer können Sie als pdf-Datei herunterladen bei: www.camping.no. Außerdem die POIs der Campingplätze für Garmin und TomTom.

GAS

Außer der Zweitbatterie die einzige Energiequelle beim Freien Camping. Bei einer vierköpfigen Familie muss man mit einem Gasverbrauch von 3-5 kg pro Woche rechnen. Einen ordentlichen Happen davon "frisst", je nach Wetterlage, der Kühlschrank oder die Heizung (wenn Sie morgens nicht fröstelnd in die Hosen steigen wollen).

Tipps:

>> *Sie haben eine graue Camping-Europa-Umtauschflasche? In Norwegen tauscht sie Ihnen kaum jemand um! Die in Norwegen an den meisten Tankstellen vorrätigen Propangasflaschen werden nur gegen gleiche getauscht. Die Anschlüsse passen nicht! Was tun?*

>> ***1. Möglichkeit:*** *Sie beehren eine der "Propan LPG Norge Stasjoner", dort werden auch ausländische Flaschen gefüllt (und nachgefüllt!). Die Stationen an unseren Touren sind in die Karten eingezeichnet, genau im Text beschrieben und mit GPS-Koordinaten versehen, z.B. in:*
Alta, Myggveien 14 [N69° 57' 58.9" E23° 21' 24.0"]
Narvik, Fagernesveien 38 [N68° 25' 22.4" E17° 25' 55.6"]
Sortland, Markveien 25 [N68° 42' 27.8" E15° 23' 46.8"]
Steinkjer, Sjøfartsgata [N64° 00' 32.4" E11° 29' 42.7"]
Storslett, E 6 [N69° 46' 33.6" E21° 02' 7.3"]
Svolvær, Industriveien [N68° 13' 52.1" E14° 32' 08.1"]
Tromsø, Skattørveien [N69° 41' 41.3" E 19° 00' 46.6"]

>> ***2. Möglichkeit:*** *Sie kaufen sich eine Tankflasche (z. B. www.wynen.de). Diese können Sie an jeder Autogastankstelle (GPL) füllen und nachfüllen.*

Alle Stellen an unseren Touren haben wir auf den Karten eingetragen.

>> 3. Möglichkeit: *Sie kaufen sich an einer norw. Tankstelle eine norw. Gasflasche (Bezeichnung: Industri-Flasker I-11) und beim Campingfachhandel einen Adapter für Ihr deutsches Druckminderventil. Die Gasflasche können Sie leer bei der gleichen Tankstellenfirma wieder verkaufen.*
Händleradressen: AGA Postboks 13, N-0409 Oslo, Fax: 0047-22 32 14 62.

GETRÄNKE

Über die Versorgung mit Kaffee, Tee oder Fruchtsäften brauchen wir nicht zu sprechen, da geht es in Norwegen mitteleuropäisch zu. Wer jedoch Bier, Wein oder gar Schnaps zu seinen Getränken zählt, der wird hier (vielleicht) zum Abstinenzler.

Tipps:

>> *Wegwerfflaschen gibt es in Norwegen kaum noch, für alles zahlt man Pfand, alles wird gegen Bares zurückgenommen.*

>> *Cola und Limo in der 1 1/2-L-Flasche erhält man für etwa 2 Euro. Zum Anmischen (1 : 4) gibt es "Husholdningssaft", eine Art Sirup, die 2-L-Flasche für 2,50 Euro.*

>> *Bier ist nicht gleich Bier! In "normalen" Läden erhalten Sie Dünnbier (z. B. Grans Lettøl) noch für 1,50 Euro/Liter. Für "Normales" Bier müssen Sie 5,00 - 7,00 Euro berappen.*

>> *Die Abende in Norwegen können recht frisch werden. Falls Sie den (vom Zoll) gestatteten Liter Cognac vergessen haben, werden Sie in Norwegen dafür etwa 30 Euro berappen müssen (im staatlichen "Vinmonopolet").*

>> *Aber Sie müssen ja auch gar keinen Alkohol trinken!*
Norwegen ist ein Land der Milchtrinker (wen wundert's?). Ein Produkt, das uns so vertraut ist, dass man sein Fehlen im Urlaub um so schmerzlicher bemerkt, findet man in Norwegen nirgends: H-Milch! Steht doch "H-Milch" auf der Tüte, so bedeutet es "Hel-Melk" = Vollmilch!

>> *Vor allem Kleinkindermütter sollten sich folglich reichlich eindecken oder auf ihren Kühlschrank vertrauen. Dort hält Frischmilch etwa drei Tage.*

>> *Frische Vollmilch ....= H-Melk 3% ....1,70 Euro/L*

>> *Entrahmte Frischmilch ....= Lett-Melk 1,5% ....1,50 Euro/L*

>> *Dickmilch............................= Kultur-Melk ....2,00 Euro/L*

>> *Kefir.....................................= Kefir............................2,50 Euro/L*

HAUSTIERE

Seit 1.10.1998 gelten neue Einfuhrbedingungen für Hunde und Katzen. Sie müssen ein Formular vorlegen, das Ihr Tierarzt ausfüllt (über Impfungen usw.). Dieses Formular hat Ihr Tierarzt (?) oder Sie bekommen es von:
Statens dyrehelsetilsyn, Postboks 8147, N-0033 Oslo
Tel.: 0047-22241940, Fax: 22241945, e-Mail: philippa.kristiansen@std.sri.telimo.no
Zur Identifikation muss das Tier tätowiert oder mit Microchip ausgestattet sein.

INSEKTENPLAGE

Stechmückenschwärme gibt es nicht nur in Finnland, sondern überall dort, wo stillstehendes Süßwasser ihre Entwicklung gestattet – und Seen gibt es in Norwegen tausende! Aber Sie können auch von Holzböcken geplagt werden – mit höherem Gesundheitsrisiko!

Tipps:

>> *Während Mückenstiche schmerzhafte, aber relativ schnell vergehende Schwellungen hervorrufen, sind die Bisse der Holzböcke (Zecke, Ixodes ricinus) gefährlicher, denn dabei können Krankheiten übertragen werden:*

a) FSME (Frühsommermeningoencephalitis), eine Viruserkrankung, die zu Gehirnentzündungen führt (eine Schutzimpfung ist möglich). Verbreitung in Skandinavien: Nur Südost-Schweden, ca. 0,1-5 % der Zecken.

b) Borreliose (Lyme-Krankheit), hervorgerufen durch das Bakterium Borrelia burgdorferi, führt zu schwerwiegenden Gelenkerkrankungen (ca. 20 % der Zecken sind infiziert, eine Schutzimpfung gibt es nicht, die Krankheit kann jedoch mit Antibiotika geheilt werden). Verbreitung in Skandinavien: Ganz Südskandinavien, ca. 5-30 % der Zecken sind infiziert.

>> *Zecken sitzen auf den Ästen von Büschen sowie Grashalmen und lassen sich von Spaziergängern, Beerensuchern usw. abstreifen! Tragen Sie bei jedem Waldspaziergang langärmlige Hemden, lange, helle Hosen und suchen Sie sich anschließend gegenseitig nach Zecken ab.*

>> *Schmieren oder sprühen Sie sich in entsprechenden Gebieten mit Autan ein. Besonders gut wirken die Mittel, wenn sie als Spray auch auf die Kleidung aufgetragen werden können (nur im Notfall, Fleckengefahr)!*

>> *Für den geruhsamen Nachtschlaf: Sprühen Sie eine Stunde vor dem Zubettgehen das WOMO mit Insektenspray aus. Gegen Mücken im Wageninneren hilft auch keine Moskitogaze!*

>> *Sie sind nur zu zweit? Ab 25 Euro bekommen Sie in Kaufhäusern und Campingläden Moskitonetze, unter denen Sie sich wie im Himmelbett fühlen.*

KARTENMATERIAL

Während wir uns in südlichen Urlaubsländern häufig von der Intuition, dem Sonnenstand oder den hilfreichen Eingeborenen leiten lassen mussten, gibt es für Norwegen sehr gutes Kartenmaterial:
Standardwerk: CAPPELEN KART im Maßstab 1 : 325.000, je ca. 10 Euro.
Diese Karten werden inzwischen auch in Deutschland von Kümmerley + Frey vertrieben, sind erhältlich in Kaufhäusern und Buchhandlungen oder über das Internationale Landkartenhaus in Stuttgart.
Für unsere Norwegentouren brauchten wir alle fünf Blätter:
Blatt 1: Süd-Norwegen, Blatt 2: Mittel-Norwegen I, Blatt 3: Mittel-Norwegen II, Blatt 4: Mittel-Norwegen III, Blatt 5: Nord-Norwegen.
Kümmerley + Frey hat sich nicht die Mühe gemacht, die norwegischen Bezeichnungen auf den Karten zu übersetzen. Wir haben es für Sie getan:

å	Bach	holm	kleine Insel
ås	Höhenzug	høgd	Höhe, Spitze
bompenger	Maut	hus	Haus, Festung
botn	Talmulde	hytte	Hütte
bre	Gletscher	krysset	Kreuzung
bru	Brücke	litle	klein
bukt	Bucht	M(møte)	Ausweichstelle
by	Ort	myr	Moor
bygd	loses Dorf	nes	Landzunge
dal	Tal	nibba, nut	Gipfel
egg	Kamm	omkjørelse	Umleitung
eid	Landenge	os	Mündung
elv	Fluss	øvre	oberes
ferist	Viehrost	øy	Insel
fjell	Berg	pigg	Gipfel
fonn	Gletscher	rasfare	Steinschlag
foss	Wasserfall	røys	Steinhügel
gård	Gehöft	rygg	Kamm
haug	Hügel	seter	Alm
hav	Meer	sjø	See, Meer
helleristning	Felszeichnung	skar	Pass

skog	Wald	utsikt	Aussicht
sluser	Schleusen	vaer	Fischerdorf
stor	groß	våg	Bucht
strupen	Pass	vatn	See
støl	Alm	veg, vei	Straße, Weg
tangen	Landzunge	vesle	klein
tind, tindan	Gipfel	vidda	Ödland
tjørn	See	vik	Bucht
topp	Gipfel	ytre	äußere

Für Wanderungen im Gebirge (Fjell), die wir nicht ausführlich beschrieben haben, empfehlen wir Ihnen die Blätter der "Topografisk Hovedkartserie" vom "Statens Kartverk" (1 : 50.000). Ihre Buchhandlung kann sie beim Int. Landkartenhaus in Stuttgart bestellen.

Sie erhalten die Blätter für einen nur wenig geringeren Betrag auch in Buchhandlungen und Kaufhäusern in Norwegen.

Nicht nur als Übersichtskarte gut geeignet ist die Freytag & Berndt-Karte "Norwegen" im Maßstab 1:600.000 (gibt's beim WOMO-Verlag).

KLIMA/KLEIDUNG

Norwegen ist ein Land für den Aktivurlaub. Vom Angeln über Bergwandern, Bootfahren, Schwimmen, Tauchen und Windsurfen spannt sich ein weiter Bogen. Dabei ist das Wort "Anzugsordnung" dem Norweger fremd. Für den Touristen bedeutet das ganz einfach: Ziehe an, was Dir gefällt – und was vor allem zum Wetter passt.

Tipps:

>> *Keine Urlaubsgegend machte uns solche Probleme mit den Klamotten wie Skandinavien! Wir müssen für mieses Wetter gewappnet sein, wollen bei Sonnenschein aber auch Luftiges anziehen.*

>> *Zunächst einmal brauchen Sie derbe, warme Kleidung für Regentage und Gebirgswanderungen: Cordhosen, Baumwollhemden, Pullover, warme Anoraks, Regencapes, Gummistiefel.*

>> *Scheint die Sonne, dann fühlen Sie sich wie an der Riviera, Schutz gegen Sonnenbrand ist dringend angeraten, Badehose oder -anzug (mit oder ohne Oberteil) sind dann die Standardausrüstung.*

>> *Falls Sie in Norwegen nicht aufs Baden verzichten wollen, dann sollten Sie gut abgehärtet sein. Nur in der Østfold und in der Hedmark (zwischen Oslo und Schweden) überschreitet die Wassertemperatur in kleinen, flachen Seen ab und zu die 20°C-Schallmauer:*

Badetemperatur	Mai	Juni	Juli	Aug.	Sept.
Nordseeküste	9°	14°	16°	17°	14°
Skagerrakküste	8°	14°	16°	17°	14°
Fjorde	8-10°	13-15°	14-16°	14-18°	13-15°
Seen	5-9°	10-14°	10-16°	10-16°	5-13°
Seen im Süden	8-12°	10-17°	17-19°	18-20°	9-16°

Lufttemperatur (durchschnittliche Höchstwerte):

	Mai	Juni	Juli	Aug.	Sept.
Oslo	13,7°	18,7°	22,3°	19,9°	14,3°
Trondheim	11,4°	15,9°	20,0°	18,3°	13,2°
Bodø	6,2°	9,9°	13,6°	12,7°	9,4°
Tromsø	4,1°	8,8°	12,4°	11,0°	7,2°
Vardø	2,6°	6,2°	9,1°	9,7°	6,8°

KÜHLSCHRANK

Die Dometic-Kühlschränke mit den Anschlüssen für 220V/12 V/Gas, die in den meisten Wohnmobilen eingebaut sind, haben eine robuste Natur ohne bewegliche Verschleißteile. Trotzdem sind sie ein Sorgenkind für jeden Camper, denn ohne Kühlung kommt auch ein WOMO-Haushalt kaum noch aus.

Tipps:

>> *Schon bei geringer Schräglage des Fahrzeugs sinkt die Kühlleistung bis auf den Nullpunkt.*
Abhilfe: Mit Wasserwaage oder voll gefülltem Wasserglas waagerechten Stand des WOMOs kontrollieren, durch Aufbocken eines Rades oder Platzwechsel verbessern.

>> *Seit einiger Zeit gibt es jedoch Geräte, die auch bei stärkerer Neigung des WOMOs einigermaßen gut kühlen. Achten Sie darauf beim Neukauf.*

>> *Während der Fahrt, vor allem aber beim Tanken, ist der Betrieb mit Gas gefährlich, außerdem geht das Flämmchen oft im Fahrtwind aus. Schaltet man auf 12 V und vergisst nach Ankunft das Ab- bzw. Umstellen, so ist eine vollgeladene 50-Ah-Batterie nach ca. 5 Stunden leer und oft auch kaputt. Was hilft's, dass es sich "nur" um die Zweitbatterie handelt, wenn jetzt Tauchpumpe und Innenbeleuchtung nicht mehr funktionieren! Nur eine Schaltung mit Trennrelais kann dies verhindern.*

>> *Ist die Kühlleistung bei Gasbetrieb nicht zufriedenstellend, sind folgende Punkte zu überprüfen:*
  * *Liegen die Zu- und Abluftgitter möglichst nach Norden, also nicht im Sonnenschein?*
  * *Ist der Kühlschrank nicht zu vollgestopft?*
  * *Ist überhaupt ein Abluftkanal montiert?*
  * *Liegt überall, vor allem an der Unterseite der Tür, das Dichtgummi an?*
  * *Ist das Flämmchen überhaupt noch an? Von außen kann man das Zischen hören, im Inneren des Kühlschranks ist meist ein Guckloch!*

>> *Die im Fachhandel für Campingzwecke angebotenen Kompressorkühlschränke arbeiten nur mit 12 V/220 V. Sie kommen nur in Verbindung mit einer ausreichend dimensionierten Solaranlage in Frage.*

LEBENSMITTEL (siehe auch "Getränke")

Norwegen ist teuer! Daran führt kein Weg vorbei. Einige Preisbeispiele sollen Ihnen das veranschaulichen:

500 g Butter	3,00 Euro	1 kg Brot	1,00-4,00 Euro
1/2 kg Kaffee	3,00-5,00 Euro	1 kg Tomaten	2,50-4,00 Euro
1 kg Äpfel	2,50-3,00 Euro	1 Eisbergsalat	3,00 Euro
1 kg Schnitzel	6-13 Euro	1 kg Wurst	6-15 Euro
1 kg Fisch	8-12 Euro	1 kg Käse	8-18 Euro

Tipps:

>> *Probieren Sie vor dem Urlaub verschiedene Dosengerichte aus. Manche schmecken wirklich gut – es sind aber selten die preiswertesten. Deutsche Fertiggerichte sind aber noch viel preiswerter als norwegische Frischware.*

>> *Selbst ist der Mann (Frau)! Eigene Konserven sind immer noch die besten: Gulasch, Fleischbällchen usw. wie gewohnt zubereiten, in saubere Gläser füllen, zuschrauben und ca. 10 Minuten im Dampftopf sterilisieren. Diese und viele andere Tipps finden Sie im **Allgemeinen Wohnmobil Kochbuch**.*

>> *Essen gehen in Norwegen? Das ist großer Luxus. Selbst für ein bescheidenes Mahl, vergleichbar etwa Schnitzel mit pommes und Salat, müssen Sie mit 15-25 Euro rechnen, (teure) Getränke extra gerechnet!*

>> *Auswege sind das Schnellrestaurant (Hamburger 3-5 Euro) oder die Pizzeria (ab 6 Euro).*

LITERATUR

Ein wichtiges Buch über Norwegen haben Sie schon, mit unserem WOMO-Führer werden Sie nicht verloren gehen, gute Karten haben wir Ihnen auch bereits empfohlen. Wir hatten eine ganze Reihe von Büchern studiert, viele auch dabei, einige möchten wir Ihnen empfehlen.

Tipps:

Hans-Peter Koch: Norwegen, Michael Müller Verlag
Herbst/Rump: Skandinavien - der Norden, Reise Know-How
Norwegen Nord, Verlag Martin Velbinger
Ewald Gläßer: Norwegen, DuMont Landschaftsführer
Lang/Halling/Singer: Nördliches Skandinavien-Reiseführer Natur, BLV
Grey-Wilson: Pareys Bergblumenbuch, Parey-Verlag
Andrew C. Campbell: Der Kosmos-Strandführer
Kauderwelsch Spechführer: Norwegisch, Schwedisch, Finnisch (bei WOMO)
Norw. Fremdenverkehrsamt, Neuer Wall 41, 20354 Hamburg
Tel. 040 - 22 71 08 10 bzw. 01805 00 15 48, Fax 040 - 22 71 08 15:
Prospekte, Karten, Adressen.

MEDIKAMENTE

Natürlich können wir hier keine ärztliche Voraussage machen, was Ihnen im Urlaub alles passieren kann, aber nach der Statistik wollen wir einige Wahrscheinlichkeiten abwägen.

Tipps:

>> *Schauen Sie nochmals nach, ist Ihr Erste-Hilfe-Koffer noch gut gefüllt (Mullbinden, Heftpflaster, Schere, Pinzette, Fieberthermometer)?*
>> *Mittel gegen Durchfall sind ein "Muss" in fremden Ländern, fragen Sie Ihren Arzt. Kohletabletten sind "härteren Sachen" zunächst vorzuziehen.*
>> *Aufregung und langes Sitzen bei der Anfahrt kann aber auch zu Verstopfung führen - führen Sie mit den richtigen Mitteln ab!*
>> *Wie steht es mit Reisekrankheit? Fahren Sie zum ersten Mal mit einem WOMO, könnte Ihnen vielleicht das Schwanken oder die ungewohnte Sitzstellung aufstoßen. Sorgen Sie vor!*
>> *Wasser hat keine Balken – und mancher wird schon beim Anblick eines Schiffes seekrank. Dagegen gibt es Tabletten, die sehr sicher wirken sollen, z. B. Nautisan.*
>> *Kinder sind ein Fall für sich! Nehmen Sie auf jeden Fall die Medikamente mit, die Sie sowieso das Jahr über brauchen.*
>> *Soventol hilft gegen Insektenstiche und lindert auch Sonnenbrand.*
>> *Zwei Elastik-Binden für verstauchte Füße und Salbe gegen Prellungen (z. B. Mobilat) sollten nicht nur bei der Bergtour dabei sein.*
>> *Zwar kein Medikament, aber manchmal die letzte Rettung (statt eines Schlafmittels): Ohropax gegen Straßenlärm.*
>> *Last not least: Das Merfen-Orange für die kleine Schürfwunde und gegen den großen Schmerz, ein Wund-Desinfektionsmittel, das nicht brennt, aber wegen der schönen Farbe bei Kindern besonders beliebt ist.*

ÖFFNUNGSZEITEN

Noch kürzer als in Deutschland! Die meisten Läden sind durchgehend von 9-17 Uhr geöffnet, donnerstags bis 18 Uhr, samstags bis 13 Uhr. Von Gemeinde zu Gemeinde schwanken diese Angaben etwas.
Banken: Mo-Fr 8.30-15 Uhr, Do 8.30-17 Uhr, viele Automaten rund um die Uhr.
Post: Mo-Fr 8-16.30, Sa 8-13 Uhr. Touristen-Infos nur von 15.6. - 15.8. besetzt.
Letzte Rettung sind viele Tankstellen. Bei manchen hat man das Gefühl, sie verkaufen Benzin nur deshalb, um rund um die Uhr ihr angeschlossenes Kaufhaus offen halten zu können. Verzagen Sie also nicht, wenn Ihnen sonntags das Brot ausgeht – gehen Sie einfach Brot tanken!

PACKLISTE

Brieftasche/Handtasche/Geheimfach
Pässe, Personal-, Kinderausweis (gültig!)
Führerscheine, Fährticktes
Grüne Karte (gültig, obwohl nicht Vorschrift)
KFZ-Schein
Bargeld/Brustbeutel
Devisen/Umrechnungstabellen
Visa-Karte/EC-Karte
Reiseschecks
Impfbücher
Auslandskrankenscheine
Zusatzversicherungen
Schutzbrief
Fotokopien aller dieser Papiere , noch
besser: Auf USB-Stick am Schlüsselbund

_____

_____

Wohnmobilhaushalt
Wecker (Fähre!)
Einkaufstasche (groß)
Kaffee-, Teekanne
Filtertüten/Filter
Geschirr/Gläser
Vesperbrettchen/Bestecke
Brotmesser/Kartoffelschäler
Schöpflöffel/Schneebesen
Töpfe/Dampftopf
Pfannen/Sieb
Topflappen
Butterdose/Plastikdöschen mit Deckel
Flaschentrage
Thermoskanne
Eierbehälter
Küchenpapier/Alufolie
Nähzeug/Schere
Klebstoff/Klebeband
Wäscheleine/Klammern
Waschpulver
Plastikschüssel
Abtreter
Schuhputzzeug
Kabeltrommel
Verbindungskabel CEE-Schuko
Stecker (Ausland)
Doppelstecker
Gasflaschen (voll?)
Handfeger/Kehrschaufel
Putzlappen
Klappspaten
Hammer/Nägel/Axt
Zündhölzer/Feuerzeug
Gasanzünder
Taschenlampen
Kerzen
Petroleumlampe/Petroleum
Ersatzbirnen 12 V/220 V
Ersatzsicherungen für jedes Gerät
Ersatzwasserpumpe
5 m passender Wasserschlauch
Feuerlöscher
Insektenspray/Insektenlampe

Moskitogaze für Fenster und Tür oder:
Moskitonetz
Toilette/Klo-Papier
Toilettenchemikalien (oder besser nicht?)
Dosen-, Flaschenöffner, Korkenzieher
Spülmittel/Bürste
Scheuerpulver
Geschirrtücher
Leim/5 m Schnur
5 m Schwachstromkabel zweiadrig
Müllbeutel
Wasserentkeimungsmittel
Wasserschlauch mit Passstück für ver-
schiedene Wasserhähne/Trichter
oder: WOMO®-Zapfschlauch

_____

_____

Reiseapotheke
Mittel gegen Reisekrankheit/Seekrankheit
Soventol (lindert Insektenstiche usw.)
Husten-, Schnupfenmittel
Fieberzäpfchen
Kohle-Kompretten
Mittel gegen Durchfall
Mittel gegen Kopfschmerzen
Mittel gegen Verstopfung
Nasen-, Ohrentropfen
Halsschmerztabletten
Wundsalbe/Brandsalbe
Wunddesinfektionsmittel (Merfen-Orange)
Sprühpflaster
Elastikbinden
Salbe gegen Prellungen
Fieberthermometer
Pinzette/Zeckenzange/Autan o.ä.
Auto-Verbandskasten o. k.?
Persönliche Medikamente

_____

_____

Auto
Allgemeines Wohnmobil-Handbuch
WOMO®-Knackerschreck (siehe Buchende)
Bedienungsanleitungen
Bordbuch/Wörterbücher
Reiseführer/Campingführer
Straßenkarten/Autoatlas
Auffahrkeile/Stützböcke
Wasserwaage
D-Schild
Kundendienst gemacht?
Ersatzteilset von der Werkstatt?
Pannenausrüstung komplett?
Reservekanister voll?
1-2 Liter Reserveöl (HD 20/W 50)
Reserverad Luftdruck o. k.?
Abschleppstange, ausprobiert?
Passender Wagenheber, ausprobiert?
Luftpumpe
Warndreieck
Arbeitshandschuhe
Werkzeugkoffer komplett?
Kundendienststellenverzeichnis, neu?

_____

_____

Kleidung
Unterwäsche
Socken/Strümpfe
Hemden/Blusen
Schuhe/Sandalen
Hausschuhe
T-Shirts/Shorts
Hosen/Jeans
Kleider/Röcke
Pullover/Jacken/Stola
Anoraks/Windjacken/"Friesennerz"
Regencapes/Wolldecken
Sonnenhüte/Kopftücher
Nachthemden/Schlafanzüge
Bikinis/Badehosen
Gummistiefel/Wanderstiefel
Sonnenbrille/Ersatzbrille

_____

_____

Campingartikel
Stühle/Tisch/Liegestühle
Liegematten/Hängematte
Sonnensegel/Stangen/Häringe/Leinen
Grill/Grillzange
WOMO®-Pfannenknecht (siehe Buchende)
Holzkohle
(von 15.4.-15.9. ist offenes Feuer verboten)

_____

_____

Unterhaltung
KW-Radio/Fernseher/Sat-Antenne
Schreibzeug/Adressbuch
Handarbeitszeug
Kinderspielzeug
Malutensilien
Bücher/Spiele
Kassettenrecorder/Kassetten
CD-Player/CDs/MP3-Player
Taucherbrillen
Wasserball/Fußball/Wurfringe
Frisby/Indiaca usw.
Schlauchboot/Pumpe/Ruder
Luftmatratzen
Sandspielzeug
Schwimmflügel/Schwimmreif
Surfbrett/Zubehör
Fotoapparat/Filme/Speicherkarten
Videokamera/Kassetten
Ersatzbatterien/Ladegerät für 12 V
Rucksäcke
Kartentasche/Wanderkarten
GPS-Gerät
Fernglas
Kompass
Iso-Matten/Zelte/Schlafsäcke
Feldflaschen/Taschenmesser/Angelzeug
SOS-Kettchen (vor allem für Kinder)

_____

_____

Lebensmittel
Getränke (Limo, Bier, Wein, Schnaps,
aber Zollvorschriften beachten!)
Allgemeines Wohnmobil Kochbuch

H-Milch/Dosenmilch/Coffeemate
Milchpulver/Limopulver/Zitronenteepulver
Wurstdosen
H-Käse
Fleisch-, Gemüsekonserven
Fertiggerichte/Beutelsuppen
Tee/Kaffee/Kaba
Müsli
Butter/Margarine
Brot/Vollkornbrot/Dosenbrot
Reis/Nudeln/Grieß
Kartoffelbrei/Mehl
Babykost
Puddingpulver
Schokolade/Bonbons/Kaugummi
Marmelade/Nutella
Bratfett/Öl/Essig
Mayonnaise, Senf
Zwiebeln
Gewürze
Ketchup/Maggi/Salz
Zucker/Süßstoff
keine Kartoffeln (Einfuhr verboten!)
keine Eier (Einfuhr verboten!)
Zwieback/Salzstangen

_____

_____

Toilettenartikel
Bettdecken/Kopfkissen/Spannlaken
Hand-, Badetücher, Waschlappen
Geschirrtücher
Tempo-Taschentücher
Kämme/Bürsten
Haarfestiger/Lockenwickler/Haarspangen
12 V-, Akku- oder Nassrasierer
Nageletui/Hygieneartikel
Empfängnisverhütungsmittel
Windeln/Creme/Babycreme
Seife/Rei in der Tube
Sonnencreme, -öl
Fettstift (Labello)
Zahnbürsten/Zahnpasta
Badethermometer

_____

_____

Nicht vergessen!
Post/Zeitung abbestellen
Offene Rechnungen bezahlen
Haustier abgeben
Blumen versorgen
Mülleimer leeren
Kühlschrank abstellen?
Antennen herausziehen
Wasch-, Spülmaschine, Bügeleisen aus?
Wasser, Gas, Heizung, Boiler abgestellt?
Rolläden schließen

Haustür verschließen!
Nachbarn/Verwandte benachrichtigen:
Reiseroute, Autokennzeichen mitteilen.
Reserveschlüssel abgeben.

_____

_____

_____

REDEWENDUNGEN / VERSTÄNDIGUNG

Wir wollen und können den unter "Literatur" angegebenen Sprachführer nicht ersetzen, aber ein **Dutzend** wichtiger Begriffe sollten Sie eigentlich auswendig können:

Guten Morgen	God morgen	(Gu mohren)
Guten Tag	God dag	(Gu dahg)
Guten Abend	God kveld	(Gu kväll)
Hallo	Morn/hei	(Morn/häj)
Auf Wiedersehen	På gjensyn	(Po jennsyn)
Tschüss	Ha det	(hah de)
Ich möchte bitte	Jeg vil gjerne	(Jäj will järne)
Ja bitte/nein danke	Ja, tack/Nei, tack	(Ja tack/näj tack)
Verzeihung	Unnskyld	(Ünnschyll)
Wir wollen nach	Vi skal til	(Wi skall till)
Nach rechts/links	Till høyre/venstre	(Till höjre/vänstre)
geradeaus	Rett fram	(Rätt framm)
Was kostet es ?	Hva koster det ?	(Wa koster de ?)
Ich hätte gerne	Jeg skall ha	(Jäj skall ha)
Können wir hier campen?	Kan vi campa her ?	
Wo ist der nächste Badeplatz?	Hvor er nærmeste badplass?	

Tipps:
>> *Viele Gaststätten haben mehrsprachige Speisekarten. Englischkenntnisse kann man bei der Bedienung voraussetzen.*
>> *Seit dem letzten Krieg sind die Deutschkenntnisse der Norweger stark zurückgegangen, ältere Menschen verstehen mehr deutsch, als sie sprechen (wollen).*
>> *Uns ist die Aussprache des Norwegischen nicht leicht gefallen. Immerhin konnten wir an unsere (bescheidenen) Schwedischkenntnisse anknüpfen, denn dänisch, schwedisch und norwegisch ähneln sich mehr als deutsche Dialekte.*

RUNDFUNK / FERNSEHEN / INTERNET

Mancher behauptet ja, er könne im Urlaub völlig abschalten. Dazu gehören jedoch Ruhe und Zufriedenheit. Ich bin nur ruhig, wenn ich weiß, dass zu Hause in Deutschland alles seinen gewohnten Gang geht. Aktuelle Nachrichten sind für mich unverzichtbar.

Tipps:
>> *Deutsche Sender können Sie im südlichsten Norwegen, günstige tektonische Bedingungen vorausgesetzt, nur (in miserabler Qualität) auf Mittelwelle empfangen. Es sei denn, Sie legen sich eine Satellitenschüssel zu. Dann können Sie sogar Ihren Heimatsender auf UKW und in Top-Qualität hören.*
>> *Natürlich wäre ein Fernsehgerät mit Schüssel auf dem Dach eine "moderne" Lösung, aber es gibt unbegreiflicherweise immer noch Menschen, die im Urlaub auf "die Glotze" verzichten wollen, was empfehlen wir dieses Zeitgenossen?*
>> *Möchten Sie auch im Urlaub nicht auf (lokale) Informationen aus der Heimat verzichten, empfehlen wir Ihnen ein:*
>> *WLAN-Internetradio*
   Inzwischen gibt es zahlreiche Radiogeräte (z.B. Hama IR200), die per WLAN (=Wireless Local Area Network = drahtloses lokales Netzwerk) kabellosen Kontakt zu einem Router aufnehmen und direkt eine Verbindung ins Internet aufbauen können.
>> *Sämtliche Radiosender, die Sie dort entdecken, können Sie sofort hören*

und es ist mit Sicherheit Ihr Lieblingssender dabei.

>> *In allen größeren und auffällig vielen kleinen Ortschaften Norwegens, z.B. in Bibliotheken, Info-Centern und Gaststätten, aber auch auf vielen Campingplätzen gibt es freies WLAN.*
Dort können Sie, mit Ihrem PC (Laptop) und meist kostenlos:
a) In deutschen Zeitungen blättern, z.B. www.faz.net
b) Deutsche Fernsehsender angucken, z.B. www.zdf-online.de
c) Urlaubsgrüße per eMail senden.
... und natürlich in Ihrem WOMO per WLAN-Radio das Neueste aus aller Welt und Ihrer Heimatregion erfahren.

TELEFON

Telefonhäuschen gibt es in Norwegen in großer Zahl, mal grün, mal Alu natur oder mit Königswappen, meist weinrot. Versuchen Sie aber nicht, vom Postamt aus zu telefonieren! Die Post und das norwegische Telegrafenamt sind zwei völlig getrennte Einrichtungen.

Tipps:

>> *Von Norwegen nach Deutschland wählt man 0049, nach Österreich 0043 in die Schweiz 0041. Die Landesvorwahl (von D, A, CH) nach Norwegen ist 0047. Nach der Landesvorwahl fällt die Null der Ortsnetzkennzahl weg.*

>> *Zum Telefonieren braucht man 1-, 5-, 10 - oder 20-NOK-Stücke – oder man deckt sich am Kiosk mit einer "Telefonkort" ein, denn die Zahl der Kartentelefone nimmt auch in Norwegen schnell zu.*

>> *Für ein 3-Minuten-Gespräch müssen Sie Münzen im Wert von knapp 4 Euro bereithalten.*

>> *Aber wer braucht heutzutage noch eine Telefonzelle?*
Das Handy ist auch in Norwegen allgegenwärtig und die Netzabdeckung ist fast 100 %ig.

>> **Wichtige Telefonnummern in Norwegen (nicht aus dem Ausland):**
Deutsche Botschaft, Oslo: Tel. 23 27 54 00
Österreichische Botschaft, Oslo: Tel. 22 55 23 48
Schweizer Botschaft, Oslo: Tel. 22 55 23 48
Abschleppdienste:...
NAF: 810 00 505, Falken: 800 33 880, Viking: 800 32 900
Feuerwehr: 110, Polizei: 112, Krankenwagen: 113.

TOILETTE

Einer der Gründe dafür, dass das Freie Camping in so vielen Ländern verboten wird, ist mit Sicherheit die Verunstaltung und Verseuchung der Landschaft mit Fäkalien.
Die Benutzung einer Campingtoilette ist deshalb ein absolutes "Muss" für jeden engagierten Camper.

Tipps:

>> **Norwegen ist eines der saubersten Urlaubsländer, das wir kennen!**
Das liegt nicht zuletzt an den aufwendigen Bemühungen, es den Touristen so schwer wie möglich zu machen, sich schlecht zu benehmen: An fast jedem Park- oder Badeplatz befindet sich eine Toilette.

>> *Campingtoiletten sind nicht der Weisheit letzter Schluss, bekämpfte man doch die zu erwartenden Düfte selten mit umweltverträglichen Mitteln. Wie verhält sich der umweltbewusste Toilettengänger in Norwegen?*
1. Möglichst nur die aufgestellten Toiletten benutzen.
2. Keine giftigen Toilettenchemikalien einsetzen; wir verwenden nur Schmierseife – und es geht auch!

3. *Campingtoiletten an einer der vielen Entsorgungsstellen, auf Campingplätzen oder an Parkplätzen in* **große** *Trockenklos entleeren.*
4. *Wer den Inhalt seiner Campingtoilette hinters Gebüsch gießt, den soll
der Blitz beim Schei... treffen.*

>> *Abwasser im Wohnmobil enthält keine umweltschädlichen Stoffe. Trotz-
dem sollte man es in der Regel an einer Entsorgungsstation ausleeren
(nur im Notfall tut es auch ein Wiesenstück oder Ödland).*

TREIBSTOFFE/GASPREISE

Norwegen war ein Land für Dieselfahrer. Inzwischen wurde der "Dieselbonus"
abgeschafft – und den Minister für Tourismus plagen deshalb Sorgen! Soll man
den steuerfreien Diesel (afgiftsfri) für die Touristen freigeben?

Treibstoffpreise			
	Norwegen	Schweden	Finnland
Normalbenzin......... 95 Oktan .... 1,42 €/l		1,34 €/l	
Superbenzin........... 98 Oktan .... ab 1,83 €/l		1,49 €/l	1,56 €/l
Diesel .... ab 1,58 €/l		1,40 €/l	1,37 €/l
Autogas (Adapter vorhanden).......ab 0,75 Euro/l			
Propangas (Flasche füllen)......ab 25 Euro/11 kg			

Tipps:

>> *In Norwegen herrscht Wettbewerb an den Tankstellen, Vergleichen lohnt
sich! Dabei muss man nach den Preisschildern manchmal suchen, oft
sind sie nur klein am Kassengebäude angebracht.*

>> *Auch in Norwegen gilt: Wo Konkurrenz herrscht (in den größeren Städten),
sind die Preise niedriger als bei der Tankstelle im hintersten Fjordwinkel;
Selbstbedienung (per Geld- oder Visa-Kartenautomat) ist am billigsten.*

>> *Dieselfahrer sollten die "Afgiftsfri-Szene" genau beobachten: An jeder
Tankstelle gibt es Zapfhähne mit gefärbtem, steuerfreiem (afgiftsfri) Diesel. Dieser ist 1/3 billiger, darf aber z. Zt. nur von Landwirten, Bootsbesit-
zern und Touristenbussen getankt werden (Missbrauch wird bestraft!).*

>> *In der Finnmark ist der Verkehr gering – aber auch die Tankstellendichte.*
Man sollte den Tank nie mehr als halb leer fahren!

TRINK-, WASCH-, SPÜLWASSER

Beim Abwasser hatten wir die Formel aufgestellt:

20 Liter x Personenzahl = Volumen des Abwassertanks

Als Trinkwasservorrat muss man pro Person und Tag mindestens 25 bis 30
Liter rechnen.

Tipps:

>> *In den südlichen Ländern haben wir für Sie nach Trinkwasserbrunnen
gesucht. Solche "überkommenen" Einrichtungen gibt es in Norwegen
nicht.*

>> *Die Trinkwasserversorgung ist jedoch trotzdem kein Problem: Alle Tank-
stellen haben saubere Zapfhähne (vann = Wasser), wir haben oft erst um
Erlaubnis gefragt, nie wurden wir abgewiesen.*

>> *Manche Camper genieren sich, Tankstellen anzufahren, wenn sie keinen
Treibstoff brauchen. Auch für jene haben wir (für Notfälle) einen Rat:
Friedhöfe haben immer einen Wasserhahn.*

>> *Jachthäfen sind ebenfalls eine gute Anlaufstation für die "Jachtbesitzer
der Landstraße".*

>> *Der verwöhnte Wassertankbesitzer fragt sich: „Wie kriege ich das frische
Nass möglichst bequem (und hygienisch, z. B. bei Entsorgungsstationen)*

in den eingebauten Behälter?" Für ihn haben wir den WOMO-Zapf-schlauch konstruiert. Es handelt sich um 3 - 5 Meter Gartenschlauch, an dessen Beginn man ein Stück Fahrradschlauch der Größe 1 3/8 x 1 5/8 Zoll anflanscht, das über jeden Wasserhahn passt. Am anderen Ende befestigt man einen Karabinerhaken, den man in eine Öse am Einfüllstutzen des Wassertanks hängt, wenn man keinen zweiten Mann zum Halten hat.

>> Mehr aus Gewohnheit haben wir auch in Norwegen unser Trinkwasser mit Entkeimungsmitteln behandelt – jedoch in erster Linie, um eine Nach-verkeimung im Tank zu verhindern.

>> Eigentlich ist Wasser kein Thema für ein Norwegenbuch. Oft haben wir unseren Wasserbedarf einfach aus einem Gebirgsbach geschöpft oder den Kanister unter den nächstbesten Wasserfall gehalten. Saubereres Wasser wird man wohl kaum auf der Welt finden.

Eine Bitte noch: Steigen Sie zum Haarewaschen nicht in den Badesee, sondern holen Sie sich eine Schüssel Wasser heraus – Fische vertragen kein Haarwaschmittel (auch wenn sie Schuppen haben).

VERKEHR

Dem WOMO-Fahrer kann es nur darum gehen, sein großes und schweres Gefährt unbehelligt bis zum Urlaubsziel und zurück zu transportieren. Dabei kann ihm allerhand passieren.

Tipps:

>> Geschwindigkeitsbegrenzungen (N, S, FIN) nötigen gemütlichen WOMO-Urlaubern meist nur ein müdes Lächeln ab (Überschreitungen um je 5 Stundenkilometer kosten Strafe in 100-Euro-Schritten):

Autobahnen/Schnellstraßen...90/100/110 km/h .... über 3,5 to 80 km/h
Straßen außerorts .... 80/90 km/h .... über 3,5 to 80 km/h
innerorts .... 50 km/h
Beruhigte Wohngebiete .... 30 km/h

>> Viele "Starenkästen" an der »E 6« und der »E 4«. Sie werden vorher (meist) mit dem abgebildeten Piktogramm angekündigt.
>> Promillegrenze 0,2.
>> Es besteht Anschnallpflicht auf Vordersitzen, auf Rücksitzen wenn vorhanden, Kinder haben hinten zu sitzen.
>> Abblendlicht oder Tagfahrlicht (LED) ist immer einzuschalten.
>> Gelbe Linien am Straßenrand bedeuten Halteverbot.
>> ACHTUNG WILDWECHSEL! Vor allem in der (langen) Dämme-rung und in Waldpassagen – im Norden auch Rentierherden auf den Straßen. Überall jedoch Schafe, Ziegen und Kühe – nicht nur in der Dämmerung!
>> **Straßenverhältnisse:**
Kurz gesagt: Die Verkehrsdichte ist sehr gering, die Straßen sind gut, aber meist schmal, manchmal nur Einbahnstraßen-schmal. Besonders an den Fjordflanken und natürlich im Gebirge muss man äußerst langsam und vorsichtig fahren. Selten zeigt der Tacho mehr als 50 km/h an!
Ampeln und Straßenkreuzungen sind selten – Norweger sind Kreisverkehr-Fans. Nur zur Erinnerung – der Kreisverkehr hat immer Vorfahrt!
Auf der Suche nach schönen Plätzchen befuhren wir selbst entlegenste Nebenstrecken. Sie sind häufig geschottert, jedoch meist gut eingeebnet, Schlaglöcher sind selten. Bei Regenwetter wird hier das WOMO weidlich eingesaut.

>> *Unverständliche Verkehrsschilder:*

[	Kartensymbol für Mautstraße
][	Symbol für gesperrte Straße
bompenger	Straßenmaut
bomveg	Mautstraße
fartsdempere	Geschwindigkeitsbremsen
ferist	Viehrost
friluftområde	Freizeitgebiet
gardstun	Gehöft (langsam fahren)
gatekjøkken	Straßenimbiss, Kiosk
idrettsplass	Sportplatz
kjør sakte	Langsam fahren
lekke barn	Spielende Kinder
løs grus	Loser Schotter
M(øteplass)	Ausweichstelle
omkjøring	Umleitung
privatområde	Privates Gebiet
snuplass	Wendeplatz
vegarbeitsområde	Straßenarbeiten

>> *Mautgebühr wird fällig bei der Fahrt durch div. Städte, bei der Benutzung neuer Brücken, Tunnel und Straßenabschnitte.*
Es gibt manuelle Mautstellen, bei denen man direkt bezahlen muss und automatische: Die Registrierung Ihres Fahrzeuges erfolgt per Foto, die Rechnung kommt (ohne Extragebühren) zu Ihnen nach Deutschland. Weitere Infos unter "Autopass" bei: www.visitnorway.com
Bei der Fahrt auf mautpflichtigen Privatstraßen in einsamen Gebirgs-gegenden müssen Sie bar berappen, zwischen 20 NOK und 150 NOK werden Sie dabei jeweils los!

>> *Jede Fjordüberquerung kostet für WOMO und Beifahrer runde 120 NOK, bei WOMOs über 6 m oft das Doppelte.*

>> *Bei Tankstellen sind oft kostenlose Stadtpläne (bycard) vorrätig!*

ZAUBEREI – OUTDOOR-NAVIGATION MIT GPS

Das GPS (Global Positioning System) ist ein vom US-Verteidigungs-ministerium entwickeltes Satellitensystem zur weltweiten Standortbe-stimmung. Bereits ab 150 € bekommt man ein handy-kleines Gerät, mit dem man auch bei Nacht und Nebel jederzeit feststellen kann, wo man sich befindet – und wie man zu einem Platz findet, von dem man die Koordinaten oder die Adresse hat.

In diesem Reiseführer sind für alle Übernachtungsplätze die Koordina-ten in der Schreibweise Breite (N)/Länge (E) dd°mm'ss.s" angegeben (evtl. muss am Gerät die Schreibweise eingestellt werden).

Besitzer von GPS-Geräten, bei denen man Koordinaten eingeben kann (wir empfehlen Geräte der Fa. Garmin oder TomTom) geben sinnvollerweise die Koordinaten vor dem Urlaub in das Gerät ein (direkt oder per PC über das mitgelieferte Kabel und mit kostenlosem Programm aus dem Internet (www.easyGPS.com).

Wer es noch bequemer haben möchte, erwirbt beim WOMO-Verlag die "GPS-CD zum Buch" – und die GPS-Daten aller unserer Stellplätze usw. werden automatisch und in Sekundenschnelle vom Computer aufs GPS-Gerät überspielt.

Bei manchen Navi-Geräten kann man keine Koordinaten eingeben, sondern nur die Adresse. Natürlich haben wir bei unseren Stellplätzen, wenn vorhanden, auch die Straße mit angegeben. Leider ist das nur selten der Fall, denn die schönsten Plätze liegen meist außerorts.

IN EIGENER SACHE – ODER DER SACHE ALLER!?

Urlaub mit dem Wohnmobil ist etwas ganz besonderes. Man kann die Freiheit genießen, ist ungebunden, dennoch immer zu Hause, lebt mitten in der Natur – wo man für sein Verhalten völlig selbst verantwortlich ist!

Seit nunmehr 30 Jahren geben wir Ihnen mit unseren Reiseführern eine Anleitung für diese Art Urlaub mit auf den Weg. Außer den umfangreich recherchierten Touren haben wir viele Tipps allgemeiner Art zusammengestellt, unter ihnen auch solche, die einem WOMO-Urlauber eigentlich selbstverständlich sein sollten, denn weil wir als Wohnmobiler die Natur in ihrer ganzen Schönheit und Vielfalt hautnah erleben dürfen, haben wir auch besondere Pflichten ihr gegenüber, die wir nicht auf andere abwälzen können.

Jährlich erhalten wir viele Zuschriften, Grüße von Lesern, die mit unseren Reiseführern einen schönen Urlaub verbracht haben und sich herzlich bei uns bedanken. Wir erhalten Hinweise über Veränderungen an den beschriebenen Touren, die von uns bei der Aktualisierung der Reiseführer Berücksichtigung finden.

Aber: Wir erhalten auch Zuschriften über das Verhalten von Wohnmobilurlaubern, die sich **egoistisch, rücksichts- und verantwortungslos** der Natur und ihren Mitmenschen – nachfolgenden Urlaubern und Einheimischen – gegenüber verhalten.

In diesen Briefen geht es um die Themen Müllbeseitigung, Abwasser- und Toilettenentsorgung. Es soll immer noch Wohnmobilurlauber geben, die ihre Campingtoilette nicht benutzen, dafür lieber den nächsten Busch mit Häufchen und Toilettenpapier "schmücken", die den Abwassertank nicht als Tank benutzen, sondern das Abwasser unter das WOMO trielen lassen, die ihren Müll neben dem Wohnmobil liegenlassen und davondüsen, alles frei nach dem Motto: **"Nach mir die Sintflut!"**

Liebe Leser!

Wir möchten Sie im Namen der gesamten WOMO-Familie bitten: Helfen Sie aktiv mit, diese Schweinereien zu unterbinden! Jeder Wohnmobilurlauber trägt eine große Verantwortung, und sein Verhalten muss dieser Verantwortung gerecht werden.

Sprechen Sie Umweltferkel an, weisen Sie sie auf ihr Fehlverhalten hin und machen Sie mit dem WOMO®Urlaubs-Aufkleber deutlich: **Ich verhalte mich umweltgerecht!**

Der nächste freut sich, wenn er den Stellplatz sauber vorfindet, denn auch er hat sich seinen Urlaub verdient!

Vor allem aber: Wir erhöhen damit die Chance, dass uns unsere über alles geliebte Wohnmobil-Freiheit noch lange erhalten bleibt.

Helfen Sie mit, den Ruf der Sippe zu retten! Verhindern Sie, dass einzelne ihn noch weiter in den Schmutz ziehen!
Wir danken Ihnen im Namen aller WOMO-Freunde –

Ihr WOMO-Verlag

Stichwortverzeichnis

Info-Blatt aus dem WOMO-Buch: Nord-Norwegen '16
(komplett ausgefüllt erhal ... rekt beim Verlag)

ACHTUNG - HINWEIS

Ein Gerichtsbeschluss verbietet uns,
den 10%igen Infobonus zu gewähren.
Wir bitten Sie aber weiterhin
um Ihre wichtigen Rückmeldungen.
Vielen Dank!

Lokalität: m:
(Stellplatz, Campingplatz, W

○ unverändert   e Änderungen:

Lokalität: **Seite:**   **Datum:**
(Stellplatz, Campingplatz, Wandertour, Gaststätte, usw.)

○ unverändert   ○ gesperrt/geschlossen   ○ folgende Änderungen:

Lokalität: **Seite:**   **Datum:**
(Stellplatz, Campingplatz, Wandertour, Gaststätte, usw.)

○ unverändert   ○ gesperrt/geschlossen   ○ folgende Änderungen:

Lokalität: **Seite:**   **Datum:**
(Stellplatz, Campingplatz, Wandertour, Gaststätte, usw.)

○ unverändert   ○ gesperrt/geschlossen   ○ folgende Änderungen:

Lokalität: **Seite:**   **Datum:**
(Stellplatz, Campingplatz, Wandertour, Gaststätte, usw.)

○ unverändert   ○ gesperrt/geschlossen   ○ folgende Änderungen:

Lokalität: **Seite:**   **Datum:**
(Stellplatz, Campingplatz, Wandertour, Gaststätte, usw.)

○ unverändert   ○ gesperrt/geschlossen   ○ folgende Änderungen:

Meine Adresse und Tel.-Nummer:
(nur komplett ausgefüllte, zeitnah eingesandte Infoblätter können berücksichtigt werden)

Wir bestellen zur sofortigen Lieferung: (Alle Preise in € [D], Preisänderungen vorbehalten)

☐ Wohnmobil Handbuch	19,90 €	
☐ Wohnmobil Kochbuch	12,90 €	
☐ Heitere WOMO-Geschichten	6,90 €	
☐ Albanien	19,90 €	
☐ Allgäu	17,90 €	
☐ Auvergne	17,90 €	
☐ Baden-Württemberg	19,90 €	
☐ Baltikum	20,90 €	
☐ Bayern (Nordost)	19,90 €	
☐ Bayern (Südost/Oberbayern)	19,90 €	
☐ Belgien & Luxemburg	18,90 €	
☐ Bretagne	18,90 €	
☐ Burgund	17,90 €	
☐ Dänemark	19,90 €	
☐ Elsass	18,90 €	
☐ England	18,90 €	
☐ Finnland	18,90 €	
☐ Franz. Atlantikküste (Nord)	17,90 €	
☐ Franz. Atlantikküste (Süd)	17,90 €	
☐ Griechenland	19,90 €	
☐ Hessen (Norden + Osten)	19,90 €	
☐ Hessen (Mitte + Süden)	19,90 €	
☐ Hunsrück/Mosel/Eifel	19,90 €	
☐ Irland	19,90 €	
☐ Korsika	17,90 €	
☐ Latium/Rom/Abruzzen	18,90 €	
☐ Kroatien / Montenegro	19,90 €	
☐ Ligurien	19,90 €	
☐ Loire-Tal/Paris	17,90 €	
☐ Languedoc/Roussillon	19,90 €	
☐ Marokko	19,90 €	
☐ Namibia	24,90 €	
☐ Neuseeland	19,90 €	
☐ Niederlande	18,90 €	
☐ Nord-Frankreich	17,90 €	
☐ Normandie	19,90 €	
☐ Norwegen (Nord)	18,90 €	
☐ Norwegen (Süd)	18,90 €	
☐ Österreich (Ost)	17,90 €	
☐ Österreich (West)	19,90 €	
☐ Ostfriesland	17,90 €	
☐ Peloponnes	18,90 €	
☐ Pfalz	19,90 €	
☐ Piemont/Aosta-Tal	19,90 €	
☐ Polen (Nord/Masuren)	17,90 €	
☐ Polen (Süd/Schlesien)	17,90 €	
☐ Portugal	17,90 €	
☐ Provence & Côte d'Azur (Ost)	18,90 €	
☐ Provence & Côte d'Azur (West)	17,90 €	
☐ Rumänien	18,90 €	
☐ Pyrenäen	17,90 €	
☐ Sachsen	19,90 €	
☐ Sardinien	18,90 €	
☐ Schleswig-Holstein	19,90 €	
☐ Schottland	18,90 €	
☐ Schwarzwald	17,90 €	
☐ Schweden (Nord)	18,90 €	
☐ Schweden (Süd)	19,90 €	
☐ Schweiz (Ost)	19,90 €	
☐ Schweiz (West)	18,90 €	
☐ Sizilien	18,90 €	
☐ Slowenien	17,90 €	
☐ Spanien (Nord/Atlantik)	19,90 €	
☐ Spanien (Ost/Katalonien)	18,90 €	
☐ Spanien (Süd/Andalusien)	17,90 €	
☐ Südafrika (Krüger NP)	19,90 €	
☐ Süditalien (Ost/Apulien)	19,90 €	
☐ Süditalien (West/Kalabrien)	17,90 €	
☐ Süd-Tirol	19,90 €	
☐ Thüringen	19,90 €	
☐ Toskana & Elba	19,90 €	
☐ Trentino/Gardasee	17,90 €	
☐ Tschechien	18,90 €	
☐ Tunesien	17,90 €	
☐ Türkei (West)	18,90 €	
☐ Türkei (Mitte-Kappadokien)	17,90 €	
☐ Umbrien & Marken mit Adria	18,90 €	
☐ Ungarn	17,90 €	
☐ Venetien/Friaul	19,90 €	
☐ Wales	18,90 €	
☐ ... und jährlich werden's mehr!